中華民國課程與教學學會2021年度專書

邁向學校活用與地方創生的課程與教學

中華民國課程與教學學會・策劃

梁忠銘・主編

梁忠銘　白松賢　尾川滿宏　作田良三
梅田崇廣　林吟霞　何俊青　洪雯柔
王俊斌　黃嘉莉　張力亞　楊洲松　陳啓東
朱俊彥　鄭勝耀　吳學昂　余屹安　范熾文
吳景泉　林俊瑩　張凱程　陳威良　林明地
劉怡華　廖偉民　合著

本書各篇文章均經學術同儕匿名雙審通過

五南圖書出版公司 印行

理事長序

發揮教育積極功能、促進地方創生重建

　　John Dewey 於其 1899 年的著作《學校與社會》（the School and Society）中即提到學校與社會密不可分的關係。他認為：學校無可避免地是大社會中的一部分，因此，社會的變遷是學校所無法忽視的。一方面學校必須正視這些改變，勇於面對，適時調整；一方面也可以思考讓學校發揮正向功能，作為一個驅動社會變革的積極角色。

　　我國很早就面臨少子化的議題，且已持續多年，導致人口結構失衡，高齡社會趨顯，而這樣的人口問題在各地顯現的程度各有不同，加上都市化的趨勢，又造成部分地區人口流失更加明顯，尤其是農村與偏鄉地區。儘管國人也很早即意識到此問題的嚴重性，並推出各種社會政策以為因應，但成效有限，人口減幅依舊明顯。

　　少子化及其所衍生的社會問題，當然也會影響到學校教育而無法置身事外，例如少子就學、隔代教養、單親家庭、獨子議題……，再再都對學校造成衝擊。尤其，少子化導致生源減少加劇，令許多學校面臨就學人數過少，必須減班超額的窘境，甚至到了需得認真思考是否裁併校的問題。但，即便在這樣的背景之下，期待學校教育不僅只是被動地因應社會趨勢的挑戰，還能秉持 Dewey 對學校積極功能的

期待，更是學校教育無可迴避的責任。

2019 年是臺灣的「地方創生元年」，在人本的理念之上，透過地方創生與新創結合，復興地方產業、創造就業人口，促進人口回流，而在這樣的社會重建工程之中，教育當然是其中重要的主軸之一。學校教育不能自外於社會脈絡之外，因此，因應教育問題的思維，便需要一個更大的格局與宏觀的視野。學校教育若希望能照顧每一位孩子、關照城鄉教育資源差異、落實教育機會均等的理想，自當同步思考社區的發展與地方的創生。

課程與教學學會向來強調教育的積極功能，也鼓勵課程教學的精進得以促進學校與社會的進步。特別邀請本學會理事、臺東大學梁忠銘教授編撰 2021 年的年度專書，以地方創生為主題，從不同面向的課程與教學議題進行多元而深入的分析，各篇文章均經審查修訂後，再予編輯出版，精采可期。特別感謝梁忠銘教授的不辭辛勞，也需感謝各篇作者投入主題研究，慨允分享研究心得。而五南圖書出版公司應允出版本書，其長期支持教育學術發展的熱忱與行動，非常令人感佩。

本書的出版，相信有助於學術與實務界對地方創生議題能有進一步的掌握，並有助於激盪並構思可行的策略。課程與教學學會的一小步，希望略盡一份棉薄心力，邀您一起來關注並參與此一重要的社會重建工程。

中華民國課程與教學學會理事長
國立中正大學師資培育中心教授

林永豐

2021 年 12 月

主編序

　　本書《邁向學校活用與地方創生的課程與教學》，是呼應2019年爲臺灣「地方創生元年」，定位「地方創生」爲國家安全戰略層級的國家政策，將以人爲本，透過地方創生與新創結合，復興地方產業、創造就業人口，促進人口回流，並以維持未來總人口數不低於2,000萬人爲願景，逐步促進島內移民及配合首都圈減壓。同時預見少子女化現象將長期展開，因應少子女化，學校規模縮小化的同時，教育上各種負面條件會更加顯著，將可能產生學校「整併」、「關閉」或「休校」或「廢校」，使得社區教育與溝通機能衰退。爲此多餘的校舍設施如何「活用」，或可稱爲廣義的「學校活用」，各地方應依據實際情形，發展有活力的學校之建構。重視學校成爲社區活動的核心機能，檢討學校活用的條件之際，應以社區爲主體，探討具體的學校活用對策和支援的方式。同時，如何透過「學校活用與地方創生」結合「課程與教學」，達成「均衡臺灣」目標，值得共同探討。據此，本書特別邀請國內學者專家，並邀請到日本愛媛大學與廣島大學及松山大學的學者共同執筆。

　　本書能順利付梓，首先要感謝中華民國課程與教學學會，將 2021 的年度專書，委由本人主編。特別是創會會長黃政傑老師與張芬芬前理事長的鼓勵與理監事會及林永豐理事長的鼎力支持。當然也要感謝各文作者在百忙之中共襄盛舉熱心撰稿，讓本書順利的如期完成，在此謹向本專書撰文的國內、外作者群：日本愛媛大學白松賢教授、梅田崇廣講師、廣島大學尾川滿宏准教授、松山大學作田良三教授；臺北市立大學林吟霞副教授；國立臺東大學何俊青教授；國立暨南國際大學洪雯柔教授；國立臺北教育大學王俊斌教授；北京師範大學黃嘉莉教授；國立暨南國際大學楊洲松教授、張力亞助理教授、陳啓東副教授、朱俊彥助理；國立中正大學鄭勝耀教授、吳學昂助理；國立中正大學林明地教授、國立臺北教育大學劉怡華副教授、嘉義縣竹崎國小陳威良校長；國立東華大學范熾文教授、新北市瑞芳區九份國民小學余屹安校長、新北市三芝區橫山國民小學吳景泉校長；國立東華大學林俊瑩教授、張凱程博士候選人；臺東縣立富山國小廖偉民校長，以及本書主編臺東大學教育學系梁忠銘，共 13 篇著作、25 位學者專家的執筆。

　　本書原本規劃爲「理論部分」、「國外實踐部分」、「國內實踐部分」三大部分。但是，理論部分因出版時程關係，無法精準提出完整的理論架構加以支持，實屬遺憾。因此，本書權宜區分爲「國外實踐部分」與「國內實踐部分」兩大部分。「國外實踐部分」共有 6 篇針對日本、德國、中國大陸、泰國的案例研究；「國內實踐部分」共有 7 篇，分別針對國內實踐案例，提出實證研究。其中一篇相對的是理論部分，針對「對教師能動性」，從不同理論、不同視角剖析教師能動性。但是也無法針對「學校活用與地方創生」提出完整理論架構，但有助於教師開展學校變革的行動，也呼應本書的主旨。

最後感謝中華民國課程與教學學會、全體理監事以及林永豐理事長、祕書處林素微祕書長的鼎力相助。特別是要感謝創會理事長黃政傑教授以及李隆盛前理事長的鼓勵與支持。同時也要特別對五南圖書出版公司全力支持本書的出版，嘉惠學界謹表達感謝之意。

中華民國課程與教學學會常任理事
臺東大學教育學系教授兼教務長
梁忠銘

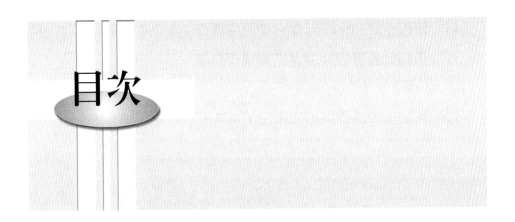

目次

1 日本地方創生與學校活用 / 梁忠銘   1

2 The potential of school curricula to contribute to regional revitalization in Japan

白松賢、尾川滿宏、作田良三、梅田崇廣   23

3 德國「易北河島小學」的教育改革 / 林吟霞   53

4 中國大陸鄉村振興與臺灣學校的地方創生 / 何俊青   75

5 暨大—泰北連結的地方創生計畫：從關懷到對話的共生歷程 / 洪雯柔   103

6 SDGs實驗教育轉型帶動地方創生之發展 / 王俊斌   125

7 學校創生中教師能動性分析 / 黃嘉莉   151

8 營造水沙連大學城的組織設置與課程設計

張力亞、楊洲松、陳啓東、朱俊彥   177

9 當棒球遇到學校教育 / 鄭勝耀、吳學昂   201

10 偏遠小學課程與教學之協作 / 余屹安、范熾文、吳景泉   225

11 學校空間活化與非營利幼兒園運作 / 林俊瑩、張凱程　　257

12 策略聯盟學校社區連結與課程發展
陳威良、林明地、劉怡華　　281

13 實驗學校課程與地方創生 / 廖偉民　　311

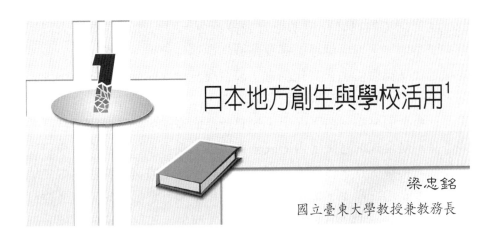

日本地方創生與學校活用[1]

梁忠銘

國立臺東大學教授兼教務長

壹 前言

　　我國行政院於 2018 年 5 月 21 日召開「地方創生會報」第一次會議，主要是面對總人口減少、高齡少子女化、人口過度集中大都市，以及鄉村發展失衡等問題，進行積極性的對策。「地方創生會報」，由中央部會、地方政府以及關心地方創生領域的民間產業負責人與學者專家組成，一起為我國的地方發展進行把脈及獻策；並由國發會負責統籌及協調整合部會地方創生相關資源，落實推動地方創生工作（國家發展委員會，2018）。針對我國未來持續的人口減少、高齡少子女化、人口過度集中大都市以及偏鄉發展困境，臺灣未來將面臨的是嚴峻的人口與國家競爭力問題，同時面臨人口分布更趨向都市集中，偏鄉人口疏離，導致偏鄉的頹廢衰敗。針對此現象，提出地方創生是當前必須且急迫的重要政策。

---

[1]　本文為科技部專題研究計畫 109-2410-H-143-005-MY2「日本中小學校統廢合政策與廢校活用案例成效與問題之研究」成果之一部分，在此特表感謝之意。

　　地方創生的目的在協助地方發揮特色，吸引產業進駐及人口回流，繁榮地方，進而促進城鄉及區域均衡適性發展。因此，地方創生要超越社區總體營造、文化創意、甚至農村再生的層次。同時，地方創生是一項需要全民參與的跨領域工作，成功的關鍵在產、官、學、研、社會全面參與。由下而上，先有社區的需求，然後凝聚成社區共識，甚至是全民的意識，再形成全民運動，讓企業投資故鄉、學研技術及知識支援、社會參與地方創生，共同協助地方發揮特色，中央地方合作推動地方創生，促進城鄉及區域均衡適性發展（國家發展委員會，2018）。並以 2019 年為臺灣地方「創生元年」，定位「地方創生」為國家安全戰略層級的國家政策，以人為本，透過地方創生與新創結合，復興地方產業、創造就業人口，期待青年留鄉回鄉，鼓勵創造和增加人口回流誘因，並以維持未來總人口數不低於 2,000 萬人為願景，逐步促進島內移民及配合首都圈減壓，達成「均衡臺灣」的目標（國家發展委員會網頁，2021；地方創生網頁，2021）。

　　總之，我國近年由於出生率持續低下，出生人口亦持續的減少，1990 後期社會的少子女化迅速形成，此後出生率持續低下，少子女高齡化情形已形成嚴重的社會結構與教育問題。同時，工業與都市化的集中，使得家庭教育與社區教育機能也隨之失能，偏鄉人口急速外流。

　　日本已經發生產業將因人口老化與人口外流及少子女化同時的衝擊，臺灣也即將如此，可預知偏鄉學校將因就學新生不足而面臨裁併廢校。人口老化及外流，社區將面臨頹廢等社會問題產生。換句話說，偏鄉的地方產業急需鼓勵創新、創造就業人口、吸引年輕族群人口返鄉回流。但要吸引年輕族群回鄉，首要就是需改善偏鄉地區的就業與生活條件，以及建構適合生兒育女的環境。除了政府各部門積極的協助規劃出整體的策略之外，以長遠來看，更加需要的是如何讓地方學校的教育能繼續保有完整的教育機能，發揮在地的特色，進而發展出具地方特色的產業，留住地方的人才。政府現時提出的相關政策

包括「學校本位課程」、「偏鄉教育創新發展方案」、「實驗教育三法」等方策，藉由學校教育的創新，發展偏鄉地區的特色教育，讓父母安心，讓社區兒童能確切地了解自己生活的環境，喜歡自己的生活環境，進而關心自己的生活環境，最後期許可以留鄉愛鄉，共同為地方的繁榮而努力。

另外，從現況來看，或許受到全球化與國際化、資訊化等因素的影響，各國都在相互參考和調整其國家政策和社會制度（梁忠銘，2021）。日本工業化、少子女化的顯現，約比臺灣至少早 20 年。回溯「創生」的概念，亦源自日本，日本於 2000 年前後就發生與臺灣現今面臨相似的情境，主要可分為三個問題：(1) 因少子老齡化勞動人口的減少；(2) 人口過度集中大都會造成鄉下人口的外流；(3) 國際化全球化衝擊地方社區經濟發展。

為解決此三個困境，日本於 2014 年其前總務大臣增田寬氏曾在日本創生會議中提出推論，認為日本在 2040 年前，將有 896 個鄉市村鎮會消失，形成「地方社區崩壞荒廢」。認為政府應致力於地方人口的回流工作，力圖在地方創造就業機會，打造能讓年輕一代成家生兒育女的環境。透過 2014 年 12 月 27 日經期內閣會議決定「町、人、工作創生總合戰略」，開始制定了「地方創生總合戰略」的基本論調是由地方自行設定發展計畫與目標，而由國家盡力來支援地方。2015 年起在日本全國各地展開，支援的方式主要是透過提供「地方創生交付金」補助給申請的地方團體，給予他們發展地方產業具體的財政援助（梁忠銘，2019）。同時利用「地方創生」跨部會的性質，整合不同機關行政主管部門的資源，發展複合式的產業（例如，文部科學省結合與農林水產省的農村發展預算，觀光部會，共同發展國際教育和觀光產業和振興農村經濟等）。在地方層次則鼓勵「產官學」之間的合作提案，也就是要讓在地的產業、政府、學界、金融、勞工與媒體，都共同投入「地方創生」事業的行列。主管教育機構的文部科學省，依據此戰略方針編列「文部科學省資助地方創生事業預算」

經費（文部科學省，2015c），致力於地方社區人口回流工作和創業環境的整備及支援，積極在地方創造就業機會，打造能讓年輕一代成家生兒育女的環境。

　　前文提及 2019 年是臺灣的「地方創生」元年概念，有參考日本的「地方創生」政策的理念。由國發會整合中央各部會資源，針對各鄉鎮的人口與地方發展等相關議題擬定出發展政策。近年隨著各縣市國民小學新生入學人數的遞減，雖然透過減班與縮編來因應少子女化所產生的生源短缺，維持地方社區學校的存在，即使如此，部分鄉鎮也已出現空餘教室及休廢校舍的情況。教育部從早期 2004 年教育政策白皮書揭示「深度認識臺灣、走讀臺灣鄉鎮，發展學校特色」，就已經訂定「推動國民中小學校舍空間活化利用與發展特色學校計畫」，學校依據各校特殊條件，規劃出系列性的本位課程，與在地社區自然資源與人文環境結合。其後教育部的「結合社區永續發展試辦計畫」以及結合大學辦理之「臺灣偏鄉特色小學國際與創生計畫」其實都與地方創生有密切連結關係，讓學校有機會成為推動地方創生中心，協助社區發展新產業，活絡經濟。目前部分學校也依《學校型態實驗教育實施條例》與在地社區或組織合作，結合地方產業活化教學，把社區與社會資源結合學校發展為社區重要的教育中心，對執行社區文化的保存、環境生態的永續、經濟產業的發展和各項政府政策的推廣，都扮演著舉足輕重的角色（教育部，2004）。

　　日本在教育問題的解決方法、教育研究領域和人才培育建構，都發展出自己的一套模式，成為歐美強國以外亞洲最具有特色的一個國家。本研究將從眾多的日本學會期刊與國家政府的教育研究政策報告書，以及專書等資料進行分析，釐清其相關的理論與實踐的研究，歸納出日本廢校活化經驗與問題解決思維。並從教育政策發展以及廢校活用案例，提出有助於我們解決國內裁併校問題，也有助於我們思考社區營造與活化社區的規劃和發展的一種參考。

　　相較於歐美等國，日本教育研究與其發展模式，相對而言其背景

和文化與臺灣較為相近，日本如何以其有限的人力與資源，發揮學校
教育的最大效果，其在學術專業、教育實務工作與政策擬定上，無疑
有其參考之處。同樣是在面臨少子女化衝擊及國際化競爭之際，臺灣
如何使一所學校充滿活力，賦予下一個世代足以生活的能力，應從學
校教育課程角度去思考，我國國民應具備哪些知識，方足以因應未來
國際競爭的生活環境。日本近年來實施「地方創生」與「中小學統廢
合政策」或「學校活用」相關策略之成效，應該是很可以參考的重點。

　　本文透過文獻解析，從近年日本政府有關學校統廢合後學校活用
與地方創生政策有關政策報告書，以及教育機構單位相關報告書與專
書等資料進行分析，並蒐集其相關實踐的情形，聚焦於完成三個主要
重點：(1) 探討日本地方創生之經緯；(2) 探討日本學校統廢合後，學
校空間活用情形；(3) 梳理日本學校活用與地方創生相關之連結，期
望歸納出日本地方創生與學校活化經驗與問題解決思維，希驥有助於
我們思考未來解決國內的裁併校問題，同時有助於我們思考社區營造
與活化社區的規劃和發展。

貳　日本地方創生政策

　　前文提及我國的「地方創生」構思，應是參考日本「地方創生」
政策的啟發，日本「地方創生」一詞受到重視始於 2012 年當時的日
本安倍首相所提出的政策構想，並於 2014 年 12 月 27 日，經其內閣
會議決定提出「町、人、事業創生總合戰略」的構想，此戰略構想的
目的是要解決前述三個困擾日本社會的問題：(1) 勞動力人口的減少；
(2) 人口過度集中東京和都會區；(3) 地方經濟面臨發展困境（梁忠
銘，2019）。為解決以上日本三個社會問題，政府應積極致力於地
方人口的回流，同時打造地方和社區能讓年輕一代成家立業生兒育女
的環境，力圖在地方創造就業機會，讓地方人才留鄉，擔任維護地方

的發展，期待克服人口減少所帶來的衝擊，確保將來持續維持「有活力的日本社會」（內閣府網頁，2019）。

安倍內閣不僅提出「地方創生」的概念，還新設了「地方創生大臣」由內閣府特別任命的方式，負責「地方創生」的業務發展。大體來說，所謂「地方創生」，指的是各社區、地方，活用其獨自的特徵，自發且持續的建構其具有魅力的方式，活化地方和社區的生活環境。當時副總理兼財務大臣麻生太郎（Aso Taro）氏根據「町、人、事業創生」三個面向，建構出其具體的核心概念，其內涵如下（內閣府網頁，2019）：

1. 町（MACHI）：一個能使公民擁有一個充滿夢想和希望的富裕生活的地區社會的形成。

2. 人（HITO）：確保地區社會的各種特色和特性，培育地方各式各樣的人才。

3. 事（SIGOTO）：創造出各地區具有魅力的產業，提供多樣的就業機會。

從建構一個充滿夢想和希望的富裕生活以及地區社會，使地方居民足以安居樂業的生活環境為基本思維，進而設置一個專職機構「町、人、事業創生本部」進行整體戰略的規劃，主要的重點是要解決東京過度集中化、解決地區社會問題、創造地區就業機會等，並於 2014 年 11 月 28 日制定《町、人、事業創生法》的專有法律作為推動的依據（內閣府，2014a），主要就是期待可以加速促進地方居民的生活機能改善，減少人口集中東京和都會區，活化地方的生活條件。

《町、人、事業創生法》第 1 條目的說明如下：「此法的目的是為了確實可以因應我國急速到來的少子高齡化的進展，期望可以阻止人口減少之同時，調整人口過度集中東京圈，確保每個地域有宜人的住居環境，維持將來日本社會的活力，讓每個國民可擁有夢想和希望，悠然充裕和營造可以安心生活的地方和社區，確保培育出可以擔

任地域社會多樣的人才，創造出具有地方魅力和就業機會整體事務的推展。」如目的指出「町、人、事業創生」重要之事務，首先是闡明有關町、人、事業創生之基本理念，以及國家和地方分責事務的規劃，政府應該討論有關實施策略之總合及具體實施的計畫「町、人、事業創生總合戰略」的作成，提供地方有可參考執行的計畫（內閣府，2014b）。

同時該法第 1 條，說明有關「町、人、事業創生本部」的設置和實施策略及整體綜合的實施計畫，並說明地方創生政策主要是針對「可以阻止人口減少，同時調整人口過度集中東京圈，確保每個地域有適宜的住居環境。因此，在地方創造足以因應國際化、全球化競爭，打造能讓年輕一代成家立業生兒育女的生活環境」（內閣府，2014a）。這個計畫其實與人口政策、國家未來發展都息息相關，期望透在地創新、創業與創生思維，吸引年輕人返鄉，避開都市集中發展，達到日本整體發展的平衡。

《町、人、事業創生法》第 2 條，也說明必須依據七個「基本理念」來發展地方創生政策（內閣府，2014a），簡述如下：

1. 營造每個符合地域的實際情形的生活環境，使國民可以生活在個性豐富且具有魅力的地域社會。

2. 需要以及規劃長期提供日常生活及社會生活的基本服務條件，並且考慮到地域住民的負擔程度，取得事業者及地域住民的理解和協力，提供確實足以保障現在及將來的生活環境的建構。

3. 結婚和生產基本上是依據個人的決定，希望可以建構可以有結婚、生產及育兒之環境的社會的整備之事。

4. 可以調和工作與生活的環境的整備之事。

5. 活用地域的特性促進創業和事業活動的活化，創造出具有魅力的就業機會。

6. 前所揭示事項實施之時，必須因應地域的實際情況，地方公共團體相互合作協力，以確保具有效率且有效果的行政作為。

7. 前所揭示事項實施之時，國、地方公共團體及事業者應該相互連攜和努力執行。

以上七個理念的核心概念為「創造美好生活環境」、「提供生活基本條件」、「建構結婚育兒環境」、「工作與生活融和」、「創造魅力就業機會」、「確保效率行政營運」、「全國一體共同努力」，期望透過活用先進技術和思維，創造出價值，不應地域、年齡、性別等有所差別，創造出反映地方和社區之中固有的歷史及傳統居民的活動，營造良好市街與環境的同時，國家與政府及企業共同展現象各種有效率的事業，支援促使迅速解決年輕人結婚生子育兒就業和地域結構之問題，提供符合各式各樣地方發展需求的服務內容，維持地方和社區生活環境的活力（梁忠銘，2019）。主要目的還是期望透過此法可以有效地配合解決前述困擾日本社會的三個問題：(1) 勞動力人口的減少；(2) 人口過度集中東京和都會區；(3) 地方經濟面臨發展困境。

因此，依據《創生法》的基本理念，政府需更進一步提出更全面性的整體支援的策略，就是其「町、人、事業創生總合戰略」（內閣府，2014b；內閣府網頁，2019），該總合戰略設定了主要目標與實施策略基本方向。同時，政府應針對有關「町、人、事業創生總合戰略」實施必要之事項也說明如下：

1. 成立「町、人、事業創生本部」，針對「町、人、事業創生總合戰略」的提案，依據人口的現在狀況及將來發展，提供第 12 條第 2 項的規定，加以檢證有關「町、人、事業創生總合戰略」的實施狀況的客觀指標之設定。同時，講求可反映地方公共團體意見必要的措置。

2. 內閣總理大臣是「町、人、事業創生本部」最高負責人，擬定有關「町、人、事業創生總合戰略」提案，在內閣會議中要求相關決定的通過。

3. 內閣總理大臣依據前項的規定經內閣會議決定之時，不可延

遲公布「町、人、事業創生總合戰略」。

4. 政府如因情勢發生有必要延後推移的情形之時,「町、人、事業創生總合戰略」需要適時的調整其決定。

5.「有關町、人、事業創生總合戰略」的適時變更是被准許的。

執行計畫基本是由地方自行設定發展目標,由國家來支援地方,至於具體實施內容大多處於構思和摸索的階段,無法明確的提示。當時副總理兼財務大臣麻生太郎氏認為「地方創生」現階段(2012 年)似乎無法明確的定義,但對於地方的農業、觀光、科學、技術革新等多種創新被認為是地方創生。大體來說,所謂地方創生,指的是各地方社區應活用其獨自的特徵,自律且持續的建構其具有充滿魅力的方法來活化和振興地方(內閣府,2014b)。

日本政府近年除了積極從「放眼國際、發展在地」的思維,作為改善學校教育課程與場域的方向,從強化師資、資訊教材、學習環境,加上從科技環境的支援著手,提供最優質的學習環境(文部科學省,2016)。重新審視在新時代學校教育的方式應如何改變?需要給學生什麼樣的能力和知識?思考「有關新時代豐沛生活能力的養成」,摸索足以因應外部「國際化」和「全球化」的激烈競爭,同時也必須思考內部因「少子女化」和「高齡化」的社會人口結構的改變。據此,日本文部科學省於 2015 年提出「有關面對新時代教育與實現地方創生學校與地域之合作(連攜)共生的方法策略與今後推進執行方法策略諮詢報告」(文部科學省,2015b),針對學校面對新時代的教育或實現地方創生,應和地域連結,找出合作應有的方式和今後的推進政策,具體提出兩個面向(梁忠銘,2019):

(一) 從教育改革、地方創生等動向思考學校與地域共同合作之必要性

1. 地域社會的連結與相互支持的弱化等原因,使得地域教育能力的低下,學校衍生的問題也變得複雜化和困難化,有必要充實家庭

教育。

2.「向社會開放教育課程」為主軸的學習指導要領的改訂，以團隊為主的學校，教師資質能力的向上等，檢視過去與未來學校教育改革的方向性與地方創生的動向之中，認為學校與地域共同合作有其重要性。

3. 因應今後嚴峻競爭時代如何培育可以存活的能力，從建構可以被地域信賴的學校營運和從社會的教育基礎的建構等觀點開始，學校與地域成為夥伴關係共同合作，並透過社會總體關係實現其教育方式是有其必要性。

(二) 邁向今後學校與地域共同合作之樣態

1. 與地域共同營造出學校的特色。從開啟封閉的學校踏出第一步，建構出學校與地域的居民共同的辦學目標和願景，和地域融為一體共同的培育學子，轉換成為「在地的學校」，有別於「制度的學校」。

2. 學童與在地居民父母共同相互學習，建構共同培育孩子的教育體制。將地方各種機關團體相互連結的同時，學校、家庭及地域共同相互協力，發展地域整體學習的風氣，開啟「學童與居民相互學習共同培育的教育體制」的建構。

3. 進行以學校為主軸核心的地域營造的推展。透過以學校核心和主軸的合作，培育擔負地域將來發展所需人才的養成，建構「以學校核心主軸之地域營造」，使其可獨立自主的地方和社區。

依據文部科學省《有關面對新時代教育與實現地方創生學校與地域合作共生的方策與今後執行方法策略》的諮詢報告，日本於 2017 年修訂了《地方教育行政組織及營運相關法律》並在 2017 年 4 月 1 日開始實施，地方教育必須有「學校營運協議會」的義務（文部科學省，2017a）。依據《地方教育行政組織及營運相關法律》第 47 條之 6，所謂的「學校營運協議制度」，是指「學校與保護者及地方社

區的居民共同找出教育方式，反映出學校營運的相關意見，一起共同提供給學童們豐富成長的支持。透過社區、學校，積極的將社區和地方的需求加入學校營運的思考，讓學校與地域共同營造出具有特色的學校」。學校營運協議會主要的機能有如下三點（文部科學省，2017a）：

1. 承認校長作成的學校營運基本方針。
2. 對教育委員會或校長陳述學校營運相關意見。
3. 教育委員會陳述教職員之任用、教育委員會規則所定事項之意見。

以上三點，文部科學省目的就是期望學校可以與地方社區住民共同建構出學校目標和願景，與地方融為一體，共同致力於發展地方人口的回流政策，力圖在地方創造就業機會，打造能讓年輕一代足以成家立業、生兒育女的環境，共同擔負培育學童的責任。

參 日本學校統廢合與活用政策

一 日本學校統廢合政策

日本在 1975 年後就已呈現少子女化的現象，只是此現象的各種影響在 1980 年代開始呈現。少子女化不僅直接影響到家庭成員的組成，三代同居的減少、雙薪家庭和單親家庭的增加及每戶兒童數量的減少，也影響到社區規模的減縮，家庭和社區兒童的社會性養成變得困難，使小型學校的教育變得困難。特別是少子女化的結果在教育上形成學童被父母過度保護。同時，社區教育功能和家庭教育的機能越來越弱化，父母對教育的期望需求變得越來越多。加上國際化、全球化、資訊化的形成，促使產業結構和經濟環境產生變化，AI 人工智能和工廠無人化，造成產業構造、就業構造也發生巨大的變化。都市化集中現象加速進行，社會共通目標逐漸迷失，家族和地域、社區、

企業、社會與個人之間的連結關係也產生明顯變化。快速資訊化的發展，使得世界中的資訊可以瞬間取得。但是，生活、社會活動等各方面直接的體驗機會減少，導致人際關係疏離的問題產生。近年因為少子女化的原因，學童持續減少，家庭和社區出生率下降的背景之下，社區缺乏活力而老化，父母們擔心兒童的社會適應功能下降。往後預計中長期出生率下降的趨勢將繼續，少子女化現象會比以往更加明顯。

1980 年代開始，政府就已對日本學校教育制度，將受到嚴重的國際情勢與社會變化的重大衝擊，從而召開為期 3 年的臨時教育委員會，並由當時的中曾根康弘首相親自主持。以當時教育情況來看，首先是在高度經濟發展和都市化、少子女化，以及科學技術急速的發展，社會已處於全球化與資訊化之中，但教育制度的變革，卻無法及時因應社會急劇的變化，所產生的影響，如家庭教育與社會、社區地域教育機能明顯的低落，學童在日常生活上與地域社區文化游離，學童在社會的適應與人間關係顯得疏離。加上國際化、資訊化、網路化迅速發展，更使國民的教育需求變得複雜，國民與社會對教育的機能發生動搖。其次是因小家庭結構與少子女化的原因，社會普遍有育兒不安和喪失管教兒女的自信，傾向以自我為中心而輕視「公」的權益，進而沉溺在自我「孤立的世界」之現象逐漸顯現。同時，都市化的進展使家庭和地域社會的「教育力」顯著的低下，使現在的教育出現了霸凌、逃學、校內暴力現象加劇，城鄉差距以及學生數持續的減少導致學校規模持續縮小，班級人數過少導致學級的經營困難，自然面臨班級萎縮和學校整合和裁併，進而形成社區崩壞的問題（文部省，1991）。在追求卓越和效率化之下，學校的適當規模思維，也成為教育變革一個不可避免的問題。

學校整合和裁併也就是日本所謂的學校統廢合的概念，是依據日本 1956 年以及 1973 年，由當時日本文部省發出《有關公立小、中學校統合之方策》（文部省，1956；文部省，1973），以及 2015 年

1 月日本文部科學省發出第三次類似有關公立小、中學校統合之通知《公立小學校、中學校的適正規模、適正配置等有關手冊》（文部科學省，2015a）內之專有名詞「學校統合」、「學校再編」、「學校連攜」和「廢校」等名詞，同時依據本論的主題精簡成所謂「學校統廢合」的概念，可解釋爲因爲要使學校達到預期的教育效果，維持一定的合適教育規模，以確保配置有足夠經驗、專門性、男女比率的各種教職員。因此，將不符合「適合規模」的中小學校進行整併而產生學校「關閉」或「休校」，可視爲廣義的「廢校」；但是也因透過整併而有擴編或另建的「新型學校」，本研究也視爲學校統廢合概念的一部分。呼應我國類似概念的專門用語如「整併」、「整合」、「合併」或「裁校」、「停辦」等用語。而所謂「學校活用」概念，就是日本的學校透過實施整合編併之後，無法成爲「適合規模」的學校，而成爲剩餘或停用之校園空間（梁忠銘，2021），就是「學校活用」的概念。因此，本論所指之學校活用，是指日本各縣市依據《公立小學校、中學校的適正規模、適正配置等有關手冊》停辦之學校設施，加以再利用之校園空間。

前言提及日本政府推行學校統廢合政策始於 1956 年，由當時日本文部省發出《有關公立小、中學校統合之方策》之通達。其理由雖說是要「維持教育水準的向上」，實際上主要也是「因爲小規模校會增加國財政支出，所以進行學校統合」，獎勵各縣市的學校整合。但各地強行進行學校統廢合之下產生了各式各樣的弊端，各地發展出「尊重住民意願」的輿論，促使日本政府於 1973 年發出第二次《有關公立小、中學校統合之方策》通達（告示），有別於第一次通達獎勵學校統合的方針，強調不要強硬實施學校的統合，應該活用小規模校的優點進行規劃。如果是在不得不進行統合情形之下，也要負擔通學方式，以及充分得到居民的同意和了解對社區的影響及解決的方案。

直到 2007 年 12 月 25 日日本安倍政權，在教育再生會議第三次

報告，更具體的提出學校統廢合政策實施的具體方法策略和重點如下（內閣官房，2007）：

1. 提出從如何提高教育效果和符應社區的實際需要，國家應提出學校適當規模的指標。

2. 國家全力支援市町村，推動學校統廢合。

3. 學校在進行統廢合之際，應確保通學的安全保障，如通學巴士的支援。

4. 支援活用廢校校舍作為自然體驗活動施設等措施。

5. 學校統廢合之際，支援對於教師員額的調整的衝擊和設施的充實。

總之，國家政策在提出「期望學校規模」之時，應全力給予市町村在進行學校統廢合充裕的財政等各項支援之後，各項研究也都針對適當的「學校規模」的條件、學童的適應、財政效果等方面進行探究。

並在 2014 年 6 月日本內閣「經濟和財政管理與改革基本政策」會議中提及，未來「將隨著出生率的持續下降，加強對教育質量的重視。將根據出生率下降的趨勢，改進教育體系充實教職員工提高教職員工的素質，優化學校規模，結合當地情境以及依據距離等因素，擬定學校合併的指標」（內閣府，2014c）。接續「經濟和財政管理與改革基本政策」，在 2014 年 7 月 4 日內閣會議進行「教育再生實行會議第五次提言」之際（內閣府，2014b），也指出「應將學校成為社區的核心，從提高教育效果的觀點，發揮學校的存在感。國家必須要提出學校規模最適合化的指標，理性的檢討社區的實際情形，從教職員配置和硬體設施等財政方面加以支援，充分考量對於學校統廢合的適當性來思考。國家及地方公共團體應該是要思考，透過學校統廢合產生的財源加以活用，努力促使教育環境的充實」（內閣府，2014b）。

二 學校活用政策

　　日本近年來實施「中小學統廢合政策」，所產生之「學校設施和空間」加以再利用，是爲本論「學校活用」的概念。前述日本於2014年7月提及「教育再生實行會議」第五次建言之中，指出「應將學校成爲社區的核心」，從「提高教育效果的觀點，發揮學校的存在感」（文部科學省，2014）；同年12月在前述論及「町、人、事業創生總合戰略」中，亦決議支援「公立小、中學校適當規模化與小規模校的活性化及休校或廢校的重新展開」。學童在學校團體之中得以持續保有可切磋琢磨的環境之中學習，學校需確保有一定學童人數規模，以利提高所謂社會性的陶冶，特別是少子女化現象將長期持續，學校小規模化的同時，教育上各種負面條件會更加顯著，不可因學校的整併而使得社區溝通機能衰退。爲此，各市町村應依據實際情形，發展有活力的學校之建構。重視學校成爲社區活動的核心，檢討學校統廢合的條件之際，應以市町（里）村爲主體探討具體對策和支援方式與策略（內閣府，2014b），明確的指出，「學校活用」將與「地方創生」策略相互結合。配合日本政府一連串的政策，日本文部科學省2015年1月發出第三次《公立小學校、中學校的適正規模、適正配置等有關手冊》（文部科學省，2015a），通知各縣市教育委員會，具體的提示應該積極因應少子女化，促使學校進行統廢合政策的執行。

　　依據文部科學省（2019）的「廢校施設活用狀況實態調查」資料顯示，日本2002年度至2015年度爲止的14年之間，每年約470校減少。2018年度時點約7,583校廢校（2002～2017年度累計）（文部科學省，2021a；2021b），主要是因爲少子女化使學童減少以及市町村合併所產生。

　　近年來，在家庭和社區出生率持續下降的背景下，預計未來數年間出生率下降的趨勢也將持續，在教育上造成的學校教育問題比以往

更加明顯。在這種情況下，每個市鎮的小學和中學都應依據每個地區的實際情況，從教育的角度來採取必要因應措施，創建充滿活力的學校。例如通過學校整合建立一所有吸引力的學校（文部科學省，2016）。此外，日本政府近年除了積極放眼國際並發展在地的思維與法制，作爲改善教育現場，企圖從強化師資、資訊教材、學習環境，加上從科技環境的支援著手，提供最優質的學習環境（文部科學省，2017 b）之外，重新審視在地學校教育的方式應如何改變？需要給學生什麼樣的能力和知識？思考「有關新時代豐沛生活能力的養成」，摸索足以因應外部「國際化」和「全球化」的到來所面臨的競爭，同時也必須思考內部因「少子女化」和「高齡化」的社會人口結構的改變。

同時也因爲學校規模過小，將使學童減少或失去相互學習、相互協力、相互合作、甚至相互競爭的情境，也減少接觸多元的思考和切磋琢磨及互動的機會。學校不僅是傳授教科知識和技能的學習，學童在團體生活之中透過接觸多元的思考、相互學習相互協力合作的過程，涵養其思考能力、表現能力、判斷能力和問題解決能力，以及社會性與規範意識的陶冶。爲達成此教育效果，維持一定數量的學生一起學習，確保配置有經驗專業比率合宜的各種教職員是必要的條件。每個鄉市村町中，都應依據每個地區實際情況，採取必要措施，從教育的角度來考量，創建充滿活力的學校（文部科學省，2016）。

一般來說，面臨少子女化地方的學校其整併過程如下（嶋津隆文，2016）：

1. 掌握學童數的減少趨勢及學校統整需要性的評估。
2. 公布學童數的未來發展趨勢和實際減少情形。
3. 教育委員會提出學校統廢合方針。
4. 教育委員會提出學校統廢合方式，舉行地方居民公開說明會。
5. 蒐集有關學校統廢合方針，取得校區協議會和自治會的意見。
6. 地區居民向地方首長和教育長提出意見書和期望書。

7. 教育委員會提出學校統廢合計畫。

8. 組成學校統廢合檢討委員會進行統廢合的準備。

9. 具體進行學校統廢合。

也就是說，日本從 2007 年開始，再度開啟進行對中小學的整合編併，日本中央各機關開始進行討論，進入 2014 年基本上更是積極的提出具體方案，並結合地方創生的政策，進行廢校活用和地方社區活化進行規劃，經過十數年的努力，廢校活用狀況達到不錯的效果，具體成效如下：廢校約 75% 作為社會體育設施、社會教育設施、文化設施、福祉設施、醫療設施、企業或法人所利用以及體驗交流設施的形式活用。其中廢校設施之中，約還有 20%（1,295 校）沒有任何活用，其用途也沒決定活用方式而被放置，其維持管理費由自治體負擔（文部科學省，2021a；2021b）。其具體的效益可歸納出兩點：

1. 自治體視點：本來所需之維持費用的減少，僱用創出效果，地方社區活化效果。

2. 事業者視點：事業開始之初期費用可以低成本利基活用廢校，有寬廣充分的良好空間，可以與地方和社區密切的結合，有很好的宣傳效果。

肆 學校活用與地方創生連結

為了達到學校活用的效果，日本文部科學省於 2010 年 9 月開始提出「～未來延續～『大家的廢校』計畫」（文部科學省，2010；文部科學省，2019），將廢校施設的資訊與活用的新聞串聯，公布尚未活用廢校施設等資訊公開，持續至今。同時亦將廢校已經活用的案例，做成具體案例公布於網頁，提供給全國各界參考。如轉化為辦公室或地方加工廠、宿泊設施、IT 設施等活化地域等創造地方僱用和交流人口增加的成功案例，提供廢校活用的參考，期待社會各界和地

方人士共同參與企劃，有效的活用廢校，創造地方生活條件的改善。

據此，日本文部科學省於 2015 年提出《有關面對新時代教育與實現地方創生學校與地域之合作（連攜）共生的方策與今後推進執行方法策略諮詢報告》（文部科學省，2015b），針對學校面對新時代的教育或實現地方創生，應和地域連結，找出合作應有的方式和今後的推進政策，具體提出兩個面向：

(一) 從教育改革、地方創生等動向思考學校與地域共同合作之必要性

1. 地域社會的連結與相互支持的弱化等原因，學校衍生的問題也變得複雜化和困難化，使得地域教育能力低下，有必要充實家庭教育。

2.「向社會開放教育課程」為主軸的學習指導要領改訂，以合作教學團隊為主的學校、教員資質能力向上等策略的實施，檢視過去與未來學校教育改革的方向性與地方創生的動向之中，認為學校與地域共同合作有其重要性。

3. 因應今後嚴峻競爭時代，培育可以具有生活的能力，從而建構可以被地方社區信賴的學校營運體制。從建構社會的教育基礎觀點開始，學校與地方社區成為夥伴關係共同合作，透過社會總體營造思維，實現其教育方式是有其必要性的。

(二) 邁向今後學校與地方社區共同合作之樣貌

1. 與地方社區共同營造出學校的特色：從開啟封閉的學校踏出第一步，建構出學校與地域的居民建構共同的辦學目標和願景，和地域融為一體共同培育學子，成為「在地的學校」。

2. 建構學童與在地居民父母共同相互學習，一起培育孩子的教育體制：將地方各種機關團體相互連結的同時，學校、家庭及地方社區共同相互協力，發展地域整體學習的風氣，開啟「學童與居民相互

學習共同培育的教育體制」。

3. 進行以學校為主軸核心的社區營造：透過以學校為核心和主軸的社區合作，培育擔負地域將來發展所需人才的養成，建構「以學校核心主軸之地域營造」獨立自主的社區。

學校維持一定數量的學生一起學習，確保配置有經驗專業比率合宜的各種教職員是良好學習環境的必要條件。每個鄉市村町中，都應依據每個地區實際情況，採取必要措施，從教育的角度來考量，創建充滿活力的學校（文部科學省，2017b；文部科學省，2017c）。日本政府近年除了積極從放眼國際發展在地的思維與法制化著眼之外，亦從改善教育現場，強化師資、資訊教材、學習環境，加上從科技環境的支援著手，提供最優質的學習環境（文部科學省，2017c），重新審視在地學校教育的方式應如何改變？需要給學生什麼樣的能力和知識？思考「有關新時代豐沛生活能力如何養成？」，摸索如何建構出足以因應外部「國際化」和「全球化」到來所面臨的競爭，同時也必須化解內部因「少子女化」和「高齡化」的社會人口結構的改變（文部科學省，2018）。

以上歸結出日本政府積極的協助地方因應少子女化的策略，首先透過進行學校統廢合，著眼於在地發展的基本方針，結合地方的資源與人才，創造出有地方活力的生活模式，營造出鄉市有特色、村里有活力的願景，進而打造出「在地方創造足以因應國際化、全球化競爭，打造能讓年輕一代成家立業、生兒育女的生活環境」（文部科學省，2019）。

伍 結論

日本學校活用與地方創生政策，可以提供我國面臨少子女化所提供一個具有價值性的參考，同時也是維持地方發展的永續策略思維。

日本中小學學校統廢合政策，從早期「維持教育水準的向上」以及「減少財政負擔」（因為小規模校會增加國家財政支出），進行學校統合的思維。隨著科技發展，以及交通工具的普及發達，轉換成從學校規模來思考學童的學力（學習）的成效和學習權的公平性。

　　日本學校統廢合與地方創生之間的連結，基本上是跳脫以往學校教育系統是從國家義務教育體系建構的思維，主要是以往的學校教育系統似乎對於地方社區的發展已經無法提出有效的解決方法。

　　學校教育重新基於培育地方人才與學習成效出發，學校教育從社區主體發展，考量在地獨特文化的導入，打造出足以因應國際化、全球化競爭，進而讓年輕一代足以成家立業、生兒育女的在地生活環境。「唯有地方有生機，社會才會有活力」，學校與所在社區基本上應是一體兩面、互為表裡的共同體。學校不只肩負著傳遞知識，同時需身兼地方文化傳承等功能與因應世界潮流，越偏遠的學校和社區關係應越緊密，學校可以是社區生涯教育、運動中心、傳承文化和地方精神，甚至是社區發展的先導創業以及地方產業經濟活化和發展的重要核心。

　　因此，在面臨少子女化衝擊和國際化競爭之際，如何使一所學校充滿活力，從教育的角度去因應出生率的下降，賦予下一個世代足以生活的能力。日本近年來實施「中小學統廢合政策」與學校統廢合產生之「學校活用」的相關策略，主要是透過積極的將社區和地方的需求加入學校運營的思考，進行以學校為主軸的地域營造的發展，培育擔負地方和社區村里將來發展所需人才的養成，建構「以學校核心主軸之地域營造」，使地方和社區得以獨立自主發展為基礎，讓學校與地域共同營造出具有特色的學校，一起共同提供給學童們豐富成長的支持。同時培養學童愛鄉留鄉的情懷，維持地方的永續發展，日本經驗應該是很可以參考的重點。

參 考 文 獻

1. 國內文獻

地方創生網頁（2021）。地方創生資料庫。https://www.twrr.ndc.gov.tw/about

梁忠銘（2019）。近年日本地方創生教育重要政策之研究。中正教育研究18：2期。

梁忠銘（2021）。日本學校統廢合與地方創生政策相關之研究。臺東大學教育學
　　報第 32 卷第 1 期。

教育部（2004）。**2004 年教育政策白皮書**。教育部。

國家發展委員會（2018）。行政院召開「地方創生會報」第 1 次會議。國家發展
　　委員會 107 年 5 月 21 日新聞稿。

國家發展委員會網頁（2021）。推動地方創生政策。https://www.ndc.gov.tw/
　　Content_List.aspx?n=78EEEFC1D5A43877（2021/08/08 擷取）

2. 國外文獻

文部省（1956）。第一次《有關公立小、中學校統合之方策通達》。日本：文部省。

文部省（1973）。第二次《有關公立小、中學校統合之方策通達》。日本：文部省。

文部省（1991）。新しい時代の教育改革。日本：ぎょうせい。

文部科學省（2010）。「～未來延續～『大家的廢校』計畫」。

文部科學省（2014）。「教育再生實行會議」第五次建言。日本：文部科學省。

文部科學省（2015a）。公立小學校、中學校的適正規模、適正配置等有關手冊。
　　日本：文部科學省。

文部科學省（2015b）。新しい時代の教育や地方創生の實現に向けた學校と地域
　　の連携・協働の在り方と今後の推進方策について（答申）。日本：文部科
　　學省。

文部科學省（2015c）。地方創生に資する文部科學省の予算事業。文部科學省。

文部科學省（2016）。廢校施設活用狀況實態調查。日本：文部科學省。

文部科學省（2017a）。地方教育行政の組織及び運営に関する法律。

文部科學省（2017b）。新しい時代の教育に向けた持続可能な學校指導、運営體
　　制の構築のための學校における働き方改革に関する総合的な方策について
　　（中間まとめ）。日本：文部科學省。

文部科學省（2017c）。地方創生に資する文部科學省關係の制度について。

http：//www.mext.go.jp/a_menu/chihousousei/1355575.htm（2021/03/01 參考）

文部科學省（2018）。人口減少時代の新しい地域づくりに向けた社會教育の振興方策について（答申）（中教審第 212 号）。日本：文部科學省。

文部科學省（2019）。新しい時代の教育に向けた持続可能な學校指導・運營體制の構築のための學校における働き方改革に関する総合的な方策について（答申）（第 213 号）。日本：文部科學省。

文部科學省（2021a）。～未來につなごう～「みんなの廢校」プロジェクト。
https：//www.mext.go.jp/a_menu/shotou/zyosei/1296809.htm（2021/03/01 參考）
https：//www.kantei.go.jp/jp/singi/kyouiku/houkoku.html（2021/02/30 擷取）

文部科學省（2021b）。廢校活用の現狀と可能性～文部科學省「みんなの廢校プロジェクト」～。文部科學省大臣官房文教施設企画・防災部施設助成課。

内閣官房（2007）。教育再生會議第 3 次報告。「社會総がかりで教育再生を・第三次報告～學校、家庭、地域、企業、団體、メディア、行政が一體となって、全ての子供のために公教育を再生する～」。

内閣府（2014a）。まち・ひと・しごと創生総合戰略。日本：内閣會議。

内閣府（2014b）。教育再生實行會議第五次提言。日本：内閣會議。

内閣府（2014c）。經濟和財政管理與改革基本政策。日本：内閣會議。

内閣府網頁（2019）。地方創生。日本：内閣府地方創生推進事務局。https：//www.kantei.go.jp/jp/singi/sousei/（2019/04/01 擷取）

嶋津隆文（2016）。學校統廢合と廢校活用──地域活性化のノウハウ事例集。日本：東京法令出版。

The potential of school curricula to contribute to regional revitalization in Japan

白松賢 (SHIRAMATSU Satoshi)
日本愛媛大學教授兼教育學院副院長
尾川満宏 (OGAWA Mitsuhiro)
日本廣島大學准教授
作田良三 (SAKUDA Ryozo)
日本松山大學教授常務理事
梅田崇廣 (UMEDA Takahiro)
日本愛媛大學講師

Introduction

Regional disparity has long been discussed as a social problem in Japan. Such disparity is an issue for many countries and regions, and Japan is no exception. For example, population flight to urban areas and decline in regional industries are considered problematic, and regional disparity is clearly expanding. In areas in which the birth rate has been falling and the population aging, schools are being amalgamated and closed, and there is uncertainty as to whether children will stay in their hometowns. Thus, further expansion of educational disparity is a cause for concern.

Over the last 20 years in particular, the issue of regional disparity has increasingly been deliberated, not only by politicians and the media, but also by academic researchers. The term regional disparity is used to indicate differences between regions in terms of population, incomes, and financial strength. Within such regional disparity, two types prevail: disparity between large conurbations and other regions, and disparity within the same region between urban and rural areas (including mountains and islands).

It is generally regarded that changes in the structure of industry (i.e., expansion of the tertiary industry workforce at the expense of the primary industry workforce) is a significant factor underlying this regional disparity. The working population has become concentrated in urban areas where there are many tertiary industry companies. Another factor frequents mentioned is changes in the structure of the family. Along with progress in medical care, the situation has changed from a high birth rate with a high infant mortality to a low birth rate with a low number of children. As a result of such social change, problems have worsened in the countryside and mountains as well as on islands, where the working structure favors the primary industry.

In the educational domain, from around the year 2000, the issue of the amalgamation and closure of schools has been seen as typifying this problem. For example, there were 24,608 public elementary schools (main schools and satellites) in Japan in 1990, and 23,861 in 2000. There were 21,713 in 2010, with a sharp fall to 19,217 in 2020.

Evidently, compared to the decline in the number between 1990 and 2000, the fall since 2000 has been rapid. Behind this downturn lies a declining birth rate and, examining at the number of births in the years relevant for children starting school in the years mentioned above, the number of births declined from 1,489,780 in 1984, to 1,238,328 in 1994, 1,110,721 in 2004 and 1,003,609 in 2014. In other words, the annual number of births fell by around 480,000 over that 30-year period, and more than 5,000 schools were closed. As this fall in the number of children has transpired, amalgamation and closure has begun to spread to junior high and high schools.

Rather than as an educational problem, the amalgamation and closure of schools in Japan has become more serious primarily as a social problem for communities and the authorities. For prefectural and municipal governments, the way in which schools are amalgamated can reduce the educational budget. From another perspective, without the amalgamation and closure of schools, budgets will be in deficit, causing a reduction in overall public services. However, for the local population, there is a danger of a vicious circle of depopulation, whereby the disappearance of schools means that the generation with young children leaves, or fails to return to, the particular area. Furthermore, schools act as community landmarks and symbols, and the psychological load on this loss of historical and cultural social capital is immense (若林, 2012). Certainly, for the schoolchildren, change in the size of their school and their classes as a result of amalgamation causes significant changes to their learning and daily life. In this way, the narrative about school amalgamation and closure has been socially constructed by the participation and involvement of people in various positions. In other words, it is a struggle over "locality" (Appadurai, 1996)[1] in each area.

Research into the amalgamation and closure of schools in Japan falls into three broad categories. First are studies relating to relevant amalgamation and closure strategies(若林 , 2012). Regional studies within economics, public administration studies, and sociology have mainly been pursued at the macro level. Macro-level research has chiefly analyzed policy.

The second comprises studies relating to the amalgamation and closure of schools and regional reorganization (丹間 , 2015；丹間・大蔵・竹井・大村 , 2017). In such studies, research has been at the mezzo level; it has related, for example, to the local communities that are being reorganized by the school amalgamations and closures and to the perceptions of local residents. Mezzo-level research explores the ways in which regions change owing to the amalgamation and closure of schools.

The third involves studies that consider experiences in schools related to the amalgamation and closure (玉井 , 2010；安井 , 2016；宮﨑, 2019；丹間・竹井・小宅・橋田 , 2020). In such studies, the perceptions and efforts of teachers, caregivers, and students at each individual school are investigated at the micro level. This micro-level research has revealed some interesting ideas: schools have the capacity to stop amalgamation and closure, and amalgamation and closure can be an opportunity for improving schools (宮﨑 , 2019).

As previously shown, many areas of Japan with low birth rates and aging populations are facing the problem of losing their schools. With respect to this issue, these micro-level studies shed light on the processes by which a variety of actors such as residents, students, parents/guardians, teachers, and the government coordinate and negotiate their respective interests and purposes to improve schools and reorganize regional areas. Note that these studies do focus chiefly on adapting and resisting amalgamation and closures advanced by market-led principles. They also do not describe the variation in school improvement in low-birth rate, aging-population areas.

The present paper is built around two core research questions: (1) How should regional revitalization curricula be developed and continued in areas with low birth rates and aging populations? (2) What sort of results are expected from the implementation of curricula with the same objective of regional revitalization, depending on the actors involved in development?[2]

Methods

This study aims to reveal some commonalities and differences in the development of regional revitalization curricula in Japan by examining three curriculum development case studies. Toward this aim, the survey focuses on three school curricula in two prefectures in western Japan. The three curriculum development cases were selected based on the following points. First, they are all regional revitalization curricula implemented in areas with shrinking birth rates and aging populations. There should be some social evaluation of impact for regional revitalization. This could be in the form of mention in the media or the receipt of public funding. Second, the curricula all have the similar aim but have been developed by different actors[3]. Third, there is an abundance of related publicly released materials. In this paper, we chose to analyze publicly released materials and thus disclose the names of schools and regions in order to convey the current situation and circumstances of regional Japan as much as possible[4].

The study thus focused on the following three curricula.

ONE: *Gyoshoku* "ぎょしょく" (Fish Dietary Education) is a curriculum that has been delivered since 2005 in Ainan, Ehime. An association to officially promote dissemination of *Ainan Gyoshoku* was created, centering on collaboration between Ainan Town Hall Fishing Industry Department, fishery cooperatives, and the South Ehime Fisheries Research Center. Thereafter, the curriculum was implemented as a joint project between industry and academia, involving collaboration between Ehime University and the local government in Ainan. For analysis of relevant practice, this study used material on the "*Piaza Ainan Gyoshoku*" website (http://www.ainan-gyoshoku.jp), notably the material provided by the Ainan board of education.

TWO: *Chousen-ka* "挑戦科" (Challenge Studies) is an initiative at the Geihoku elementary and junior high schools in Kitahiroshima, Hiroshima. When five elementary schools merged, a curriculum using the local town as a teaching resource was developed, based on the situation of the children at the schools in question, in order to foster their resilience. Interestingly, in this initiative, the amalgamations/closures into one elementary school in one middle school district is used as an advantage. A curriculum was developed that could be assumed to cover 9 years, from elementary school entry to junior high school graduation. The board of education and the schools cooperated in the development of the curriculum. The materials analyzed in our study were mainly a 2016 academic year research and development report by the Geihoku elementary and junior high schools run by the Kitahiroshima municipality and materials provided by the schools for 2021.

THREE: *Misaki Okoshi* "三崎起こし" refers to a problem-based

learning initiative aimed at the creation and discovery of the attractions of the local area, which was systematized as a curriculum since 2015 in Ikata, Ehime. The characteristics of this curriculum are that students identify problems as a result of fieldwork in the local community and participate in improvement of their local area. It is a curriculum with relations between teaching staff, students, and local residents at its core. Our analysis of its implementation is mainly based on research and development reports (2019, 2020) relating to promotion of high school education reform via cooperation with the local community (project to improve the local area), student interviews provided by the Sentanbu team at Misaki High School (run by Ehime Prefecture), Chiiki jinzai ikusei kenkyuu (Regional human resources research) Number 1 from the Forum on Regional Human Resource Development, materials on the High School's website (https://ehm-misaki-h.esnet.ed.jp), and a relevant article on the Sensei-no-Gakkou website (https://www.sensei-no-gakkou.com/article/no0025/).

First, following is a simple description of the current circumstances of low-birth rates/aging populations and school amalgamations/closures in the regions considered in this study. With respect to the situation in Ehime and Hiroshima prefectures regarding amalgamation and closure of schools. Figure 1 shows trends in amalgamation and closure of schools in the two prefectures. Taking the period from the year 2000 to the present day, there has been rapid progress with amalgamation and closure of schools. Major impacting factors are the large-scale "Heisei" local government administration district mergers resulting from the Special Mergers Law, the decline in the birth rate, and the aging of the population.

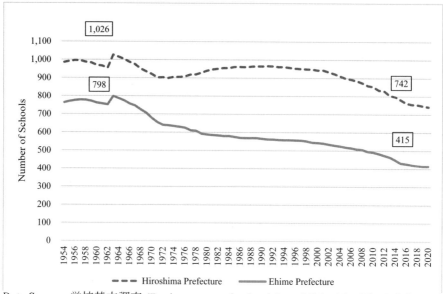

Data Source: 学校基本調査 (Basic survey of schools), published by The Ministry of Education, Culture, Sports, Science and Technology (MEXT).

Figure 1: Trends in the number of elementary and junior high schools in Ehime Prefecture and Hiroshima Prefecture

In all three areas, the proportion of elderly people is high, and there are problems with regard to young people finding employment. Examining the proportion of elderly people within the population of the regions covered by our investigation, data shows 40.3% in Ainan and 46.8% in Ikata, both of which are significantly above the 32.4% average for Ehime Prefecture as a whole [*住民基本台帳* (Basic Residents Register), April 1, 2020]. The proportion of elderly people in Kitahiroshima is 38.0%, also significantly higher than the 28.9% average for Hiroshima Prefecture as a whole [*住民基本台帳* (Basic Residents Register), January 1, 2020]. Thus, in all of the municipalities concerned, effort is invested into promoting inward migration from outside the municipality.

Implementation and Analysis

Our analysis will first detail the processes and specifics of the development of the three curricula. Next, the paper features data of the expected results for each curriculum. We will then compare the development of the three curricula, and shed some light on their commonalities and differences.

(1)*Gyoshoku* (Fish Dietary Education)

The idea arose of giving the Fish Dietary Education initiative in Ainan a name with the Japanese pronunciation *Gyoshoku*. The thinking behind this proposal was that the Chinese-origin kanji character for "fish" (魚), pronounced "*gyo*", could reasonably be combined with seven different Chinese-origin kanji characters pronounced "*shoku*", each with its own meaning. The seven kanji characters are 触 (touch), 色 (color), 職 (job), 殖 (breeding), 飾 (decorating), 植 (planting), and 食 (eating). As a result, the name *Gyoshoku*, written using the kana Japanese phonetic syllabary, was chosen. This is because, when spoken, it contained seven possible meanings. In this paper, the education program in question is referred to as *Gyoshoku* (Fish Dietary Education).

The *Gyoshoku* program includes seven strands of educational content, as shown in Table 1. The program is planned to lead students through the learning in strands 1 through 6 to arrive at the "eating" strand 7 (若林編, 2008). This educational program was developed after the Basic Act on *Shokuiku* (Food and Nutrition Education) was enacted in Japan. The fishing industry, the major industry in Ainan, was in economic difficulty at the time. Production fell simultaneous to industry-related issues such as lower fish prices and higher costs for fuel and feed.

Table 1   Seven strands of *Gyoshoku* (Fish Dietary Education)

Seven Strands	Leanring contents
1 魚觸：fish touch	Learning in which students touch fish. Food preparation
2 魚色：fish color	Learning related to fish themselves, including types of fish and nutrition
3 魚職：fish job	Learning related to fishing industry and commerce
4 魚殖：fish breeding	Learning related to fish farming industry and commerce
5 魚飾：fish decorating	Learning related to fish-related tradition and culture
6 魚植：fish planting	Learning related to the environment surrounding fish
7 魚食：fish eating	Learning about the taste of fish-tasting

In addition, change in dietary habits intensified the tendency for consumers to move away from fish. As one means of promoting their fishing industry, in 2005, Ainan established an association to officially promote dissemination of their *Gyoshoku* initiative. Education related to the fishing industry, from production through consumption and culture, was delivered in elementary and junior high schools in Ainan and beyond, with the major aim of encouraging higher consumption of seafood and attracting new key players into the industry.

The characteristic of this program is that it emerged from collaboration between Ehime University, the Fishing Industry Department at Ainan Town Hall, the school education office at the Ainan board of education, and *Hisayoshi gyogyou kyoudou kumiai*

Table 2　Number of facilities where *Gyoshoku* (Fish Dietary Education) was implemented

Academic year	2005	2006	2007	2008	2009	2010	2011	2012	2013	2014	2015	2016	2017	2018	2019	2020	Total
Pre-school/Kindergarten	0	0	0	2	6	10	13	11	10	11	11	11	11	11	11	8	126
Elementary school	10	8	5	11	9	18	16	15	15	14	14	14	14	13	12	13	201
Junior high school	0	1	2	5	7	7	5	5	5	5	5	5	5	5	5	0	67
Others	4	5	4	5	9	11	8	9	15	13	16	17	12	16	19	5	168
Total of Ainan town	14	14	11	23	31	46	42	40	45	43	46	47	42	45	47	26	536
Total of other place	0	0	0	0	2	6	49	48	40	52	50	53	55	56	34	4	445
Total	14	14	11	23	33	52	91	88	85	95	96	100	97	101	81	30	981

(Hisayoshi fishing industry cooperative). As a result, Ainan local government took the initiative, cooperating with schools by providing them with instructors and the educational program.

Figure 2 Gyosyoku in Elementary school

The number of times that the *Gyoshoku* educational program has been delivered, according to data from the Fishing Industry Department in Ainan Town Hall, is shown in Table 2. Since 2010, 50 relevant projects have been implemented in Ainan, mainly in day care centers/ kindergartens and elementary and junior high schools. Although the number of projects implemented fell in 2020 as a result of the impact of COVID-19, they still numbered as high as 26. In addition, a creative element of the educational program is that it can also be delivered in schools outside Ainan. In Social Studies in Japanese elementary schools, there is, for example, a "distinctive regions in our prefecture" unit in the Fourth Grade and a "food production by Japanese agriculture and fisheries" unit in the Fifth Grade[5]. *Gyoshoku* provides lessons that deliver the learning content required by those units. *Gyoshoku* master chefs and instructors from fishing cooperatives are sent into schools in other parts of Ehime Prefecture during the relevant Fourth Grade Social

Studies unit and the Fifth Grade fisheries and food education units. Figure 2 is a photo of a *Gyoshoku* master chef visiting a school as an instructor as part of the "distinctive regions and the life of their people" unit in an elementary school Fourth Grade outside Ainan. The program that he was part of used three Social Studies sessions to deliver: 1) children's interviews with people working in the fishing industry in Ainan (investigative learning); 2) learning related to rearing fish; and 3) a fish dissection demonstration and a tasting opportunity. Notably, fish-tasting involves concerns such as allergies, caregivers' agreement and the approval of the relevant board of education are obtained beforehand.

Since the aim of the *Gyoshoku* project is expansion of seafood consumption and attraction of new key players into the sector, its implementation outside Ainan and in places other than elementary and junior high schools, such as community centers, is reasonable. Currently, more than 100 relevant educational programs are delivered annually. The number of programs delivered fell in 2019 and 2020 because of COVID-19. However, *Gyoshoku* teaching sessions can now be delivered online with two-way communication between the venue and the actual fishery. Building on this experience, active efforts to deliver *Gyoshoku* remotely have recently began, with elementary schools in Tokyo linked to the fishing harbor in Ainan via the Internet. Awareness surveys and feedback after delivery of the project have been analyzed, the key outcome being increased interest in eating fish. Similarly, for example, an increase in the number of children who like to eat fish and greater appreciation of the fishing industry have been reported [*Ainan Gyoshoku* Plan, from *Ainanchou Gyoshoku fukyuu suishin kyougi-kai* (association to promote dissemination of *Ainan Gyoshoku)*, 2011].

(2) *Chousen-ka* (Challenge Studies)

The concept underlying the development of the *Chousen-ka* curriculum is "the classroom is our town". Taking the whole of Geihoku as their classroom, the children learn about their region's positives and its challenges. As a result of the merger of five elementary schools, the elementary school catchment area expanded to cover the whole of Geihoku. It was necessary to reframe the perception of the children and the local people so that the new catchment area after the schools had been closed was also seen an area to be valued. In this regard, the curriculum's underlying concept was also very important for the community. Ultimately, the aim is to foster independent resilient young people, able to innovate to secure the region's future. As the curriculum was developed, the elementary and junior high schools in Geihoku were designated MEXT research and development schools from 2013 through 2016.

The inception of the curriculum was based on interest in the predicament in which the children found themselves. Children attending elementary and junior high school are often straightforward and able to do the tasks that their teachers assign for them. However, these students lack the ability to judge and act independently. In addition, they are rarely in a situation where they are faced with a difficulty and have to work persistently to resolve the same. Furthermore, although they live in an area with abundant nature, with the bigger catchment area and the lower birth rate, children have fewer opportunities to play freely with their peers after school, at weekends, and during the holidays. Therefore, children now have insufficient hands-on experience of nature, society, and daily life via their peer group.

Taking into account the children's predicament, a curriculum was developed with three points. First, with the cooperation of local people, hands-on experience of nature, society, and daily life, of which the children are deprived, became a resource for teaching and setting tasks. Specifically, children are given hands-on experience of, for example, making a fire, walking in the mountains, and harvesting, drying, and selling thatch. Diligently, the program's teaching resources assume the use of activities involving problem-solving and decision-making relating to the difficulties inherent in these tasks, amid a variety of relationships.

Second is the mechanism of the problem-solving learning process. The curriculum focuses on the three-fold learning process of "plan", "do ", and "see". For example, for walking in the mountains, a trial activity is first carried out. Elementary First and Second Grade students go on a trial walk in the mountains. First Grade students set off happily, glad to be going on an outing, but they later get tired and frustrated in the unfamiliar mountains. Then, in response to the question "how can mountain walking be made enjoyable for everyone?", they consider concrete group and individual targets and methods. This is the "plan" stage of the learning process. Goals and methods determined by individual students and also as a group are tested on an actual mountain walk. This is the "do" stage. The actual activity is reviewed, and experiences and ideas to be utilized on the next task are described. This is the "see" stage. The simple vocabulary of the "plan", "do", "see" learning cycle, used in combination with the developed curriculum, can be easily grasped by the young students.

Third, as the educational program is developed, the competencies that the children should obtain were clarified and assessed. There are six relevant competencies, namely will "power", "resilience", "working with others", "problem-solving", "the ability to ensure the safety of activities and to live safely", and "multiple perspectives and critical thinking".

Delivery of the curriculum is based on the module plan shown in Table 3. Each "module" comprises a set of learning units integrated into a single project. The plan comprises the module name, number of hours needed, the Period for Integrated Studies competencies and exposure to the three-fold learning process. The example shown is the 2021 curriculum for the first year of junior high school. Figure 3 shows "Let's go! Geihoku junior trekking guide". In the learning process columns, an activity is trialed, and the number of hours for "plan", for "do" and for "see" are shown. Except for these modules, the curriculum includes "interaction with a rest home", "interaction with a childcare center", "learning about local resources", "cross country hike", "mountain hike", and "development and sale of local specialties" in elementary and junior high school.

This curriculum development obtained research funding from MEXT, which finished in 2016. However, as a result of outcomes obtained during this time, it is currently still implemented in school as a distinctive curriculum, receiving funding from the

Figure 3   Picture of Geihoku junior trekking guide

municipal education budget. Analysis of two years of panel data during MEXT funding produced certain outcomes, as shown in Table 4. The table shows comparative analysis of results as of February 2014 and February 2016 for a total of 114 students who experienced four years

Table 3　Curriculum Example of *Chousen-ka* (Challenge Studies)

Month	Module Name (Junior high school, First grade (Learning contents))	Competencies to be acquired during the period for integrated studies			Learning process			Total hours of lessons
		(1) Knowledge & Skills	(2) Abilities to thinking, Making decision, Expressing, etc.	(3) Attitude of proactive learning, Individuality etc.	Plan	Do	See	
	① Regional development with the treasure of Geihoku "Let's go! Geihoku junior high trekking guide"							
Apr	· "Let's experience Mount Shinmyuu forest therapy!" (trial experience)	○			0	2	1	3
	· Let's improve our knowledge and skills as a trekking guide! (in classroom)	○			1	2	0	3
May	· "Let's have a trekking guide experience!" (skill practice)	◎	○	◎	0	3	1	4
	· Let's plan a joint Geihoku elementary and junior high school mountain trip	○	○		8	0	0	8
	· Let's tackle a joint Geihoku elementary and junior high school mountain trip							
June	· Trekking guide review			○	0	0	1	1
July	· What should you do, as s trekking guide for a school from another area, to let them know about Geihoku's strengths?		○		4	0	0	4
Sept.	· Let's make the preparations for a trek by a school from another area.	◎	○		0	3	0	3
	· As a trekking guide for a school from another area, let them know about Geihoku's strengths				1	3	0	4
Oct.	② Thatch (kaya) project							
	· Thatch project preparation	◎	○		1	0	0	1
	Implementation of thatch project (harvest)	◎	○	◎	0	1	0	1
Nov.	· Implementation of thatch project (harvest)		○	◎	0	1	0	1
	· Review of thatch project				0	0	1	1
	· Implementation of thatch project (Kayakin ichiba market)	○			1	4	0	5
Dec.	· Review of thatch project				0	0	1	1
	· Conclusion				0	0	4	4
Jan.	③ Let's investigate various jobs	○	○	○	2	3	0	5

of the initiative, from elementary school Grade 3 through Grade 9. The average value was seen to rise for all items. In the Table 4 analysis results, when observing the significant difference of Cohen's d and the t test, there is a medium effect for "problem-solving" and "the ability to ensure the safety of activities and to live safely", and a small effect for "resilience". Notably, these six competencies are important curriculum management viewpoints. This curriculum emphasizes the fostering of these competencies, via tasks that use the local area as a resource. The six competencies play an important role in reconciling the community's expectations of the fostering of local human resources with the learning content required by the government's "Courses of Study" curriculum guidelines and the students' actual situation.

Table 4　Competencies to be acquired during *Chousen-ka*

Competencies	year	frequency	mean	standard deviation	significant difference	Effect Size (Cohen's d)
Will-power	2014	114	3.2865	0.5625		0.15554
	2016	114	3.3889	0.5170		
Resilience	2014	114	2.7851	0.7039**		0.27563
	2016	114	3.0066	0.6844		
Multiple perspectives and critical thinking	2014	114	3.1491	0.6017		0.11974
	2016	114	3.2427	0.6069		
Working with others	2014	114	3.2310	0.6083		0.17096
	2016	114	3.3480	0.5236		
Problem-solving	2014	113	3.0059	0.6622***		0.38675
	2016	113	3.2891	0.5573		
Ability to create peace of mind and security	2014	114	3.5088	0.5352***		0.40384
	2016	114	3.7127	0.3967		

*** $p < 0.001$, ** $p < 0.01$, * $p < 0.05$

(3) *Misaki Okoshi* (a problem-based learning initiative aimed at the creation and discovery of the attractions of the local area)

All age groups are facing the same school amalgamation and closure crisis as a result of the impact of a falling birth rate and aging population. However, unlike for elementary and junior high schools, for high schools, there is strong social pressure from the authorities regarding maintenance of enrollment numbers. Misaki High School is located in Ikata, which is situated at the tip of the Sadamisaki Peninsula in Ehime Prefecture and whose population of 9,000 is impacted by the falling birth rate and aging.

First, as of 2021, among the full-time high schools in Ehime Prefecture, there are 46 prefectural-run high schools and a total of 106 specialisms and satellites. In academic year 2020, the application rate was above one for only 27 of the 106 courses. The courses for which the application rate was above one were ordinary courses at urban schools traditionally known for achieving entry to well-known universities and courses meeting new demand, such as international and information studies. Under such circumstances, the continued presence of small high schools in areas with a falling birth rate and aging population faces some danger.

One of the criteria of the Ehime Prefecture's Board of Education for school restructuring is that, when a high school has an intake of 40 or fewer students for 3 consecutive years, reducing it to satellite status will be considered. This criterion applied to Misaki High School from 2017 through 2019, implying that it is in danger of becoming a satellite. However, as it received a MEXT research grant for a project to promote educational reform in high schools through community cooperation, an exception was made for 2019, and consideration of reduction to satellite status was adjourned. Alongside the *Misaki Okoshi* Project, further efforts are being made to secure students from other areas and prefectures. The school also utilizes the *Chiiki Mirai Ryuugaku* system, which supports high school students who want to leave away from their home area.

Table 5 shows entrance exam application rates for Misaki high school and other comparable schools. They are all in the southern part of Ehime and located in areas with declining birth rate and aging population. See school C for the information of Misaki high school. With 61 applicants in 2020 (17 of whom were from outside

Table 5   Comparison of Entrance exam application rates for different high school courses (2010 and 2020)

	School ID	Course	2010 competitive ratio	2020 competitive ratio	number (school year)
A		general	0.90	0.62	60
B	X	general	1.03	0.77	120
	Y	general	0.56	0.27	60 (▼ 20)
C		general	0.67	1.02	60
D	X	general	0.83	0.54	80 (▼ 40)
	Y	general	0.78	0.10	60
E		general	1.03	0.48	80
F		general	0.83	0.74	80
G		general	0.63	0.43	30 (▼ 10)
H		general	0.93	0.73	80
I		general	0.78	0.47	60 (▼ 60)
J		general	1.00	0.78	120 (▼ 80)

Note: Courses marked ▼ experienced enrollment reduction during the 10-year period.

the prefecture), the school's outcomes are well above the 40-student criterion. All other courses for which the application rate is significantly down on that seen in academic year 2010.

"As the only high school in our municipality, we don't want Misaki high school to become a satellite school." "We also want to raise public awareness of the attractiveness of our area." These are the kind of thoughts that local residents expressed. However, because there are no universities or specialist colleges in the area and only limited opportunities for employment in the tertiary sector, young people are forced to leave the area for higher education or work. As a result, a significant number of young people opt to go to high school outside the municipality with a view to subsequent higher education or work. Many children were not attracted to the types of work available in their community or were not well acquainted with their local area. Thus, from 2015, regional revitalization lessons began, using time allocated for the Period for Integrated Studies.

Based on this accumulated time for the Period for Integrated Studies, in academic year 2019, the curriculum was reconstructed from the viewpoint of "regional design" and designated as a MEXT educational reform promotion project. The aim of this curriculum is transformation of a marginal community into a sustainable community by nurturing "boomerangers" (people who return to their hometown after 10 years and take on roles as local leaders).

This curriculum comprises exploratory activities in four domains, namely "regional resources utilization program," "task-orientated research," such as special product development or information communication, "fieldwork or conference outside the prefecture" including interaction with external personnel, and "regional understanding." Learning objectives for each year group are defined as follows: first year, "regional understanding"; second year, "creation of a regional revitalization plan (identification and resolution of regional issues)"; third year, "implementation of a regional revitalization plan (boomeranger activities, presentation of research results, giving back to the community)". In addition to this *Misaki Okoshi* program (70 hours of the Period for Integrated Studies learning and investigation over a year), the curriculum includes the *Misakigaku* after-school program (one 35-hour unit in each school year). *Misakigaku* activities include promotion of regional understanding, regional exchange, entrepreneurship, and research into local companies, with the aim of fostering young people's ability to participate in regional revitalization.

The characteristics of this curriculum center on students' identification of key regional issues and community social participation activities, allowing students to build up experience in, and develop, "cooperative learning" educational activities. For example, a buoy art project involves activities in which buoys that have been washed ashore are collected in cooperation with a local NPO (Non-Profit Organization), which are then cleaned, painted, and repurposed as art. As a development of this activity, the students hosted a workshop at a local festival in which flotsam buoys were recycled. Furthermore, the *Misakou* Marché emerged from initiatives to tackle vacant stores, other vacant facilities, and empty homes. Although the building of the closed junior high school has become a community center, its annual rate of usage is low. Therefore, from 2017, despite being used once a year, its use was restricted. With the aim of preserving the function of such facilities by regular use, *Misakou* Marché events (workshops, food and drink stalls, and activities with external organizations) were held, successfully attracting over 200 guests from inside and outside the area in academic year 2019. Thus, the strengths of this curriculum are the examination of local issues and training of students as future key players in a sustainable society, via activities such as discovering and revitalizing local values and strengths alongside local people. The curriculum has been evaluated highly within the prefecture and beyond. The Ikata high school support scheme forms part of the context of the curriculum. The *Misakijuku* after school program is publicly funded, making it extremely cheap for those who so wish to undertake extra studies to support their move to higher education or receive a global education. The small intake becomes a strength, allowing the provision of customized learning outside the ordinary school curriculum. In addition, dorms are fully provided for external students on the *Chiiki Mirai Ryuugaku* scheme that can be utilized for 20,000 yen a month, including breakfast and lunch, evening meals on weekdays. This student-centric learning and regional revitalization, supported by the local community and the authorities, has been reported nationwide. These outcomes have led to an increase in applications.

Comparing the three curricula, we find two commonalities even with different actors. First, all cases perceive the same problems and share the same aims regarding curriculum development. Namely, they see the problems being a region's low birth rate/aging population and industrial decline, and they put curricula into practice with the aims of fostering affection for the region and developing the region's resources. Second, curriculum development was resuscitated in all cases by the use of regional resources and cooperation between people in the region. Government, schools, and students began working actively and gradually got the region involved in the development of the curricula, which has led to impressively unique and creative results.

Meanwhile, we see differences in the results expected of each curriculum during its development. While all certainly aim to achieve targets based on curriculum guidelines, this alone, however, would not allow for the continued development of these curricula. With *Gyoshoku*, the number of classes offered is an important outcome; demand for the classes itself enables its continuation as an educational need. With *Chousen-ka*, the qualities and competencies fostered serve as the outcome of the curriculum. However, the existing qualities and competencies considered necessary for the children at the time of the curriculum development do not necessarily match with future requirements. With *Misaki Okoshi*, there is the constant problem of high schools being demoted into satellites of other schools. Going forward, the societal pressure to secure numbers of matriculating high schoolers will probably greatly influence the continued development and growth of these curricula. The phrase "always walking on the edge" is appropriate when talking about the continuation and growth of curricula. There is a need for further research about the outcomes of these curricula through continued surveys and analysis.

Conclusions and Further Discussion

Two important suggestions with regard to curriculum development for regional revitalization have emerged from this study.

First, it has been shown that such curriculum development has significance as an attempt to retrieve the "creativity and wider possibilities of education" that have been lost amid reform influenced by market fundamentalism. Hargreaves (2003) points out that, in most developed countries where educational reform has been pursued using market fundamentalist strategies, there has recently been a loss of creativity on the part of teachers and an absence of interesting learning activities within the curriculum, as a result of standardization and pressure to perform well in tests. Indisputably, through considerable labor, including in their personal time, teachers continue to engage in development of their practice in this regard. However, it is surely noteworthy that the curriculum development for regional revitalization has opened the way for creativity and wider possibilities, the true essences of education, with the major aim of fostering local human resources. Many teachers have been able to once again experience the rewards of curriculum development, re-awakening their vocation[6].

Second, the nature of teachers' contribution to local communities in Japan has been highlighted. In Japan, public school teachers are hired by a local government (prefectural or city), which assigns them to schools, usually on rotation, whereby they are moved on to a new school after a certain period of service. As a result, when it comes to school amalgamation and closure, they are sandwiched between the community and the authorities. In particular, teachers who periodically move schools are unlikely to get involved in such a political issue. Meanwhile, within any local community, the pros and cons surrounding school amalgamation and closure are open to debate, and "the community" is not a monolith (宮﨑 , 2019: 9-12). As a result, schools participate in some regional activities and not in others, which forces them further into conflict. To properly reflect the various local networks, students are often required to be excessively involved locally. There is also concern that basing curriculum and teaching resource development on regional issues may mean that school knowledge ends up being restructured to favor training of promising young people to resolve regional issues (尾 川, 2021). However, teaching staff occupying their post for a limited amount of time can only participate in regional revitalization via the curriculum. This enables them to remain divorced from any controversy and prevent excessive community participation by students. In this case, the practice of limiting the tenure of teaching staff performs a positive function.

We intend to discuss such outcomes more deeply from the viewpoints of conflict surrounding "locality" and the role of the school and teachers. Depending on who has instigated the project, regional revitalization curriculum development is led by key players with differing views of "locality". For children and their caregivers, discovery, rediscovery, and attachment to the area is felt as "locality". For local people, the continued existence of the community, regional revitalization, and training of regional human resources are manifested as "locality" via participation in curriculum development. There exists, in fact, significant temporal divergence regarding the meaning of "locality" between the children, caregivers, and local residents. Even if they appreciate the attractions of their hometown, for the children and their caregivers, leaving it for future work is an option. For example, the educational requirement of the children and their caregivers for the school to make every effort to foster academic abilities to support the children's future stands in contradiction to the "locality's" need to train up a local workforce.

In this regard, the role of reconciling the ideas of the local community and the desire of caregivers falls upon the teachers. Utilizing the structural characteristic of Japan's rotation system that teachers are only at the same school for a certain length of time, their work is inevitably limited to the role of bonding the children's learning and the desires of the local community. First, in *Gyoshoku* education, the teacher's position is to arrange an encounter between the community (fishing industry and those related to it) and the children. Meanwhile, in the *Chousen-ka* and *Misaki Okoshi* initiatives, in which the local area is a teaching resource, while activities aimed at fostering local human resources are central, there is a simultaneous aim to foster competencies linked to a rapidly changing and global society. By doing so, it is possible to avoid both over-prioritizing, and denying, the desires of the local community. In other words, the role of properly reconciling macro and micro interests at the mezzo level falls to the curriculum and to the work of the teacher. In curriculum development accompanied by community collaboration, it is necessary to be aware of concerns and these different attitudes to "locality".

A remaining challenge is that, for these initiatives to succeed, alongside regional revitalization through education, political and economic measures toward regional revitalization are also important. However, it is presently unclear how far these valuable initiatives can contribute to sustainable regional development if school amalgamation and closure is treated as a budget reduction issue in line with regional population decline. Finally, we would strongly point out, as a remaining challenge, that politicians and authorities should reflect upon amalgamation and closure of schools as a political problem and an economic problem, for which existing initiatives are insufficient.

Notes

1 The concept of 'locality' is often used with varying meanings. This paper refers to the ideas of cultural anthropologist Appadurai (1996).

According to Appadurai (1996:178), locality is "primarily relational and contextual rather than as scalar or spatial," and is a "complex phenomenological quality, constituted by a series of links between the sense of social immediacy, the technologies of interactivity, and the relativity of contexts."

2 The research questions and case studies in this paper have been derived from Su, Linderman, Schroeder, and Van de Ven (2014). Su et al (2014) use case studies for research into the question of "how." This paper also places great importance on the advantages of case studies which describe current phenomena. Note that owing to the dearth of existing research in Japan, the present study is at an exploratory and descriptive stage of analysis. Accordingly, one endeavor for the future will be to conduct analysis using long-term surveys and a variety of data.

3 The information in this paper has been reported with the permission of the respective board of education and schools involved.

4 Regarding development of these curricula, one of the authors of our study was involved in the educational development of *Gyoshoku Kyouiku* and *Chousen-ka*, as well as in fieldwork with local people with regard to *Misaki Okoshi*. However, these experiences in the field were treated as complementary to written analysis and interpretation and, in this study, the focus was set on curriculum analysis.

5 With reference to 小学校学習指導要領 (Elementary school "Courses of Study" curriculum guidelines: MEXT) (2017)

6 Other literature indicating feelings of reward and vocation, alongside the rigors of similar regional revitalization curriculum development, includes 宮﨑 (2019) and 橋本 編 (2020).

Acknowledgments

1   We would like to express our deepest gratitude to the Ainan Board of Education, Geikoku Elementary and Junior High Schools, and Misaki High School for their cooperation and provision of materials.

2   We would like to thank Editage (www.editage.com) for English language editing.

3   A part of this work was supported by Grant-in-Aid from Matsuyama University.

Reference

Appadurai, A. (1996). *Modernity at Large*, University of Minnesota Press.

Hargreaves, A. (2003). *Teaching in the Knowledge Society: Education in the Age of Insecurity*, Teachers College Press.

Su, H.-C., Linderman, K., Schroeder, R. G., & Van de Ven, A. H. (2014). A comparative case study of sustaining quality as a competitive advantage. *Journal of Operations Management*, *32*(7-8), pp.429-445.

「和文論文」

橋本祥夫編著（2020），京都・宇治発地域協働の総合的な学習―「宇治学」副読本による教育実践，ミネルヴァ書房。

樋田大二郎，樋田有一郎（2018），人口減少社会と高校魅力化プロジェクト——地域人材育成の教育社会学，明石書店。

尾川満宏（2021），「人口減少社会におけるキャリア教育の探究——地域課題と学校教育との関係性に着目して」，教育学研究紀要（**CD-ROM** 版），66，pp.771-776。

宮﨑裕子（2019），里の力で学校は残った——小中一貫教育校京都大原学院の挑戦，リトルズ。

玉井康之（2010），「へき地小規模校の存続をめぐる相克と学校経営の課題——統廃合と存続の葛藤をとらえる分析の視座を中心にして」。へき地教育研究，65，pp.15-21。

丹間康仁（2015），学習と協働——学校統廃合をめぐる住民・行政関係の過程，

東洋館出版社。

丹間康仁，大蔵真由美，竹井沙織，大村隆史（2017），「芸術文化活動からみた学校と地域の再編・連携の様相――合併地区での学校統廃合の動きを踏まえて」，日本学習社会学会年報，13，pp.70-79。

丹間康仁（2019），「学校統廃合を契機とした地域づくりの展開――公民館による地域教育体制の再構築」，日本の社会教育，63，pp.95-108。

丹間康仁，竹井沙織，小宅優美，橋田慈子（2020），「学校統廃合を経験した山間へき地出身者の地域認識の変容――中学卒業から高校卒業までの継続的インタビューを手掛かりに」，日本学習社会学会年報，16，pp.81-90。

若林敬子（2008），「学校統廃合と人口問題」，教育社会学研究，82，pp. 27-42。

若林敬子（2012），学校統廃合の社会学的研究　増補版，御茶の水書房。

若林良和編（2008），ぎょしょく教育―愛媛県愛南町発水産版食育の実践と提言』，筑波書房。

安井智恵（2016），「学校統廃合の円滑な実施に対するコミュニティ・スクール制度導入の成果――伝統校統合の事例から」，岐阜女子大学紀要，45，pp.97-108。

德國「易北河島小學」的 教育改革

林吟霞

臺北市立大學
學習與媒材設計學系副教授

壹 前言

　　少子化和新移民家庭是現今臺灣的重要社會議題，根據學者的分析指出，新住民家庭子女的誕生減緩了臺灣生育率的不斷下滑，臺灣已然是一個多族群的社會，新移民子女的人數比例將會是人口結構中越來越無法忽視的一群，而這些孩子對社會和國家的未來發展，將具有越來越重要的影響力（李政憲，2014；郭建興、林官蓓，2013）。因此，學校如何因應新住民家庭帶來的多元文化和學校社區環境的變化，是當前國民教育必須正視的問題。

　　由於全球化的趨勢，國際交流日趨頻繁，臺灣跨國婚姻日益普遍，無論是新住民子女學生人數或是占全體學生比率，皆呈現逐年遞增的趨勢。學者研究分析指出，臺灣在移民潮逐漸正常化的過程中，已走了三十多年，橫跨二十世紀及二十一世紀（鍾鎮城，2020）。

教育部新近資料顯示，108 學年各級學校新住民子女學生數超過 31萬人，占全體學生總數已達 7.4%，其父母來源地區多元，主要包括大陸地區和東南亞國家，如菲律賓、泰國、柬埔寨、緬甸、馬來西亞等國家（教育部，2020）。孩童的成長受到家庭環境的影響，新住民子女則因為跨國原生家庭的背景，與一般國人子女在學習階段所面對的問題不同，可能面臨更多挑戰，如何提供適切的教育環境和資源，並幫助新住民子女能在良好的學習環境中成長茁壯，是學校亟需關懷的面向。

德國漢堡市著名的「易北河島小學」（Elbinselschule），是一所創立於二十一世紀的新型學校，位於德國北部充滿多元族群的移民區——威廉斯堡。2018 年我國教育部主辦「2018 年校園美感環境教育國際案例文件展暨國際論壇」，曾經專文介紹漢堡市教育當局如何推動「新住民與場域精神的美感教育」，並在案例文件展中詳細分析「易北河島小學」的空間設計和環境營造。遠見雜誌也針對「美感教育學校」國際成功案例，精選德國、奧地利、比利時和日本等國六所學校介紹給一般大眾讀者認識，「易北河島小學」即是其中的一個精選案例（遠見雜誌，2018）。透過教育部美感教育計畫的推動，國人得以對這個新興學校的環境空間特色有了初步的認識。

這一所結合移民區域特色和多元族群文化的成功辦學案例學校，除了學校的設施和空間規劃之外，「易北河島小學」的教育理念和課程教學的革新，也是漢堡市教育改革的典範學校。「沉浸式英語學習」是「易北河島小學」重要的教育改革項目，課程以提升學生的英語素養為目標，同時也是學校「多元包容」、「開放性與國際性」辦學理念的實踐，一直以來受到家長高度的認同和支持，是學校最重要的特色課程。多年來，「易北河島小學」透過辦學理念和課程教學的改革，使得學區的就學人數逐漸增加，同時促進了當地人口的回流。因應當前國內教育面臨少子化與新住民子女日益成長的趨勢，本文分析德國「易北河島小學」案例，聚焦於該校的創校歷程和教育改革理

念，以及「沉浸式英語學習」的課程規劃與教學原則，讓國內讀者認識這一所位於德國移民區的名校，如何在文化不利與問題社區的環境侷限中，成功辦學，以期提供國內教育政策發展，以及學校進行課程與教學規劃之參考。

「易北河島小學」的誕生

創建於 2008 年的「易北河島小學」是漢堡市有名的現代化學校，位於漢堡市威廉斯堡（Wilhelmsburg）區域，這是德國易北河流經的運河區，由許多島嶼和河流組成。回溯學校的興起背景，必須從一則令德國舉國震驚的事件講起。

一　「布德街小學」的悲歌

2000 年 6 月 26 日星期一上午 11 點 40 分，一個陽光明媚的早晨，位於德國漢堡市威廉斯堡區的布德街小學（Grundschule Buddestraße），一群小朋友在校園草地上玩球，與此同時，在學校旁不遠處，易布拉辛（Ibrahim K.）和他的女朋友正帶著兩隻鬥犬活動。突然間，這兩隻沒有被皮帶拴住的狗跳過了 1.40 公尺高的牆，衝向正在草地上踢足球的孩子們，受到驚嚇的孩子四處逃竄，兩隻鬥犬撲倒其中一個 6 歲的小男孩沃爾坎（Volkan），沃爾坎受到凶猛且殘酷的攻擊，當場死亡（Wunder, 2020）。這個令人驚駭的悲劇奪走了沃爾坎幼小的生命。事件發生後，「布德街小學」校園圍起了高高的圍欄，校園旁邊的草地上架起三腳架攝影機，以及警察拉開的紅色和白色的警示帶（Kopp, 2001）。這個事件不只在「布德街小學」每一位師生心中劃了一道深深的傷疤，也撼動當時整個德國社會，各界除了對德國養狗相關規範的疏漏大加撻伐，同時也引發大眾對於移民區域的社會安全、教育環境和品質提出各種質疑和不滿（Humburg, 2012）。悲劇發生之後，威廉斯堡地區產生了一些變化，戶外遊戲

場、公園草坪或校園運動場變得很安靜，小朋友嬉戲的聲音變少了，許多父母不放心讓孩子在外面活動（Wunder, 2020）。

　　一年後，同樣的早晨、同樣的校園，草地上沒有孩童嬉戲的身影，突然「布德街小學」校園鐘聲響起，學生們從他們的班級走出來，老師帶著全校孩子一起為沃爾坎逝世週年進行一個簡單的追思儀式和祈禱，學生在草地上種下一棵楓樹，這棵楓樹象徵生命的意義。這一天，「布德街小學」並沒有進行平日的課程，而是由老師帶領學生一起談論一年前發生在他們校園裡的這場悲劇，以及這場悲劇在德國各地引發的各種憤怒和事情（Kopp, 2001）。隨著時間流逝，學生和家長因悲憤和沮喪而堆積在案發現場的花束，早已被磨蝕殆盡，那天的殘酷事件也逐漸不再被提及。但對於沃爾坎的家人以及當場目睹沃爾坎去世的師生而言，內心深處留下嚴重的創傷，其中有許多孩子是小男孩沃爾坎以前的同學或玩伴（Machule & Usadel, 2001）。事件之後，老師觀察到孩子變得沉默，彼此拉開距離，也曾經有小朋友在學校突然間呼吸困難，需由直昇機緊急救援護送至醫院（Kopp, 2001）。心理治療師和學校暴力預防顧問協助事件的創傷輔導，並給予部分孩子進行音樂治療。一年後，學校暴力預防顧問 Michael Grüner 憂慮指出，這場悲劇給人留下了深刻的衝擊，對於目睹事件的人，以及事件的重要相關人而言，悲劇發生後的創傷很難癒合，在未來的人生中，不可預見的事情可能讓這些人容易再次偏離正常狀態（Kopp, 2001）。

　　這場悲劇的發生地點「布德街小學」，正是現在的「易北河島小學」。「布德街小學」所在的威廉斯堡，是一個以移工和移民為主的區域，學童家庭主要來自東歐、北非和亞洲各地，例如土耳其、阿爾及利亞、巴基斯坦、印度等不同國家。這起事件的肇事者易布拉辛來自土耳其移民家庭，他常常帶著鬥犬在戶外活動，並且利用兒童遊戲區的盪鞦韆進行鬥犬訓練。在事件發生之前，24 歲的他曾經因為未能將鬥犬以皮帶拴住而造成他人損傷以及其他違法事件，多次進出德

國警察局（Spanner, 2002）。雖然易布拉辛是土耳其裔，但他出生於德國，成長環境正是德國許多的移民區域之一，他在這兒念小學、中學，接受的是德國學校教育。

二 新學校為威廉斯堡帶來一道曙光

威廉斯堡早期一直存在著文化不利的現象，約五分之一的中學生未能順利完成學業取得畢業證書，任何人一想到威廉斯堡，通常不是受過教育的中產階級，而是年輕人口外流、外國移工、移民比例高，以及許許多多經濟拮据、家中很少書的家庭（Gall, 2008）。一直以來，許多家長對學區教育機構和設施深表不滿，自從 2000 年 6 歲的沃爾坎被兩隻鬥犬在校園裡咬死以來，學校的聲譽更是受到了嚴重的影響，那些想要給孩子更好的家長放棄了「布德街小學」，有的家庭搬走，有的父母將孩子送到鄰近社區的學校，尤其是當地的德國家庭（Machule & Usadel, 2001）。當地記者觀察報導曾指出，沒有一個社會事件比這個事件造成更明顯的社區人口兩極化（Kopp, 2001）。

然而，公民參與在威廉斯堡有著悠久的傳統，當地一些中產階級家庭不想接受這種情況，他們珍視威廉斯堡區域的種族和文化的多元性，對這裡仍懷抱希望（Gall, 2008）。威廉斯堡區域的教育機會對當地土耳其父母來說，尤為重要。這些關心孩童教育的德國家庭和移民家庭，共同聚在一起對教育提出要求和改革，他們獲得教會的支持，並找到新教育機構設施的贊助商，於 2006 年共同創辦了一所新的學校。另一方面，漢堡市當局為了提升教育水平，促進居民的工作和生活能力，並阻止當地年輕家庭的外移流失，在這起悲劇事件之後，積極針對許多類似的區域進行教育和市政改革。當教育當局突然介入這一所新學校的籌建和營運，雙方談判和合作進展非常順利，於是 2008 年，一所不斷發展的全日制學校因應而生。這所學校進行的教育創新和實驗，成為漢堡市市區任何其他地方都無與倫比的

教育改革計畫（Gall, 2008）。這項改革計畫的主要目標有（Frank, 2012b）：

1. 參與學校實驗：以教育學為基礎的學校章程的新概念。

2. 走在多元化參與的道路上：積極參與不同的團體。

3. 接受市政教育主管機關的監督輔導：符應教育改革與發展政策的框架和條件。

4. 與不同合作夥伴建立聯繫：走出封閉的校園，建立與其他教育機構和社會支援系統的關係。

5. 嵌入高級框架：爭取加入「通往世界之門」跨部門、跨領域的市政發展計畫的機會。

6. 回應學區特殊要求：解決長期以來家長對教育的期待──機會公平，改革教學方法。

7. 對社區產生積極的效應：透過學校的改革，提升社區水平並促進社會融合。

　　長期以來，威廉斯堡區域是漢堡的文化不利和社會弱勢地區，由家長團體所推動的這項教育革新計畫，經過家長團體偕同教育機構多次的研議，大家一致認同，威廉斯堡必須有一個真正的新開始──一所全新的學校，新學校的內部和外部應該採用新的名稱和不同概念，並且加入新的教育人員和員工，只有這樣，學校才會被學區的家長接受（Frank, 2012a）。2008 年漢堡市停辦「布德街小學」，並基於上述的理念，重新成立一所與過去截然不同的全新學校──「易北河島小學」（Elbinselschule Website, 2019b）。

　　新成立的「易北河島小學」，有別於「布德街小學」的半日學校，是一所從早上 8 點到下午 4 點的全日制學校。新學校的班級人數相對較小，一個班約 20 名學生，並採取當時被認為是改革教學法中的現代和先驅的種種措施，以混齡學習概念進行課程與教學規劃，讓孩子們透過跨年級課程進行學習（Gall, 2008）。這一所新興的學校為漢堡市威廉斯堡區的教育改革帶來了希望的曙光，也為當地社區帶

來一股嶄新的氣象。

三　成為「通往世界之門教育中心」示範學校

2012 年開始，漢堡市教育當局跟當地的學校一起合作，共同發展學校教育的理念和研擬教學區域設計，並將地域性的差異納入考量，進行校園規劃（Grab, 2018a）。「易北河島小學」在教育當局的支持下於 2013 年加入「通往世界的之門」（Tor zur Welt）計畫。「通往世界之門」是漢堡國際建築展（IBA）（2007-2013）的一部分，由學校、職業培訓機構與其他許多專業機構合作開發，於 2013 年完成合併包含「易北河島小學」、「Helmut Schmidt 中學」、「區域教育諮詢中心」、「職業教育中心」等教育單位，這些小學、中學、高中和市民等學習場域，合作組成跨領域的「易北河學校（群）」（校園美感環境再造計畫專案辦公室，無日期），共同組成「通往世界之門教育中心」。教育中心以兒童的教育需求、社區年輕人和成年人能力發展的可能性為出發，將異質性作為一種機遇和挑戰，希望透過教育革新有效地消除該地區明顯的種族隔離問題。

「易北河島小學」加入這項具前瞻性的「通往世界之門教育中心」計畫後，獲得新的學習空間，成為學校第二校區。這是一個現代化的建築，新的學校建築展現學校教育理念，將尊重跨文化、宗教、語言的概念融合於空間規劃之中，並透過各種遊具設計，營造出威廉斯堡區的「河流」色彩以及「島域」環境意象（校園美感環境再造計畫專案辦公室，無日期）。例如因應不同年齡學生，以及當地移民人數眾多的跨文化、多語言等差異而營造各類型的專業教室，並鼓勵親、師、生共同協力營造學習情境，並在專業廚師的指導下，組織學生以班級為單位，輪流在共同廚房為全校準備午餐，藉此發掘學生的多元興趣、開拓群體交流機會（校園美感環境再造計畫專案辦公室，無日期）。除了教室學習空間之外，學校外面的親子接送區也被改造為蜿蜒河流般開放的停車和等候接送的空間，學生和家長在接送區可

以輕鬆坐下、交談，打破文化藩籬，接送區並放置隆起的邊界石、島嶼沙坑，展現易北河域的文化與地域特性（遠見天下文化，2008）。

透過這個「通往世界之門教育中心」計畫的支持，學校成功地將教育理念實踐在建築中，把當地跨文化和多語言的社區特性融合在學習空間裡，使「易北河島小學」成為漢堡最現代化的教學機構之一（Frank, 2012a）。學校除了在空間設計和環境營造上展現多元包容的特性，在學校的組織方面也以排除種族隔離為目標，例如人事的聘用，優先考量少數族群、移民背景的候選人，並積極招聘新成員，促進學校組織產生新的、活潑的，以極具包容力的內部氛圍。

現今，「易北河島小學」擁有兩個校區：第一校區是學校創立的的校區，位於「布德街小學」舊址，是一個綠意盎然的傳統校舍，有寬敞的區域提供孩子們很多遊戲空間，目前有 180 多名從學前班到四年級的學童在這裡就讀；第二個校區成立於 2013 年，位於「通往世界之門教育中心」，學校設施包括音樂、藝術、作品、運動、環境和劇院的專業教室，以及學生自學中心、閱讀區和大樓內的寬敞區域等等，目前約有 400 多位一至四年級的小學生（Elbinselschule Website, 2019a）。

參 「易北河島小學」突破環境劣勢展開教育革新

威廉斯堡是漢堡市典型的移民區域，2019 年統計資料顯示，當地人口組成有三成是外國人，高達六成以上具有移民背景，而該地區的中小學生則有將近八成的孩子來自於移民家庭。相較於整個漢堡市，威廉斯堡居民的失業率偏高且收入較低，屬於漢堡市社經地位低落、較不富裕的區域（Statistisches Amt für Hamburg und Schleswig-Holstein, 2020）。2006 年家長團體創辦「易北河島小學」，就是希望能建立一個有助於威廉斯堡成長的教育場所，並發展出真正適合這

個區域屬性的學習文化。經過學校教師和家長的共同努力，這所新學校走出過去該學區的辦學困境，成為現代漢堡市的教育革新示範學校。以下從學校的辦學方針和改革核心理念說明，「易北河島小學」如何突破環境的侷限性，成功轉型為移民區的教育革新示範學校。

一　「通往世界之門教育中心」學校辦學方針

　　「易北河島小學」於 2013 年加入「通往世界之門教育中心」計畫之後，獲得豐富的支援和協助，積極進行學校的改革和創新「通往世界之門教育中心」計畫，對於參與計畫的學校給予學校改革和實驗的辦學方針，這些方針是「易北河島小學」創建時期的重要指引，學校並依據這些方針擬定教育改革核心理念（Frank, 2013）。

　　作為學校實驗的一部分，「易北河島小學」嘗試並發展了不同的方法來解決學校和教育各個面向的問題，包括課程規劃與教學設計、學習活動安排、學校與家長之間的合作方式、跨學校合作優先事項，以及有關學校組織和學校章程的變更形式等等。2008 年「易北河島小學」創立時的運作方式，是根據創校時期家長團體制定的教育概念來推動學校年度發展計畫，並於實施執行後，進行成效評估與檢核，據此修正下一年度的實施項目。

　　2013 學年度，學校加入「通往世界之門教育中心」計畫，發展方向有了更明確的指引。「通往世界之門教育中心」的辦學方針包括以下重點（Frank, 2012b）：

　　1. 珍視每一個孩子，所有個體都有自己的特色和特殊能力，沒有任何一個孩子可以被忽視。

　　2. 小學生應具備文化、宗教和語言的多元性，這是培養正向的自我認同的基礎。

　　3. 宗教和核心價值觀建立於人們對和平、自由和支持性生活的期望。不同宗教和基本價值觀的理解和體驗，可促進孩子認識自己和他人的共同點，以及接受彼此之間的差異性。

4. 辦學理念的首要任務是提升學生的語言能力，語言能力是教育成功與否的關鍵條件，也是個人意識和自我認同，以及對學校認同感的基礎。

5. 關注每一個孩子，以時間和耐心解決衝突、對學生應有清晰的想法和要求，並準備好與父母密切合作，這些是學校教育不可忽視的重要工作。

6. 示範學校的目標是教育學生成為一個思想開放、能肯定自己並解決生活問題的年輕人。

考量漢堡市各區域的人口組成特性和文化多元性，「通往世界之門教育中心」的辦學方針以強化學生基礎語言和溝通能力為基礎，培養孩子多元文化和包容力，建立孩子寬廣的國際觀和世界觀。新學校「易北河島小學」涵蓋學齡前教育和小學一至四年級義務教育，從幼童開始引導孩子，直到四年級過渡到中學（Elbinselschule Website, 2019a）。學校的課程主要運用混齡學習和跨領域方式進行，藝術與音樂、自然與環境，以及英語沉浸式學習小組，同時也採取分年段的課程和教學設計。通過持續不斷的成效檢核與修正調整，「易北河島小學」在漢堡市的改革實踐路上勾勒出一幅嶄新的圖景，並提升親、師、生三方對於學校的認同與凝聚力。

二　「易北河島小學」教育改革核心理念

參與「通往世界之門教育中心」計畫之後，「易北河島小學」整合學校、合作夥伴，以及主管單位提供的軟硬體資源，擬定出學校改革的核心教育理念，主要包括（Frank, 2012b; Frank, 2013）：

(一) 個性化學習

個性化學習是對個別孩子的欣賞，並考慮到個別孩子的需求。同時，個性化學習是教師對於孩子的態度，正視每一個孩子的個別特質，針對不同孩子的學習能力、學習類型或個人特質，給予個別性的

支持和強化。個性化學習教育理念的實踐，即是提供孩子不同學習路徑的可能性、重視並激發孩子的個別潛能。學校應提供多元化課程和教學設計以促進個性化學習。

(二) 有品質的教育團隊

學校的教學人員是否具有教育改革的知能和素養，這是學校革新能否成功的關鍵之一。「易北河島小學」致力於教育團隊的經營，支持、訓練並要求學校的教育工作者具備以下的能力：

1. 營造積極的學習氛圍和激勵人心的學習環境。
2. 促進父母、孩子和學校相互理解的溝通技巧。
3. 多元方法建立和整合與學校教育重點有關的學習內容。
4. 發展與兒童和父母有關的跨文化能力。
5. 持續擴展多樣性的學習診斷、評量和教學方法。

(三) 根據學區環境特性培養孩子基本技能

「易北河島小學」所在的社區，學生家庭背景多元，無論是文化、教育、經濟或是宗教等方面，異質性高。學校與家長合作的首要任務是發展和訓練孩子基本能力，無論其原生家庭的社會文化背景，讓所有孩子都能從學校為他們提供的各種學習和體驗機會中受益。這些基本能力包括：

1. 自我評估和決策的能力，例如：「我的下一個學習步驟是什麼？我從什麼開始？」
2. 自我組織和定向：了解支援系統和檔案系統，處理工作計畫和工作材料，發展自我推展、自主學習的動力。
3. 以目標為導向的工作和專注：培養積極的工作態度和時間管理。
4. 能夠提供幫助、請求和接受幫助：發展自我和互助激發學習，這是重要的基本學習目標之一。

學校重視學生在學習上能獲得支持和回饋，學生的獨立性應該經由反饋、輔導和自我設定的學習目標得到加強。因此，學校應積極引導孩子們學會評估自己，並且也能在小組內評估自己。

(四) 包容性學習

根據「通往世界之門教育中心」2011 年的決議，將包容理解視為一種全面的、共同的基本態度。「通往世界之門教育中心」重視並塑造多樣性和多元化，例如跨文化學習、跨宗教學習、性別主流化，與其他教育機構合作。接收和包容學生及其家庭的多樣性，形塑一個具包容性的團體，是學校重要的核心理念。「易北河島小學」教育改革的重要核心目標是察覺認知每一個個體，以發展心理學為基礎設計課程，讓每個孩子都能在他們的學習道路上處於最佳狀態。

(五) 建立學校教育和家庭教養之間夥伴關係

「易北河島小學」將父母視為推動學校發展的合作夥伴，支持他們作為孩子重要的教育陪伴者。學校積極邀請家長觀摩和觀察學校的課程和教學，鼓勵家長參與孩子們的日常學校生活，並協助家長了解孩子們的學習情況。同時，學校提供家長參與的空間和設備，推動區域的教育和社會活動，旨在加強父母的養育責任和養育技巧，並促進家長、孩子和學校之間的相互了解和溝通。

肆 特色課程規劃與教學原則——沉浸式英語學習

「易北河島小學」以現代化和開創性的改革教學法進行課程與教學的規劃，學校最具特色的課程設計即是「沉浸式英語學習」。在日益增長的全球公民概念下，英語已成為全球公民的重要關鍵能力，漢堡市教育改革採用「沉浸式英語學習」作為現代化示範學校的特色課程，推動 6 年的沉浸式學習的英語教學改革：從學前班開始，一直到

六年級，以英語作爲日常學校活動的使用語言。2013 年開始，「易北河島小學」和「納爾遜曼德拉中學」合作，孩子從「易北河島小學」的學前班開始，可接受沉浸式英語學習，小學四年級畢業之後，可選擇進入「納爾遜曼德拉中學」，繼續接受在五、六年級的「沉浸式英語學習」（Elbinselschule Website, 2019b）。

一　課程規劃和實施方式

「浸」字面意思是「浸浴」，「沉浸式英語學習」是營造身臨其境的英語學習環境。「易北河島小學」的「沉浸式英語學習」主要目標是加強學生除了母語能力之外的英語能力，學校將英文視爲平日課程教學語言和口語語言，讓學生在學校日常活動中，自然沉浸於英語環境。由家長和老師組成的學校經營團隊，經由多年的教學嘗試和觀察，以及參考相關資料和研究報告，認爲孩子確實可以通過這種方式，較輕鬆且自然地學習第二語言，同時在小學結束時，也可以在不影響德文能力的情況下，具備聽、說、讀、寫等各種面向的英語能力（Gall, 2008）。除了建立語文能力之外，沉浸式英語也能促進一般學習行爲，因爲孩子們用外語處理他們的環境，以這種方式獲得的多種語言能力，促進了孩子們的自信心，以及他們未來在全球化世界中的就業機會。

「沉浸式英語學習」不同於傳統的外語課程，也與一般的雙語課程不盡相同，學校通用的教學語言和口語是英語，在混齡的課程中，以及分年段的學習小組中，學生學習英語語言和文化。當然，根據情況和重要性，老師們偶爾會用德語解決這些問題，尤其是在學生剛入學的最初幾年。因此，除了德語科目當然是用德語教授，以及部分課程使用德文之外，例如數學、科學、藝術、體育等課程，孩子們從一開始就沉浸在新語言中。

教學由母語爲英語或在英語國家具有相關教學經驗的教育工作

者，並有資格擔任英語沉浸式課程的教師來進行。閱讀和寫作最初是用德語學習的，孩子剛入學，開始的時候，孩子們大多說德語，逐漸地使用越來越多的英語。「易北河島小學」作為教育革新的實驗性小學，班級人數低於一般學校的學生數量，約 19 至 20 名學生。這有助於「沉浸式英語學習」的實施，可以提高教學質量，並為孩子們提供更好的個人支持（Elbinselschule Website, 2019a）。

「沉浸式英語學習」是屬於學校特別規劃的特色課程，但原則上，只要家長有意願，「易北河島小學」每個孩子都可以參加。特別是，無論孩子或父母之前的英語能力，即使母語不是德語的學生也可以選擇以沉浸式方式學習英語。「易北河島小學」開設一個有英語沉浸式課程的學前班，名為「蝴蝶班」。但沒有參加過學前班的孩童進入小學時，一樣可以接受「沉浸式英語學習」課程（Elbinselschule Website, 2019b）。具有不同先備知識的孩子在課堂上可以互相幫助，老師則確保所有學生都能找到自己的方式進入學習狀態。小學畢業之後，擁有沉浸式英語學習經驗的學生可以選擇傳統中學（即文法學校和地區學校）順利升上五年級。此時，孩子通常已經掌握了最重要的外語，而且往往有良好的表現。如果家長和孩子想要繼續接受「沉浸式英語學習」課程，可以選擇學校的合作夥伴「納爾遜曼德拉中學」，這裡提供五、六年級繼續接受沉浸式英語學習的機會（Gall, 2008）。

二　教學原則

沉浸式課程可運用下面的教學原則，創造出豐富的、成功的學習環境，讓孩子像接觸母語一樣輕鬆學習英語（Kersten, Fischer, Burmeister, & Lomme, 2009）：

(一) 清楚明瞭地呈現學習內容

　　語言學習的基本前提是兒童能夠隨時理解學習的內容和意義。在孩子們剛開始完全不了解或對新的語言只有很少概念時，課程內容必須以清晰的、可理解的方式呈現給孩子，猶如無聲電影一般，不需要透過語言就可以讓觀看者完全理解影像所要表達的意義或情節。無論是一個字詞，還是一句話，老師可透過手勢、模仿、圖片、電影或實體等方式，傳達所要表達的內容。初學時的學習內容較具體，如果老師能掌握這個原則，孩子們通常可以很快地理解學習的內容，甚至不需要事先認識任何英語的字句即可輕鬆開始。

(二) 提供豐富的語言輸入

　　為了促進兒童的語言學習，老師必須提供不同的、多元的語言輸入，並考量孩子的成長特質，依據不同年齡提供適當的外語刺激。老師用清晰的手勢稱呼事物，並強調相應的關鍵字，特別是在第一年和第二年演示階段，老師的口語部分很重要，也相對較高。老師應該採取一切策略，提供盡可能豐富的語言輸入刺激。

　　當遇到德語中不常見的字詞、術語時，老師應該用德文和英文兩種語言和孩子進行對話。此外，在移民的教育中，特別重要的是給予孩子支撐的鷹架。透過不斷重複呈現語言的刺激，並伴隨重複動作，例如早餐時，重複情境語句：「現在是早餐時間！」（"It's breakfast time!"），同時老師手指著餐點或麵包，根據經驗，孩子很快就能了解。這樣語言輸入是自然輕鬆的，也不會給孩子帶來壓力。

(三) 促進互動

　　以沉浸式方式學習英語，通常孩子到了四年級小學畢業時，可以自然而然地掌握部分語法，並遵循某個程度的語言規律。為兒童提供廣泛的語言互動機會是非常重要的，尤其是創造不同的交流情境，給

予孩子使用語言的機會。在剛開始接受沉浸式學習的頭幾個月，學生們面對老師只會說外語，但又必須和老師互動的情形下，會發展出自己的表達和溝通方法，例如使用母語、以非語言方式如通過手勢、模仿，或者是運用混合的語言表達，比方德語句子與英語單詞。在任何情況下，老師必須記錄孩子的表達方式，並在適當的情況下將其翻譯成正確的英語。互動和溝通的過程，提供多感官學習也是非常重要的，老師應盡力創造一個運用各種感官進行學習的環境。

雖然老師通常是唯一的語言模範和重要的角色，但老師必須從一開始就進行小組活動或學習夥伴的安排，讓孩子除了和老師對話之外，也必須和其他孩子溝通互動。透過同儕之間的交流，孩子可以學習他人的優點，甚至從別人的錯誤中了解如何避免或校正錯誤。

「沉浸式英語學習」是「易北河島小學」很受歡迎的課程，為提升沉浸式英語學習的成效，學校建議家長在家裡應盡可能多和孩子交談，並提醒家長，電視或錄影不能取代這種語言交流。然而，威廉斯堡地區許多家長忙於工作，較少時間和孩子互動，或者父母並未具備德文或英文能力。學校針對移民家庭，建議家長可用自己感覺最舒服的語言和孩子對話，可以是德語、土耳其語、阿爾巴尼亞語或任何其他語言。同時也鼓勵孩子多和父母說話，讓孩子有更多機會練習表達，這對於語言的學習很有幫助。另一方面，學校也提醒家長，不建議家長在家裡和孩子一起進行學校的語文練習，尤其當父母自身並不習慣說德語、英文，也沒有必要和孩子用這兩種語言對話，因為在這種情況下，父母無法成為孩子的「真正」語言學習夥伴，而且這對孩子的語言發展可能傷害大於好處。

籌辦時期的代理校長 Götz Jeran 在創校專訪時指出，新的「易北河島小學」致力於提供孩子一個用心、腦和手的全面性學習環境，這裡強調的是彼此之間的共同點，而不是相異之處（Gall, 2008）。「易北河島小學」的特色課程規劃和教學原則彰顯了學校積極營造彼此包容、文化尊重的學習環境和生活空間，並致力於培養移民區孩子

具備世界公民的基礎能力，使其未來得以邁向更寬廣的世界。根據漢堡市主要新聞媒體「漢堡晚報」（Hamburg Abendblatt）對全市各級學校辦學成效和受歡迎度的分析報導，「易北河島小學」始終保有創校時期的魅力，獲選為 2021 年度最受市民喜愛的五所學校之一（Hasse, 2021）。「易北河島小學」校歌用孩子的語氣描述學校的學習環境和特色，從歌詞中，不難理解，何以這一所學校受到家長和孩子喜愛：

我們學校發生了一些事情！

在這裡，每個人都學習，無論大和小。

我們是一個團隊，你知道嗎？

這裡的學校，很有趣！

和 Myrtel 和 Bo 在魔法森林裡，

我們很快就會學會閱讀。

你可能不知道：我們每個人都會演奏一種樂器。

易北河島小學，

你是我們通往世界的大門，

我們每天都來學校，

因為我們喜歡這裡。

我們是易北河島小學，

這取決於每個人！

每個人都很重要

他能展示他的能力。

我們熱愛藝術，也熱愛音樂，

英語是我們的最愛，

我們可以去劇院，

你也可以在這裡學習土耳其語。

我們問很多問題，

我們可以爭吵而不打人。

我們幫忙，我們喜歡笑，

每個人都能聽到我們唱歌。

（摘自「易北河島小學」學校網頁 https://elbinselschule.hamburg.
de/2019/04/29/fragen-ueber-fragen-von-eltern-fuer-eltern/）

〈伍〉結語

新移民人口數逐年增加，已成為臺灣社會中不可忽視的族群，面對新住民子女就學人數逐年增加，可預見這些新住民學生未來將成為社會的一分子，並影響整體國民素質及競爭力。面對學生族群和人口數的結構變化，教育主管機關應關注並正視多元族群所帶來的文化和環境的影響。如何建立尊重，以及包容並接納多元文化的學習環境，已是學校和老師亟需面對和處理的問題。「易北河島小學」的發展提供了一個可參考的範例。

「易北河島小學」所在的區域——威廉斯堡，是一個以移民為主的城市。為了遏止威廉斯堡年輕家庭的移民，一群關心教育的父母在2008 年創建了這所漢堡市新的全日制小學，透過實驗性的學校環境經營，以及課程與教學的革新，今日已然成為德國漢堡市移民區的成功辦學典範。「易北河島小學」的辦學理念，是由家長和學校教育工作人員共同研議發展，達成基本共識後一起推動。為了突破過去「布德街小學」辦學的困境，「易北河島小學」以接納涵蓋所有信仰家庭背景的兒童為基礎，家長和老師共同合作，致力於進行課程改革和創新的教學設計，以期克服長久以來移民區孩子的語言能力、身心健康，以及自信心問題。學校一方面致力於發展基礎課程，提升學生的

基礎學習能力，另一方面給予孩子大量的音樂和藝術的陶冶，重視體育和休閒活動的課程，並以跨領域的活動和遊戲式課程激發孩子的多元潛能，協助孩子找到自己的特色和專長，發展自我。

「易北河島小學」辦學至今，努力克服改革路上的種種困難和障礙，這所充滿活力的新興學校促進了威廉斯堡這個老舊社區的重生，促進了社區的文化多樣性，以及社區居民的彼此包容和尊重，因而提升了學區孩童和居民對自己、對家庭，以及對自身成長環境的自信心。曾經，「布德街小學」受限於威廉斯堡的文化不利，而如今，「易北河島小學」不僅僅只是一所改革教育的成功辦學案例，同時也為威廉斯堡這個以移民家庭為主，尤其是土耳其家庭為主的社區，帶來了一股新的力量。

參考文獻

李政憲（2014）。新住民子女課程與教學。臺灣教育評論月刊，3(5)，109。

校園美感環境再造計畫專案辦公室（無日期）。國際案例——易北河島小學。https://caepo.org/international/60

郭建興、林官蓓（2013）。新住民子女在校學習情況探究——以屏東縣某國小為例。網路社會學通訊，12。取自 http://society.nhu.edu.tw/e-j/112/A15.pdf

教育部（2020）。各級學校 108 學年度新住民子女就學概況。臺北市：教育部。

遠見雜誌（2018）。給孩子在家般的自在環境　教育就在各角落盛開綻放。取自 https://futureparenting.cwgv.com.tw/family/content/index/10991

鍾鎮城（2020）。臺灣國民教育場域裡的新住民語言教育政策。教育科學研究期刊，65(1)，201-219。

Elbinselschule Website (2019a). *Fragen über Fragen-Von Eltern für Eltern.* Hamburg: Elbinselschule. Retrieved from https://elbinselschule.hamburg.de/2019/04/29/fragen-ueber-fragen-von-eltern-fuer-eltern/

Elbinselschule Website (2019b). *Schulversuch.* Retrieved from. https://elbinselschule. hamburg.de/2019/04/29/fragen-ueber-fragen-von-eltern-fuer-eltern/

Frank, Chr.-B. (2012a). *Pädagogisches Kernkonzept-Teil 1.- für die Modell - Grundschule im Bildungszentrum, Tor zur Welt" Vorbemerkungen zur Rahmenkonzeption.* Hamburg: Bildungszentrum-Tor zur Welt.

Frank, Chr.-B. (2012b). *Pädagogisches Kernkonzept-Teil 2.- für die Modell - Grundschule im Bildungszentrum, Tor zur Welt" Vorbemerkungen zur Rahmenkonzeption.* Hamburg: Bildungszentrum-Tor zur Welt.

Frank, Chr.-B. (2013). *Pädagogisches Gesamtkonzept für die Modell-Grundschule im Bildungszentrum Tor zur Welt, Elbinselschule".* Hamburg: Bildungszentrum-Tor zur Welt.

Gall, I. (2008). *Schule der Zukunft im Problemstadtteil.* Belin: Mediencenter WELT und N24 Doku. Retrieved from https://www.welt.de/regionales/hamburg/article2559862/ Schule-der-Zukunft-im-Problemstadtteil.html

Goetz, D. (2019). *Die Schüler freuen sich darauf, in der Manege zu stehen und ihrr Können zu zeigen.* Rahmwerder Straße. Hamburg : Elbe Wochenblatt Verlagsgesellschaft mbH & Co.KG. Retrieved from https://www.elbe-wochenblatt. de/2019/06/12/ungewoehnliche-projektwoche-an-der-elbinselschule-rahmwerder-strasse/

Grab, K. (2018a). Abstract zum Thema Beteiligung und kreative Konzeptarbeit bei der Planung neuer Schulen. **2018** 國際校園美感環境教育論壇手冊，37。

Grab, K. (2018b). Aesthetic Education and Space Spirit for New Immigrants. **2018** 國際校園美感環境教育論壇手冊，72-78。

Hasse, E. (2021) *Das sind die beliebtesten Hamburger Grundschulen. Hamburg: Hamburger Abendblatt.* Retrieved from https://www.abendblatt.de/hamburg/ article232197467/grundschule-hamburg-einzugsgebiet-erstwunsch-einschulung-anmeldung-schuljahr-2021-2022-vsk-vorschule.html

Humburg, v. M. (2012). Zur Entmythologisierung von Weissbuch und Zukunftskonferenz Wilhelmsburg. In: Zukunft Elbinsel Wilhelmsburg e.V.. *Eine starke Insel mitten in der Stadt.* S. 44-52. Hamburg-Wilhelmsburg: Zukunft Elbinsel Wilhelmsburg e.V..

Kersten, K., Fischer, U., Burmeister, P., & Lomme, A. (2009). I*mmersion in der*

Grundschule Ein Leitfaden. Kiel: Verein für frühe Mehrsprachigkeit an Kindertageseinrichtungen und Schulen FMKS e.V..

Kopp, M (2001). *Wie könnte ich ihn je vergessen*. Belin: Mediencenter WELT und N24 Doku. Retrieved from https://www.welt.de/print-welt/article459626/Wie-koennte-ich-ihn-je-vergessen.html

Machule, D. & Usadel, J. (2001) Stadtteilentwicklung mit den Bürgern-das Beispiel Wilhelmsburg. vhw FW 2. Retrieved from https://www.vhw.de/fileadmin/user_upload/08_publikationen/verbandszeitschrift/2000_2014/PDF_Dokumente/2001/FW_2_2001_Stadtteilentwicklung_mit_den_Buergern_Machule_Usadel.pdf

Spanner, E. (2002). *Nicht raus. Nicht rein. Nicht erwünscht*. Berlin: TAZ die Tageszeitung. Retrieved from https://taz.de/Nicht-raus-Nicht-rein-Nicht-erwuenscht/!822871/

Statistisches Amt für Hamburg und Schleswig-Holstein (2020). *Statistikamt Nord, Hamburger Stadtteilprofile Berichtsjahr 2019*. Retrieved from https://www.statistik-nord.de/fileadmin/Dokumente/NORD.regional/NR19_Statistik-Profile_HH_2017.pdf

Von Savigny, C. (2019). *Ungewöhnliche Projektwoche an der Elbinselschule, Rahmwerder Straße*. Hamburg : Elbe Wochenblatt Verlagsgesellschaft mbH & Co.KG. Retrieved from https://www.elbe-wochenblatt.de/2019/06/12/ungewoehnliche-projektwoche-an-der-elbinselschule-rahmwerder-strasse/

Wunder, O. (2020). *Sechsjähriger von Kampfhunden getötet: Volkans Tod löste ein politisches Erdbeben aus*. Hamburg: Hamburg Morgen Post. Retrieved from https://www.mopo.de/hamburg/sechsjaehriger-von-kampfhunden-getoetet-volkans-tod-loeste-ein-politisches-erdbeben-aus-37043116/

何俊青

國立臺東大學教育學系教授兼系主任

壹 前言

　　鄉村一般是指城市以外具有自然、社會、經濟特徵和生產、生活、生態、文化等多重功能的地域綜合體。許多先進國家都有相當數量的人口住在鄉村（Ayers, 2011）。中華人民共和國於 2020 年展開第七次全國人口普查，根據 2021 年 5 月 11 日發布的《第七次全國人口普查公報》顯示全中國總人口為 1,400,000,350 人，其中城鎮人口為 901,991,162 人，占 63.89%，鄉村人口為 509,787,562 人，占 36.11%。值得注意的是與 2010 年相比，城鎮人口增加 236,420,000 人，城鎮人口增加 236,415,856 人，鄉村人口減少 164,360,000 人，城鎮人口比重上升 14.21%；2020 年流向城鎮的流動人口為 3.31 億人，占整個流動人口的比重達到 88.12%，比 2010 年提高了 3.85%（中國國家統計局，2021）。

　　城鄉發展非常不平衡，2020 年全中國居民人均可支配收入

32,189 元。其中城鎮居民人均可支配收入 43,834 元，增長 3.5%，扣除價格因素，實際增長 1.2%；農村居民人均可支配收入 17,131 元，增長 6.9%，扣除價格因素，實際增長 3.8%。儘管同期農村居民收入增長速度快於城市居民，但城鄉居民收入差距依然很大；除此之外，鄉村 60 歲、65 歲以上老人的比重分別為 23.81%、17.72%，比城鎮分別高出 7.99 與 6.61 個百分點，顯示人口老齡化城鄉差異也大，除了經濟社會原因外，與人口流動也有密切關係（中國國家統計局，2021）。城鄉的老齡化差距變大，對農村教育的影響也很大，農村老師年齡層高，如曾水兵、萬文濤（2015）研究江西省小規模學校村小、教學點教師中，50 歲以上教師占比為 38.97%，而在 10 人以下的小學校比例高達 57.24%。

　　許多先進國家的偏鄉學校都在減少（Kalaoja & Pietarinen, 2009）。中國鄉村小學的校均規模由 2011 年的 176.73 人減少到 2015 年的 148.15 人，鄉村中學的校均規模由 2011 年的 553.88 人下降到 2015 年 413.45 人（秦玉友、鄔志輝，2017）。2000 至 2012 年間，全中國就有 16 個省分農村學校的「撤併係數」（學校減幅超過學生減幅的倍數）超過 2（楊東平、王帥，2013）。

　　之後小校裁併狀況依舊，2011 年全中國共有小學 241,249 所，其中鄉村小學 169,045 所，到 2017 年，小學總數為 167,009 所，鄉村小學為 96,052 所。六年之中小學總數減少 74,240 所，其中鄉村小學減少 72,993 所。減少的小學基本上都是鄉村小學，下降比例達 43%，而城鎮小學數量則基本穩定；有部分地區甚至提出「小學進鎮，初中進城」或「初中進縣城，小學進集鎮」的口號，教育資源集中在城市，最終呈現省會、地級市、縣（市）、鄉（鎮）、村（屯），呈現依次遞減的差序格局（金志峰、龐麗娟、楊小敏，2019）。

　　大量鄉村人口和學齡兒童轉移到城鎮給城鎮教育帶來了巨大的壓力，鄉村人口和學齡兒童不斷減少，小規模學校和微型班級大量出

現，引發城鄉學校辦學規模兩極化的問題（楊彬如，2015）。從地方政府角度來看，裁撤小校提高資源利用效率，優化了教育資源配置，但產生了一系列不可忽視的負面影響，如鄉村兒童上學遠、上學難、輟學增多、安全隱患大、鄉土文化衰落等問題（白亮，2018）。地方教育部門和學校解決上學遠問題主要是採取寄宿制和校車制度兩種方式，但這一方面提高了管理成本，另一方面增加了學校的管理難度和安全責任（秦玉友，2019）。

饒靜、葉敬忠、郭靜靜（2015）將這種情形稱之為「失去鄉村的中國教育和失去教育的中國鄉村」。數以千萬計的中國人前往城市打工，讓子女入讀「民工子弟學校」變成「流動兒童」，或是選擇把孩子留下變成「留守兒童」。孩子離開農村，加劇了鄉村人口結構的失衡，也帶來親情的斷裂和鄉土認同的迷失，導致鄉村文化生態的凋敝和荒漠化（21世紀教育研究院，2013）。

日本同樣有城鄉問題，2014年8月日本民間機構出版《地方消滅論》一書，作者增田寬也、富山和彥聲稱「目前東京獨大的狀況若無法遏止，全日本的人口會持續流向東京，已經要接近日本全國人口的三成；地方上能生育的女性人數過少，因此未來有近900個鄉鎮市，可能在2040年之前，因為無法維持其社會生活的基本機能而消失」。2014年9月安倍晉三首相上任後，針對振興地方經濟，提出「地方創生」政策，著手推動軟硬兼顧的城鎮建設、提升人口回流與活化機制、創造良性的就業機會等，並宣布2015年為「地方創生」元年（王楡琮，2018）。

臺灣一樣面對人口衰退，高齡、少子化的問題，仿效日本於2016年提出「設計翻轉、地方創生」計畫，並將2019年確定為「臺灣地方創生元年」，希望通過整合設計人力資源、盤點區域特色資產、統合跨界合作平台和創生能量國際化等四項策略，以及「創意型創生計畫、創新型創生計畫、創業型創生計畫和複合型創生計畫」四種計畫推動地方創生（國家發展委員會，2021）。

　　他山之石可攻錯，我國已推動地方創生數年，除日本之外亦應借鑑鄰近國家或地區的政策以推展爲我國永續發展的目標。本研究分析中國最新公告之偏鄉振興政策，並據此以教育觀點提出對臺灣實施地方創生政策的啟示。文獻搜尋主要是利用「中國國家圖書館」（http://www.nlc.cn/dsb_zyyfw/qk/qkzyk/）的「國家哲學社會科學學術期刊數據庫」（http://www.nssd.cn/），以「鄉村振興」或「地方創生」爲關鍵字蒐集相關的政策文獻，由於所蒐集的檔案或資料如僅憑檔解讀詮釋亦有可能因兩岸文化差異產生誤解，因此研究者也透過訪談兩位中國專家，分別爲中國西北地區某大學教育科學院 S 教授及江蘇省某民間公益基金會副理事長、本身亦爲高中特級教師的 W 老師，以 WECHAT 語音或視訊方式進行訪談，時間分別爲 2021 年 5 月 13 日及 2021 年 4 月 30 日，每次約一小時，另因本文有批判中國政策恐致影響兩位專家故予匿名。

「鄉村振興促進法」的特點

　　近年來，中國國家層級有關鄉村振興的政策和文件不斷推出，2017 年 10 月，中國共產黨第十九次全國代表大會首次提出了實施鄉村振興戰略，指出要建立健全城鄉融合發展的體制機制和政策體系，加快推進農業農村現代化；2018 年至今，中共中央、國務院先後印發了《中共中央國務院關於實施鄉村振興戰略的意見》、《鄉村振興戰略規劃（2018-2022 年）》、《中央財政銜接推進鄉村振興補助資金管理辦法》、《中共中央國務院關於全面推進鄉村振興加快農業農村現代化的意見》、《中共中央國務院關於實現鞏固拓展脫貧攻堅成果同鄉村振興有效銜接的意見》等意見或計畫。

　　《中華人民共和國鄉村振興促進法》於 2021 年 6 月 1 日起正式施行，共分爲 10 章，依次爲總則、產業發展、人才支撐、文化繁榮、生態保護、組織建設、城鄉融合、扶持措施、監督檢查、附

則，共 74 條，從文本結構看，算是中國鄉村振興重大決策部署的法律體現。研究者綜合于文豪（2021）、任大鵬（2021）、張志遼（2021）、陳劍平（2021）、陳錫文（2021）、盧盛寬（2021），歸納出《鄉村振興促進法》有幾點特點：

一　第一部促進鄉村振興的基本法

《鄉村振興促進法》是中國第一部直接以「鄉村振興」命名的法律，也是一部全面指導和促進鄉村振興的法律，算是鄉村振興位階較高的基本法。

《鄉村振興促進法》是關於鄉村振興全域性、系統性的法律，與其他涉及農業農村相關的法律不同，中國農業農村領域已有很多法律法規，鉅觀的有《農業法》、《畜牧法》、《土地管理法》，微觀的有《種子法》、《農村土地承包法》、《農業技術推廣法》、《農產品品質安全法》、《農民專業合作社法》等。《鄉村振興促進法》是促進法，是全面促進鄉村振興的法律，促進的是各級政府及有關部門，只訂定原則，不替代農業法等涉農法律，頂多與現涉農法律銜接有一些創新性規定。

二　將鄉村振興提升至國家安全層級

依《鄉村振興促進法》第 8 條明確強調，建設國家糧食安全產業帶，保障國家糧食安全；第 14 條規定，國家建立農用地分類管理制度，嚴格保護耕地，嚴格控制農用地轉爲建設用地，嚴格控制耕地轉爲林地、園地等其他類型農用地；第 15 條規定，國家加強農業種質資源保護利用和種質資源庫建設。

《鄉村振興促進法》從立法上強調永久基本農田的保護，將國家糧食安全戰略也納入法治保障，規定國家嚴格保護耕地，嚴格控制耕地轉爲林地、園地等其他類型農用地。同時推進生物種業科技創新，構建科學合理、安全高效的農產品供給體系等，把糧食問題經由鄉村

振興提升至國家安全層級。

三 僅對鄉村振興作原則性規定，為創新預留空間

《鄉村振興促進法》因為是「促進法」，規範性語詞很多，而強制性語詞較少詞彙則很少出現，「應當」共出現 69 次，如：「省、自治區、直轄市人民政府應當採取措施確保耕地總量不減少、品質有提高」、「各級人民政府應當將鄉村振興促進工作納入國民經濟和社會發展規劃」；「鼓勵」共出現 29 次，如「國家鼓勵和支持農業生產者採用節水、節肥、節藥、節能等先進的種植養殖技術」；「支持」出現 38 次，如「縣級以上人民政府設立的相關專項資金、基金應當按照規定加強對鄉村振興的支持」（薛鵬、柴雅欣，2021）。

《鄉村振興促進法》大多採原則性規定，如關於農村集體建設用地的管理問題，《鄉村振興促進法》肯定產權制度改革的方向並提出推進農村集體產權制度改革的法律措施，第 12 條第 1 款規定「國家完善農村集體產權制度，增強農村集體所有制經濟發展活力，促進集體資產保值增值，確保農民受益」，其中相關規定在《土地管理法》中已有明確規定，《鄉村振興促進法》只是原則性規定，具體內容可以引用《土地管理法》中第 63 條集體經營性建設用地入市的規定（任大鵬，2021）。

中國農村地區各地發展條件和鄉土文化等各具特色，本不可能一概論之，原則性規定為各地針對當地特色創新性推動鄉村振興工作預留了空間。

四 明訂農曆的秋分為中國農民豐收節

根據《鄉村振興促進法》第一章第 7 條的規定：「大力弘揚民族精神和時代精神，加強鄉村優秀傳統文化保護和公共文化服務體系建設，繁榮發展鄉村文化。每年農曆秋分日為中國農民豐收節。」設定中國農民豐收節的立法目的，主要的理由可能是參考教師節、醫師節

的設定提升農民政治地位，以及可開展豐收節慶祝晚會，提升農民精神層次。

五　從解決「三農」問題開始實施綜合治理

中國所謂的「三農」問題，指的是農村、農業和農民問題，而農業強、農村美、農民富就是《鄉村振興促進法》的目標（宋才發，2021）。該法第 1 條規定的立法目的中就特別強調了三個全面，即促進農業全面升級、農村全面進步、農民全面發展。

農業方面，不僅涉及傳統的種植業、養殖業，還包括支持特色農業、休閒農業、鄉村旅遊、電子商務、加強農業對外交流等；農村方面，不僅是農村基礎設施的改善，還包括了農村社會生活和人居環境改善，包括推進鄉村規劃、建設高品質宜居地、推進村莊綠美化、共建美麗家園等；農民方面，則不僅是保護農民利益、增加農民收入，還涵蓋了農民的教育、醫療、科技、文化等需求，三農並重，不會僅重視農村產業的發展。

中國大約有近 30 個與農業農村密切相關的法律，其中大多是對農業農村發展、尤其是農業產業發展的相關法條，缺乏農業農村全面發展的總體性保障規範（任大鵬，2021）。《鄉村振興促進法》在第一章第 2 條明確提出「全面實施鄉村振興戰略，開展促進鄉村產業振興、人才振興、文化振興、生態振興、組織振興，推進城鄉融合發展等活動」，「五大振興」是解決三農問題，是全方位的法律規定，也就是全方位的綜合治理，事實上就是多管齊下。《鄉村振興促進法》第八章專門規定了扶持措施，從財政資金投入保障、資金整合使用、土地使用權出讓收入的重點用途、專項資金基金、融資擔保機制、涉農企業融資機制、金融服務體系、保險服務體系和土地政策傾斜等多方面提出了系統的支援保障措施。

六　目標在促進城鄉融合

　　《鄉村振興促進法》法條中明確訂定「五大振興」與城鄉融合的邏輯與前後關係。同時，第七章專列一章「城鄉融合」，也從體制機制、戰略規劃、要素流動、社會保障、產業融合以及各級政府在城鄉融合發展中的相關要求和職責等方面作了明確規定，如國家發展農村社會事業，促進公共教育、醫療衛生、社會保障等資源向農村傾斜，提升鄉村基本公共服務水準，推進城鄉基本公共服務均等化。

七　強調以農民為主體

　　以往中國有些地方以響應鄉村振興戰略名義，強推「合村併居」，要求農民拆除現居地，遷往集中樓房，但卻是「先拆後建」，導致農民們流離失所，忽視了農民的主體地位（中央通訊社，2021）。針對地方政府濫用權利損害農民利益的現象，此次《鄉村振興促進法》也做出了嚴格的限制，第 4 條規定的實施鄉村振興的原則中，特別規定了第 2 項原則，即堅持農民主體地位，充分尊重農民意願，維護農民根本利益。原則規定外，也有大量關於農民為主體的規定，如第 12 條第 1 款規定，農村集體產權制度改革需確保農民收益；第 2 款規定，農村發展應當堅持農民為主體；第 37 條規定，農村環境綜合整治的共建共管共用機制建立，需要有農民參與；第 51 條規定，村莊撤併等鄉村布局調整必須尊重農民意願等。

八　健全鄉村人才工作體制

　　解決農民問題，不僅是照顧，人才也是《鄉村振興促進法》關注的重點。農村由於基礎設施落後，資訊閉塞，留不住專業人才，因此，根據《鄉村振興促進法》第三章第 24 條的規定，國家健全鄉村人才工作體制機制，採取措施鼓勵和支援社會各方面提供教育培訓、技術支援、創業指導等服務，培養本土人才，引導城市人才下鄉，推

動專業人才服務鄉村，促進農業農村人才隊伍建設。

《鄉村振興促進法》明確要健全鄉村人才工作體制，來保障人才在城鄉充分流動，推動培養農村教育、醫療、管理等人才優先。主要方式就是完善農村交通、娛樂設施等，使農村在教育、交通、醫療等方面逐步與城市接軌，滿足留鄉人才的基本生活需求。

九　鬆綁鄉村振興組織與經營規定

過去中國的農民合作經濟組織在 2008 年《農村專業合作社法》通過之後，因合作社的成立門檻低，一旦成立還可以向政府申請補助，使得各地出現了大量的專業合作社，然而因對合作社內部機制的無規範，空頭合作社的現象一直存在，社會大眾對合作社產生了「汙名化」（賀雪峰，2012；鍾寧，2015）。

《鄉村振興促進法》肯定了農民合作社作為新型農業經營主體的重要地位和作用，也對農民合作社的發展提出了規範性的要求。如《鄉村振興促進法》在第 17 條有規定「鼓勵農民專業合作社發揮在農業技術推廣中的作用」；第 21 條第 3 款有規定「國家支持農民專業合作社等主體，以多種方式與農民建立緊密型利益連結機制，讓農民共用全產業鏈增值收益」；第 46 條第 2 款也規定「縣級以上地方人民政府應當支持發展農民專業合作社等多種經營主體，健全農業農村社會化服務體系」。

又中國長期以來，農村土地尤其是農村集體建設用地制度不完善，此次《鄉村振興促進法》中對此有很多詳細的規定，如第 67 條第 1 款要求，依法採取措施盤活農村存量建設用地，啟動農村土地資源，完善農村新增建設用地保障機制，滿足鄉村產業、公共服務設施和農民住宅用地合理需求。土地所有權人可以依法通過出讓、出租等方式將集體經營性建設用地交由單位或者個人使用，優先用於發展集體所有制經濟和鄉村產業。

十　明確政府的職責並建立監督與舉報機制

《鄉村振興促進法》明確了鄉村建設的各級政府、尤其是縣級以上政府的職責範圍，法律全文中「政府應當」的表述出現了 51 次，都是為政府設定的法定義務；根據《鄉村振興促進法》縣級以上各級人民政府應當向本級人民代表大會或者其常務委員會報告鄉村振興促進工作情況。鄉鎮人民政府應當向本級人民代表大會報告鄉村振興促進工作情況，地方各級人民政府應當每年向上一級人民政府報告鄉村振興促進工作情況，這是保證中央決策部署真正落地見效的關鍵舉措（陳暢，2021）。

《鄉村振興促進法》除了為政府及有關部門設定職責外，還規定了大量防止政府及其部門濫用權利的制度，也專章規定了監督檢查制度，從考核評價、評估、報告、檢查、監督等方面明確了責任追究體系，對政府及其有關部門的行為進行約束的重要手段，以確保政府及相關部門依法履行職責，使本法規定的制度得以全面貫徹實施。以偏鄉學校撤併為例，其決策如果受到民眾質疑可以依法申訴（王坤，2018）。

《鄉村振興促進法》對臺灣地方創生政策啟示

雖然兩岸的政經文化背景差異很大，研究者主要從教育的觀點探討中國大陸新通過的《鄉村振興促進法》對我中華民國臺灣地區師法日本所推動的地方創生政策有以下幾點啟示：

一　可訂定專法並成立專責機構

我國仿效日本於 2016 年提出「設計翻轉、地方創生」計畫，並將 2019 年確定為「臺灣地方創生元年」，但並未仿效日本有「內閣府特命擔當大臣（地方創生擔當）」，沒訂定專法，也不設專責機

構，甚至連特別預算也沒有。或可思考仿效中國《鄉村振興促進法》立專法（如《地方創生條例》），至於是否要比照《教育基本法》提升位階至次於憲法層次，以作為有關鄉村發展事務之法規基本指導綱領還可討論。若然則政策將可延續並法制化，未來不論哪一政黨執政都能依法來貫徹地方創生之政策。

以偏鄉教育角度來看，事實上在中國《鄉村振興促進法》專法訂定之前，共產黨與中國政府已有許多相關的計畫或意見宣示，「《鄉村教師支持計劃（2015-2020 年）》、《關於全面加強鄉村小規模學校和鄉鎮寄宿制學校建設的指導意見》、《國務院關於統籌推進縣域內城鄉義務教育一體化改革發展的若干意見》、《教育部等九部門關於進一步推進社區教育發展的意見》等（徐冰鷗、王向雲，2018）。

又亦可仿效中國直屬國務院的「國家鄉村振興局」之組織，成立直屬行政院的「地方創生部」或直屬內政部的「地方創生局」，以統一事權，有助於達成均衡城鄉的目標。

二　地方創生適合結合在地文化，政府可明訂傳統節日以表對地方的重視

地方結合在地文化以節慶活動進行地方創生是有效振興鄉村發展的方式之一，如 1999 年日本古瀨的「自然與文化守護會」在東京舉辦稻作、種蔬菜、捕魚等體驗活動，此活動 2004 年起在東京讓特殊生進行農村體驗，2005 年則在鐵道沿線的稻田裡，用黃、紫、白色稻米進行藝術活動，每年最受到注目的就是 9 月舉辦的「割稻與流水燈籠節」與 11 月的「收穫祭」；另在筑波市，家長帶著小朋友到農村親身體驗，農家與遊客親自下田，親手採摘當季農作物，並透過體驗交流了解農業從業的辛苦與重要性；也修復江戶時代遺留下來的建築將其變為農家民宿，城市人在農家居住民宿享受鄉土料理與接受農家熱情招待並配合相關體驗活動，讓都市人找到回到故鄉的感覺（蔡孟勳，2018；顏建賢、曾宇良、莊翰華，2011）。

又如浙江省寧波市咸祥成校（成人文化技術學校）在「海洋民俗文化藝術節」、「八月半漁棉會」等節日中開展民俗節日體驗活動，吸引村民體驗傳統節日的民俗、工藝、食物，激發村民們對地方文化的好奇心和興趣點，使該地區特有的傳統節日慶典回歸到現代的節日文化中（李建攀、王元、孫玫璐，2020）；我國國發會於 2016、2017 年「設計翻轉，地方創生」計畫，其中基隆市針對太平國小廢校進行空間再生；宜蘭縣設計翻轉元素導入廢棄漁塭帶動養殖區的創新發展；臺南市白河結合學校產學創生「太空包重生」、「紅土鹹蛋復刻」及「藕粉創意調理」等，都是以在地文化導入創意思維。文化傳承抓住「傳統地域文化」中民眾喜愛的部分，使文化傳承回歸民眾與生活，提升住民的文化自覺與文化認同，可引導樹立新時代的鄉村文化觀（胡劍南，2019）。

此次《鄉村振興促進法》明訂農曆的秋分日為「中國農民豐收節」就是結合中國的傳統節日。其實中華民國政府早在民國 30 年 3 月 12 日就明訂每年立春（國曆 2 月 4 日前後）為農民節，立春當天的主要活動為打春牛，傳統社會的迎春牛活動都由各地方官主持以表示重視地方文化（馬莉，2020）。我國政府如明訂農曆的春分、阿美族豐年祭 Ilisin 或客家的天穿節為某地的「地方創生節」，不僅只是在名稱上依樣畫葫蘆，也是一種宣示，表示對於該地方鄉村的重視。

三　我國「地方創生國家戰略計畫」架構完整，但推動架構偏重產業

行政院 108 年 1 月 3 日院臺經字第 1070044997 號函核定「地方創生國家戰略計畫」，其中計畫願景與目標為：「地方創生推動目的，主要係依地方特色發展地方經濟，緩和人口過度集中六都之趨勢」，就可看出我國推動地方創生很重視「經濟」；在「發展策略」中提出「優化地方產業，鞏固就業機會」、「建設鄉鎮都市，點亮城

鎮偏鄉」、「推動地方品牌，擴大國際連結」三點；而「推動戰略」為「推動地方創生，本計畫將透過企業投資故鄉、科技導入、整合部會創生資源、社會參與創生及品牌建立」等五大推動戰略（國家發展委員會，2021）。從上述可知，我國「地方創生國家戰略計畫」願景、目標、策略與戰略都與「經濟」和「產業」的關係密切，較傾向以經濟收益為導向，當然此經濟收益並非僅單純指直接產出經濟收益，也包括間接為經濟利益服務的活動。

在國家發展委員會之「設計翻轉、地方創生」示範計畫中以「地、產、人」為核心，以「創意、創新、創業、創生」的策略規劃，開拓地方深具特色的產業資源，將地方的「作品、產品、商品」創造兼具「設計力、生產力、行銷力」的關聯效應，透過地域、產業與優秀人才的結合，帶動產業發展及地方文化提升（國家發展委員會，2021）。「設計翻轉、地方創生」示範計畫兼重「地、產、人」，但在其推動架構中，採取「甄選團隊」、「產業定位」、「目標願景」、「實施策略」、「推動執行」及「評估考核」六大步驟似乎仍是以「產」為中心。

偏重「產」也容易忽略健全生態系統與保護，《鄉村振興促進法》第四章第34條就規定，國家健全重要生態系統保護制度和生態保護補償機制，實施重要生態系統保護和修復工程，加強鄉村生態保護和環境治理。如觀光是無煙囪的工業，但觀光客的湧入可能造成交通壅塞、垃圾堆積，對鄉村公共服務設施造成沉重負擔。

反觀中國大陸所謂的「三農」（農業、農村與農民），與我國創生計畫的產、地與人相互對應，但中方從文本法規面來看是兼重產、地與人，而我方較重經濟層面，較不均衡。

四　以人為主體的政策才能留住人才

一般鄉村由於基礎設施落後，留不住專業人才。張慧娜、耿相魁（2018）認為鄉村振興戰略下，農村人力資源的主要問題包括：人

力資源整體品質不能適應發展需求、人力資源開發程度低、人力資源流失嚴重、條件不夠吸引外來人力資本等。中國目前農村各類實用人才僅占農村勞動力的 3.3%，農村社區與所培養的技能型人才與農村社會經濟發展嚴重脫節（姜明房，2018；李少雲、沈進兵，2019）。

以中國鄉村師資爲例，鄔志輝、秦玉友（2015）對全中國 9 個省分共 5,285 名教師進行調查後發現，農村由於工資待遇低下，職稱評定難，教師的年齡構成 U 形結構，只有剛畢業的年輕教師和中老年教師，農村教師流動率非常高；農村學校惡劣的工作環境以及農村教師較差的生活條件和偏低的工資福利待遇是鄉村教師流失的關鍵。偏鄉教師流動率高的主要原因可能是工作環境、個人生活與薪資等問題所導致，教師的生活環境是制約教師工作穩定性的重要因素（張福平、劉興凱，2018；劉勝男、趙新亮，2017；Hudson & Hudson, 2008）。

健全鄉村人才體制的主要方式就是建設新農村，完善教育、交通、醫療等，使之逐步與城市接軌，滿足人才的基本生活需求。根據《鄉村振興促進法》第三章第 24 條的規定，國家健全鄉村人才工作體制機制，採取措施鼓勵和支援社會各方面提供教育培訓、技術支援、創業指導等服務，培養本土人才，引導城市人才下鄉，推動專業人才服務鄉村，促進農業農村人才隊伍建設。

地方創生應以人爲核心，實施路徑是賦權（empowerment），即賦予當地人以自我發展、自我再生的能力和權力（Zimmerman, 1990）。地方創生鼓勵不同類型的行動者，能夠相互合作來執行地方創生計畫、完成地方創生目標，而不僅只是產官學，居住者皆應是地方創生的行動者，雖然地方經濟要能發展才能引進年輕人口，在本地創造工作機會，年輕人才有可能回流返鄉，但不應是唯一；兼重人、地、產會吸引到退休、自由業、遠距工作的專業人士成爲居住者，公共交通、看護、醫療、休閒、居住、購房、教育等問題亦應重視，讓喜愛鄉村、有情懷、有能力、具專業知能的人投身鄉村振興，

才是解決鄉村振興人才不足的根本措施。

五　鬆綁地方自治相關規定以利推動地方創生

　　此次中國制定《鄉村振興促進法》鬆綁了許多關於農民合作社及農村土地使用的規定。但中國長期以來以產業化組織作爲仲介將農民重新整合，再將產業化組織納入政府體制內，雖然允許產業化組織自我發展，但會規範產業化組織行爲，對組織的領導人、資金等方面進行控制。如依朱道亞（2007）的觀點，在中國的政策即使鬆綁，但在鄉村社區組織中，由於社區土地仍屬集體所有，社區組織仍受到黨支部的控制，黨與國家在這種社區組織仍具有較大的強制力。

　　臺灣的地方創生既是強調創新、創意與創業，鬆綁法規的限制也相當重要，以臺灣目前正在推動的實驗教育三法（《高級中等以下教育階段非學校型態實驗教育實施條例》、《學校型態實驗教育實施條例》、《公立國民小學及國民中學委託私人辦理條例》）爲例，在《學校型態實驗教育實施條例》第8條第1項規定「於該規範之範圍內，得不適用教育人員任用條例、教師法、國民教育法、高級中等教育法、特殊教育法、私立學校法及其相關法規之規定」，未來修正案也可能針對大學實驗教育、會計財務監督、行動學習、收取學費、轉學學分採計協助、土地取得、外籍師資來臺規範等問題之相關法規進行增修或放寬以利推行此一政策。

　　如依李康化（2018）、柳軍亞（2018）的觀點，爲讓偏鄉地方創生有更大創新空間，除前節論及應立專法外，應藉法規鬆綁轉型發展，如可修改相關法規讓地方創生的經營組織逐漸從非營利組織過渡到社會企業，以平衡好社會價值與經濟價值。

六　思考適合地方創生「由下而上」政策的監督與成效考核機制

　　中國《鄉村振興促進法》有51次表述了「政府應當」的內容（任大鵬，2021），這表示在中國《鄉村振興促進法》絕大部分內容都

與地方政府履職盡責有關。中國的《鄉村振興促進法》基本上是「由上而下」的政策，明確各級政府及有關部門的職責，政府要發揮規劃引領作用統籌農村建設，協調推進鄉村振興，完善農民權益保護；《鄉村振興促進法》還專章規定了監督檢查制度，從考核評價、評估、報告、檢查、監督、問責等方面明確了責任追究體系（于旭，2021），這些都是針對各級政府「由上而下的」約束。

依國家發展委員會（2021）「加速推動地方創生計畫（110 年至114 年）」中的「預期效果及影響」是「本計畫 110 至 114 年預計輔導縣市政府及鄉鎮市區公所推動 400 項地方創生事業、吸引 500 位種子青年留鄉或返鄉推動地方創生」以及「預期未來將可為地方注入年輕活水，導入創新能量，發展新經濟、新商業模式，協助發揮地方特色與優勢，開發屬於地方的特色產品，結合品牌行銷、體驗經濟等作法提高產品附加價值，並改善偏遠弱勢地區之基本生活機能，提高居住品質，營造良好產業發展環境，增加地方與都市間之連結，逐步吸引人口回流，縮小城鄉差距，平衡區域發展，加速達成『均衡臺灣』的地方創生目標」。前段文字除 400 項地方創生事業及 500 位種子青年較具體外，其餘敘述其實相當抽象都不易檢核效果達成與否。

又其計畫中的「執行及管制考核機制」為「本計畫由國發會邀集相關部會召開跨部會『行政院地方創生會報』工作會議，統籌辦理地方創生計畫聯席審查後之管制考核、政策協調及困難問題協助等工作，俾使計畫如期達成預期成效」，一樣無法達到檢核或監督的效果，應思考適合我國地方創生政策的監督與成效考核方式，而不是完全不監督、不考核。

肆　偏鄉學校在地方創生扮演的角色

臺灣於 2017 年啟動「大學社會責任實踐計畫」，2018 年連結「高教深耕計畫」，並將「善盡社會責任」列入該計畫之主要目標中

以鼓勵大學走出象牙塔，在區域創新發展的過程中扮演更關鍵及重要的角色。但大學畢竟數量少也集中在都市，以偏鄉而言，其實與地方關聯較大者是中小學。偏鄉學校除致力於地方教育發展外，在地方創生的國家大戰略下，所能扮演的角色有：

一　學校是促進地方創生發展的核心組織

　　偏鄉學校往往是偏鄉地區最大的組織，能存活的小校都與在地社區有很好的連結（Lyson, 2002），偏鄉學校是團結地方的機構（rallying agency），是社區終身教育、運動以及精神與學習中心能保存在地特殊知識及文化，是傳承文化發展的連接地（connection），也經常被視爲是社會福利的指標（barometer）（Halsey, 2005），在傳統祠堂與廟宇在現代鄉村中逐漸失去其文化與精神引領價值的情況下，學校是重要的文化象徵與組織。

　　越偏遠的學校和社區關係越密不可分，小校若裁掉，社區就走向衰亡。偏鄉因資源貧乏，學校與社區基本上是一體，不只肩負教育，同時需身兼文化保存與語言傳承等功能，學校若在少數民族聚集地區更能協助其展現對課程詮釋的主體性。裁撤一所偏遠小規模學校，將使偏遠社區逐漸沒落，失去交流與凝聚共識的場所，成爲地圖上所標示的一個點，學生也將從小就離開故鄉到外地求學，最終失去了根，對於家鄉不再有歸屬與依戀。

　　且偏鄉家庭教育功能相對不足，學生多爲單親家庭及隔代教養家庭背景，其家庭教育功能較一般家庭薄弱，因學生少，師生互動頻繁，偏鄉學校常成爲學生學習及支持成長的中心，「禮失求諸野」就是要從偏鄉的學校教育做起；另就經濟方面而言，偏鄉學校與社區發展息息相關，增進社區之經濟活動對偏鄉學校極有助益，而偏鄉教育之蓬勃發展亦可替社區經濟注入新動力，偏鄉學校可以是社區的知識中心與文化中心，甚至是創業中心。

二　學校可帶領社區發展以地方為主體的地方創生

中國東北師範大學農村教育研究所對全國 8 個縣 77 個鄉鎮下轄的村級被撤併學校展開調查，發現有 45.4% 的縣級教育決策部門在村小學撤併過程中沒有進行認真調研，更沒有召開村民大會讓利益受影響主體參與討論，領導只是走走過場，開一個會就直接宣布學校被撤併了（鄔志輝、史寧中，2011）。有些農村缺乏「為農服務」理念，將農村教育看作潛移默化的經濟與社會服務功能，將城市教育的做法，硬生生加在農村，照抄照搬城市教育的辦學理念、辦學思想、辦學目標和辦學思路，造成鄉村振興中的經濟、社會、文化、生態等被排斥在農村教育的內容和範圍體系中（安麗娟，2019）。

陳劍平（2021）呼籲：「切忌用建城市的方式建鄉村。」以偏鄉教育角度而言，居住在偏鄉的孩童，本應該接受與都市兒童相同的待遇，偏鄉學校有其獨特性的情境，需要獨特性的解決方案，不應以城市的角度看偏鄉的問題，偏鄉學校要有更大自主的空間（Bryant, 2010; Miller & Hans, 2010）。

有些地方非營利組織和社會企業很能發揮服務功能，形成服務與治理的雙重運行機制，是一種互惠共生的地方治理機制（徐勇，2019）。事實上，學校是社區的靈魂（traditional heart of its community），能凝聚社區成員情感，形塑、彰顯在地文化（Halsey, 2005），比起非營利組織和社會企業，有時學校更適合扮演引領推動地方創生的角色。

三　學校是地方創生人才培育的主要機構

學校、家庭及社會，都肩負教育下一代的責任，三者的密切合作互動對兒童的學校出席率、正當行為、自主性（autonomy）、學術成功（academic success）及學術抱負（academic aspirations）都有很大的影響，只有結合學校、家庭及社會同負對學生學習與發展的責任

才能有效改進教育（Epstein, 2011），家庭、學校與社區的溝通非常重要，三者的關係是影響學生成功的重要因素。

偏鄉教育的目的是人的發展，核心手段是教育，關鍵是智力資源（王嘉毅、封清雲、張金，2016），地方創生的人才是推動創生的有力支撐，學校除爲偏鄉學生實施生涯發展教育，爲農村經濟發展提供人力資源，學校也可以參與鄉村傳統文化資源的改造，將文化資源引進校本課程，讓學生作爲傳統文化傳承者與創新者；在學校與地方產業學習種植、養殖、行銷等實用技術並參與社會實踐活動，使專家、教師、學生與居民形成學習共同體（朱德全，2015）。社區中的耆老也可以成爲學校校本課程的傳授者，社區中的傳統節日可以成爲學校的文化特色。

學校對於社區民眾各種相關計畫的申請、撰寫與經費核銷上的協助及提供學習場所可以算是基本服務；可以活化校園閒置空間，吸引青年回流返鄉；可以發展特色遊學課程以促進社區經濟；學校也可以發揮知識訊息優勢，以學校爲核心協助社區創新創業；以及邀請有經驗的農民、技術型人才等來農村培訓，讓村民相互學習與分享經驗，享受共同學習的樂趣（王崢、王佩，2019）。偏鄉學校將教育的範疇由義務教育擴大至社區教育與大眾教育，當社區與學校互動緊密就可賦予社區與學校新的生命。

四　鄉村菁英是社區發展的主力，教師通常是菁英中的菁英

「鄉村菁英」群體是指在知識、經濟、政治上擁有話語權的人群，他們在鄉村社區建設中的作用不容小覷，尤其是在鄉村全面建設的過程中更不能缺位。鄉村菁英具有較強的公德心，通常從鄉村全區的角度思考問題，因此村民較爲信任他們，相信他們能把鄉村帶向更好的方向（韓福國、宋道雷，2014）。

教師在偏鄉通常具有高學歷、較高的社會地位、高可見度（highly visible profession），是公眾人物（public face）、是廣大

社區民眾幼年的啟蒙者（Maranto & Shuls, 2012）。教師群體就類似社區的「小智庫」，可以協助地方創生與社區營造，協助申請中央與地方各項地方創生或社區建設相關計畫經費，帶領社區居民經由教育激發建設社區的動力與活力，同時提供知識與技術支援。

五　學校建構資訊與遊學平台以利推動創生

虛擬學習平台是資訊化背景下鄉村學校建設的趨勢，其目的在於構建任何人（anyone）、在任何時間（anytime）、任何地點（anywhere）、以任何方便的形式（anyway）獲取任何想要知識（any knowledge）（齊幼菊、尹學松、厲毅，2010），而偏鄉學校適合擔任社區資訊中心的角色。中國在《關於實施鄉村振興戰略的意見》與《鄉村振興戰略規劃（2018-2022 年）》等綱領性文件均提出，充分利用現代遠端教育體系，依託社區公共服務綜合資訊平台建設，建立覆蓋城鄉一體、開放便捷的縣（市區）—鄉鎮（街道）—村（社區）三級社區教育學習網路平台。偏鄉學校是最合適的組織，可利用網路和數位化資訊技術，建構農民終身學習數位化學習網路平台，開設具有本土特色的各類創生項目，滿足鄉村農民的學習需求，也使農村社區教育資訊資源互通互享，成為一種以網路為依託的新型教育模式（張勝軍，2019；劉胡權，2017）。

另中國大陸的鄉村旅遊萌芽於二十世紀 80 年代，興於 90 年代，至二十一世紀初已呈全面發展態勢，2014 年到農村去參與鄉村旅遊的遊客數量為 12 億人次，意味著全部遊客中有 30% 是到鄉村去旅遊，2014 年中國大陸有超過 10 萬個特色小鎮和特色村落開展了鄉村旅遊活動，有 200 萬家鄉村旅遊經營戶，達到了 3,200 億元年營業收入（黎翔宇，2018）。

偏鄉學校可發展特色遊學課程，建造偏鄉遊學特色，結合樂齡的老幼共學及在地社區資源與人力，由社區協助接待外來之遊學團體，促進社區經濟也吸引青年返鄉創業。也可針對年輕族群，如「山村留

學」計畫，讓許多在都市生活而沒有住過部落或農村的學生有長時間可以離開家學習獨立生活，所著眼的是如何讓這些人在鄉村獲得屬於當地自然的生活經驗。

六　學校建立社區簡易驛站，推動宜居鄉村

2013 年日本國土交通省開始推進「鄉村小型生活基地」建設，這是一種將經濟迴圈帶入鄉村的區域發展策略，其發展不僅有助於增加農民收入，同時也促進農業、工業、商業間的相互融合，而「鄉村驛站」鼓勵公眾參與，注重帶動社區功能；日本的鄉村驛站逐漸引領鄉村經濟重構，如京都府南丹市的「美山邂逅廣場」便是一個示範的鄉村驛站，由當地村民共同出資經營，與當地企業、政府、學校合作，驛站內同時有購物、醫療、教育培訓、老人活動、健康檢查等項目，驛站內不僅設有免費 WIFI 網站，甚至公共交通無法到達的村落還有「呼叫計程車」（on demand taxi）服務（陳林、劉雲剛，2018）。

臺灣目前許多偏鄉的中小學都有跟在地的超商合作建立簡易功能的服務站，如新北市與四大超商及八方雲集合作成立「幸福保衛站」提供弱勢兒童餐食等。新時代偏鄉學校的服務領域更加廣泛，要求與社區的全面治理有機融合，擔負起促進鄉村經濟振興、文化振興、宜居鄉村建設、青少年校外教育以及社會穩定等功能（楊智、潘軍，2018）。偏鄉學校可成為支持簡易驛站的主導力量。

伍　結語

從分析中國的政策文件可發現，處處可見共產黨領導在法律之體現，鄉村振興的文件也是如此。如《鄉村振興促進法》堅持和加強黨對農村工作的領導的原則貫穿其中，第一章《總則》中明確規定，全

面實施鄉村振興戰略，應當堅持中國共產黨的領導，貫徹創新、協調、綠色、開放、共用的新發展理念，走中國特色社會主義鄉村振興道路，促進共同富裕等；第六章《組織建設》中規定，中國共產黨農村基層組織，按照中國共產黨章程和有關規定發揮全面領導作用。《鄉村振興促進法》也把監督檢查專列一章，對政府有關部門及其負責人的職責與義務進行了明確的考核，包括黨的紀檢監察機關和國家監察專責機關都必須扛起職責。

在中國鄉村振興政策下，政府「由上而下」的主導作用非常明顯，即使中國政府在文件中希望以市場化的方式讓基層、讓村民成為鄉村振興的主體，使他們成為鄉村振興的直接推動者和參與者，但實際狀況可能並非如此，而仍是由政府主導規劃，要求地方政府建設發展。

這幾年我國借鏡日本的地方創生經驗，希望地方跳脫依附政府，建立自主獨立循環型的經濟模式。依據周靜敏、惠絲思、薛思雯（2011）的觀點，日本政府一系列農業經濟環境扶持振興政策確實促進了農村經濟結構與人口構成多元化、基礎設施現代化及鄉村風貌的改良。但木下齊（2017）指出日本的地方創生有三大要點，分別為：「經濟團體要因應當地發展脈絡與環境，搭配能活絡地方的活動」、「不依賴補助金，一開始便要準備好自行獲利以振興地區產業的企劃」及「要以民間主導、政府參與的方式合作，而非由政府主導」（張佩瑩譯，2017），足見日本的地方創生目標是「由下而上」發展的。「由下而上」與「由上而下」的政策各有利弊，「由下而上」草根式的地方創生能量最為可貴，缺點是可能資源不足，視野狹隘；而由上位啟動的「由上而下」資源雖然充沛，卻忌居高臨下自以為是，不重視地方文化與意願。

雖然大家都知道「由下而上」去推動偏鄉教育及地方創生很重要，但正如 Epstein（2011）對有效能學校與社區的研究中發現，影響學校與社區關係的主要因素有「學校家庭與社區好的夥伴關係」、

「行動團隊的領導」（leadership from an action team）、「學習者中心的氛圍」以及「州與區層級的支持」（state- and district-level support），其中第四項亦即上級領導的支持其實是關鍵也非常重要。

依溫正胞（2019）及龍花樓、屠爽爽（2018）的觀點，或許鄉村振興需要「由下而上」與「由上而下」的結合，鄉村產業的培育應立足於城鄉差異和地域的多功能價值，積極推動空間重構與有機農業、生態旅遊、教育文化、健康養生等多元產業的有機融合，實現產業振興、物質空間整合和鄉村精神內涵的綜合提升。地方創生最積極的意義是讓鄉村生活成為一部分人口主動選擇的生活方式，或幫助人重建人與土地、山川、森林、自然的連結，重新檢視人與人的關係，進一步探索自我存在的意義。而地方創生下的偏鄉學校與社區合作，首先應該是通過讓學生了解社區，包括學生自己所在農村社區的歷史與文化傳統，在教育過程中形成對社區、對家鄉的愛，未來必能為家鄉的發展與振興做出貢獻。

本文簡介中國大陸《鄉村振興促進法》，並就其修法特點以教育觀點思考臺灣地方創生政策的啟示，也探討偏鄉學校在地方創生所扮演的角色。臺灣與日本以及中國大陸國情不同，許多政策不能依樣畫葫蘆，否則可能「橘逾淮為枳」，如中國的偏鄉學校通常離不開「扶貧」，農村子弟期盼透過讀書通過高考翻身仍是農村教育最重要的任務（朱成晨、關廣芬、朱德全，2019）。臺灣與中國大陸不同，偏鄉學校完全可以成為促進地方創生的核心組織，教師是鄉村菁英，可培育地方創生人才，帶領社區發展地方創生，甚至建構資訊、遊學平台與社區驛站，推動宜居鄉村。

參考文獻

于文豪（2021）。解讀《鄉村振興促進法》——專訪中央財經大學法學院副院長于文豪。2021 年 9 月 1 日，取自《中國城鄉金融報》：https://new.qq.com/rain/a/20210514A03V5800

于旭（2021）。鄉村振興促進法解讀②——鄉村振興促進法：「惠農」二字力透紙背。2021 年 6 月 12 日，取自中國鄉村振興微信公眾號：http://fpb.hainan.gov.cn/fpb/zcjd/202106/577db693241541b199dd732970b21f26.shtml

中央通訊社（2021）。中國通過鄉村振興促進法 禁違背農民意願撤村。2021 年 4 月 29 日，取自：https://www.cna.com.tw/news/acn/202104290145.aspx

中國國家統計局（2021）。第七次全國人口普查公報（第七號）——城鄉人口和流動人口情況。2021 年 5 月 11 日，取自：http://www.stats.gov.cn/tjsj/zxfb/202105/t20210510_1817183.html.

21 世紀教育研究院（2013）。中國農村教育現狀及未來發展趨勢。北京：北京理工大學出版社。

王坤（2018）。新時期我國支援農村教育政策的特徵與完善。徐州工程學院學報（社會科學版），**2018**，**33**(5)，98-103。

王崢、王佩（2019）。鄉村振興戰略下農村社區教育的價值重塑與實現路徑。教育與職業，**2019**(13)，68-74。

王榆琮（譯）（2018）。地方創生 **2.0**（原作者：神尾文彥、松林一裕）。臺北市：時報文化。

王嘉毅、封清雲、張金（2016）。教育與精準扶貧精準脫貧。教育研究，**2016**(7)，12-21。

白亮（2018）。城鄉義務教育學校佈局統籌政策三十年：價值路向與定位。社會科學戰線，**2018**(6)，237-245。

任大鵬（2021）。促進鄉村振興 農民何權？政府何責？詳解《鄉村振興促進法》。2021 年 5 月 6 日，取自新京報：http://www.zgxczx.cn/content_20041.html

安麗娟（2019）。基於鄉村振興戰略下的鄉村教育發展研究。2021 年 9 月 1 日，取自手機知網 APP：https://wap.cnki.net/touch/web/Dissertation/

Article/10403-1019210681.nh.html

朱成晨、關廣芬、朱德全（2019）。鄉村建設與農村教育：職業教育精准扶貧融合模式與鄉村振興戰略。華東師範大學學報（教育科學版），**37**(2)，127-135。

朱道亞（2007）。全球化衝擊下中共國家機關角色變遷——以農業產業化政策為範疇的分析。中國文化大學社會科學院政治學系博士論文，未出版，臺北市。

朱德全（2015）。農村中學「三位一體」課程與教學模式創新的行動研究。西南大學學報（社會科學版），**2015**(1)，80-86。

宋才發（2021）。鄉村振興法治化的基本內涵及路徑選擇。貴州民族大學學報（哲學社會科學版），**2021**(1)，70-102。

李少雲、沈進兵（2019）。居民參與：我國農村社區教育發展路徑創新：以浙江省為例。中國成人教育，**2019**(18)，93-96。

李建攀、王元、孫玟璐（2020）。鄉村振興背景下農村成人學校傳承傳統地域文化的路向反思——以咸祥成人學校「文化生態圈」項目為例。中國成人教育，**2020**(20)，92-96。

李康化（2018）。里山資本主義時代的地方創生。文化產業研究，**2018**(1)，2-17。

周靜敏、惠絲思、薛思雯（2011）。文化風景的活力蔓延——日本新農村建設的振興潮流。建築學報，**2011**(4)，46-51。

金志峰、龐麗娟、楊小敏（2019）。鄉村振興戰略背景下城鄉義務教育學校佈局——現實問題與路徑思考。北京師範大學學報（社會科學版），**2019**，(5)，5-12。

姜明房（2018）。大力發展農村成人教育——主動服務鄉村振興戰略。中國農村教育，**2018**(4)，18-19。

柳軍亞（2018）。臺灣社會企業的美麗與哀愁——以地方創生發展地方產業為例。臺灣大學社會科學院碩士論文，未出版，臺北市。

胡劍南（2019）。鄉村振興戰略背景下的鄉村文化研究。重慶社會科學，**2019**(5)，120-128。

徐冰鷗、王向雲（2018）。農村小規模學校生存的價值基礎。教學與管理，**2018**(10)，16-18。

徐勇（2019）。以服務為重心：基層與地方治理的走向——以日本為例及其對中國的啟示。深圳大學學報（人文社會科學版），**36**(1)，98-103。

秦玉友（2019）。農村學校佈局調整評價研究。北京：社會科學文獻出版社。

秦玉友、鄔志輝（2017）。中國農村教育發展狀況與未來發展思路。東北師大學報：哲學社會科學版，**2017**(3)，1-8。

馬莉（2020）。社區教育中民間藝術傳承的路徑分析──基於芮城民間藝術傳承的田野考察。華東師範大學成人教育學研究所，未出版，上海市。

國家發展委員會（2021）。國家發展委員會推動「設計翻轉、地方創生」示範計畫。2021 年 9 月 1 日，取自 https://www.ndc.gov.tw/Content_List.aspx?n=4A000EF83D724A25

張志遼（2021）。鄉村振興有法可依。2021 年 9 月 1 日，取自重慶日報：http://lsnytv.com/articleinfo/3239.html

張佩瑩（譯）（2017）。地方創生：小型城鎮、商店街、返鄉青年的創業 10 鐵則（原作者：木下齊）。臺北市：不二家出版社。

張勝軍（2019）。鄉村振興語境中的「農村社區教育」。職教論壇，**2019**(10)，105-108。

張福平、劉興凱（2018）。基於公平理論視角的鄉村青年教師的發展困境及激勵機制研究。教育導刊，**2018**(9)，29-33。

張慧娜、耿相魁（2018）。鄉村振興戰略視野的農村人力資源開發研究。農村經濟與科技，**2018**(13)，53-55。

陳林、劉雲剛（2018）。日本的鄉村驛站建設經驗及其借鑒。國際城市規劃，**33**(2)，128-134。

陳暢（2021）。讓鄉村振興有「法」保障。2021 年 5 月 1 日，取自中國江蘇網：https://legal.gmw.cn/2021-05/01/content_34816794.htm

陳劍平（2021）。解讀《鄉村振興促進法》：切忌用建城市的方式建鄉村。2021 年 5 月 17 日，取自中國經濟週刊：https://www.163.com/dy/article/GA6KGTD40530I1ON.html

陳錫文（2021）。鄉村振興究竟應該怎麼幹？陳錫文的 **10** 個權威解讀。2021 年 9 月 1 日，取自友導讀：https://www.sohu.com/a/484399728_121106854

曾水兵、萬文濤（2015）。農村「小微學校」面臨的困境與出路。教育發展研究，**2015**(24)，24-29。

賀雪峰（2012）。組織起來：取消農業稅後農村基層組織建設研究。濟南：山東人民出版社。

楊東平、王帥（2013）。從網點下伸、多種形式辦學到撤點併校——徘徊於公平
　　與效率之間的農村義務教育政策。清華大學教育研究，**2013**(5)，25-34。

楊智、潘軍（2018）。鄉村振興背景下鄉村社區教育的價值再認及其實現理路。
　　終身教育研究，**2018**(5)，49-55。

楊彬如（2015）。中國教育的城鄉不平衡發展探究。中國農學通報，**31**(19)，252-
　　257。

溫正胞（2019）。鄉村振興視域下農村學校與社區合作的功能與實現路徑。教育
　　視界，**2019**(23)，4-7。

鄔志輝、史寧中（2011）。農村學校佈局調整的十年走勢與政策議題。教育研究，
　　2011(7)，22-30。

鄔志輝、秦玉友（2015）。中國農村教育發展報告（**2013-2014**）。北京市：北京
　　師範大學出版社。

鄔志輝、秦玉友（2019）。中國農村教育發展報告（**2017-2018**）。北京市：北京
　　師範大學出版社。

齊幼菊、尹學松、屬毅（2010）。現代資訊技術環境下終身教育體系的構建。遠
　　端教育雜誌，**2010**(8)，79-83。

劉胡權（2017）。論支持鄉村教師發展的政策實踐——基於 32 個省級單位「鄉村
　　教師支援計畫」的文本分析。北京教育學院學報，**2017**(2)，15。

劉勝男、趙新亮（2017）。新生代鄉村教師緣何離職——組織嵌入理論視角的闡
　　釋。教育發展研究，**2017**(15)，78-83。

蔡孟勳（2018）。藝術節慶之地方建構與實踐——以「越後妻有大地藝術祭」為
　　例。國立臺北藝術大學藝術行政與管理研究所，未出版，新北市。

黎翔宇（2018）。中國大陸地區鄉村旅遊地產化現象研究。天主教輔仁大學景觀
　　設計學研究所碩士論文，未出版，新北市。

盧盛寬（2021）。律師釋法——鄉村振興促進法的五大亮點解讀。2021 年 9 月 1
　　日，取自：http://www.jxlawyer.com/index.php?m=content&c=index&a=show&ca
　　tid=261&id=8012

龍花樓、屠爽爽（2018）。鄉村重構的理論認知。地理科學進展，**37**(5)，581-
　　590。

韓福國、宋道雷（2014）。「窮根」與「翻身」：第二次鄉村變革後的精英再生
　　產機制研究。浙江大學學報（人文社會科學版），**44**(3)，115-130。

薛鵬、柴雅欣（2021）。夯實鄉村振興法治基石。2021 年 6 月 6 日，取自中國紀
　　檢監察報：http://www.qstheory.cn/qshyjx/2021-06/06/c_1127534754.htm

鍾寧（2015）。中國農村非政府組織的形成——以黃河鄉村社區為例。國立清華
　　大學社會學研究所碩士論文，未出版，新竹。

顏建賢、曾宇良、莊翰華（2011）。以農村節慶活動促進城鄉交流與振興鄉村發
　　展之探討：日本的案例分析。農業推廣文彙，**56**，15-32。

饒靜、葉敬忠、郭靜靜（2015）。失去鄉村的中國教育和失去教育的中國鄉村——
　　一個華北山區村落的個案觀察。中國農業大學學報（社會科學版），**32**(2)，
　　18-27

Ayers, J. (2011). *Make rural schools a priority considerations for reauthorizing the elementary and secondary education act.* Retrieved April 12, 2016, from the World Wide Web: http://www.americanprogress.org/issues/education/repore/2011/08/04/10216/make-rural-schools-a-priority.

Epstein, J. L. (2011). *School, family, and community partnerships: Preparing educators and improving schools* (2nd ed.). Boulder, CO: Westview Press.

Halsey, R. J. (2005). *Pre-service country teaching in Australia: What's happening—what needs to happen?* Paper presented at the 21st Society for the Provision of Education in Rural Austraüa Conference. Darwin, NT.

Hudson, P., & Hudson, S. (2008). Changing preservice teachers' attitudes for teaching in rural schools. *Australian Journal of Teacher Education, 33*(4), 67-77.

Kalaoja, E., & Pietarinen, J. (2009). Small Rural Primary Schools in Finland: A Pedagogically Valuable Part of the School Network. *International Journal of Educational Research, 48*(2), 109-116.

Lyson, T. A. (2002). What does a school mean to a community? Assessing the social and economic benefits of schools to rural villages in new york. *Journal of Research in Rural Education, 17*(3), 131-137.

Maranto, R., & Shuls, J. V. (2012). How Do We Get Them on the Farm? Efforts to Improve Rural Teacher Recruitment and Retention in Arkansas. *Rural Educator, 34*(1), 1-9.

Zimmerman, M. A. (1990). Taking aim on empowerment research: On the distinction between individual and psychological conceptions. *American Journal of Community Psychology, 18*(1), 169-177.

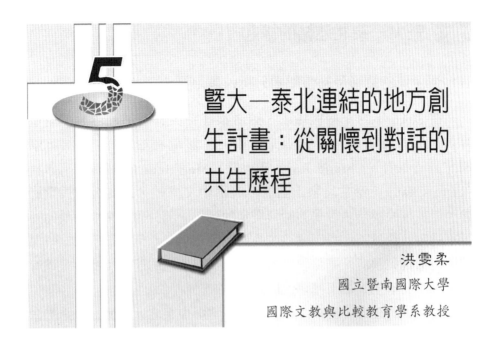

暨大—泰北連結的地方創生計畫：從關懷到對話的共生歷程

洪雯柔

國立暨南國際大學

國際文教與比較教育學系教授

　　國立暨南國際大學（以下簡稱暨大）國際文教與比較教育學系（以下簡稱國比系）以培養國際文教人才為主要目標，本文即以筆者在暨大與泰北合作的方案為例，闡述此一地方創生計畫如何從單向的關懷發展為雙向對話與合作的關係、從問題的想像到立基於當地與泰國脈絡的深探與需求釐清、從華語教學的合作進展到結合商用華語與咖啡文創產業的地方創生，也闡明此方案所立基的永續理念與黑川紀章（Kisho Kurokawa）的「共生哲學」。

暨大—泰北連結的緣起

在地與全球的關懷及初步問題分析vs.異域孤軍後代的華語教學

在 2016 年的一個機緣下，筆者跟「華人磐石領袖協會」兩位專員談及該協會的「泰國喝采計畫」。該協會於 2014 年接管泰國北方清萊府（Chiang Rai）密歲縣（Mae Suai Chiang）萊掌村（Doi Chang，泰文是象山之意）光華中文學校，以支援其長期經營。但該校面臨華語教學的師資質量問題，一部分源於來自臺灣的師資不穩定且數量不足以因應該校的幼兒園和小學六個年級所需，一部分則是師資欠缺海外華語教學的專業與文化適應的能力；此外，還有招生不足與學生人數不穩定的問題。

雖然筆者在青年時期為柏楊筆下與電影中泰北「異域」孤軍的命運流下過淚水，也響應過「送愛到泰北」的熱血行動，甚至在大學時期考慮過前往泰北教導華語，但是長期從事國際志工服務的批判意識讓筆者提出疑問：「學習華語對當地學子的意義是什麼？會不會是我們一廂情願的好意，但是並非他們所需所願？」專員們說明當地乃在泰北邊境，以往以種植罌粟與販賣鴉片為主要生計，在泰國政府大力掃蕩下轉以種植咖啡維生，咖啡豆以中國大陸為主要市場，華語為主要商業用語，無論是咖啡買賣或觀光餐飲產業，都是經濟語言，華語相關工作的收入比一般工作多出 1 至 3 倍。也因此，學習華語不僅對當地華裔孤軍後代有意義，對其他高山民族的學生也有其重要性。問題在於長期師資素質與不穩定讓村民對學校沒有信心，才導致生源出問題。當務之急則是臺灣穩定選送優質師資前往泰北、泰北在地師資的華語教學專業提升，以及學生學習成效的展現。

筆者畢業自臺灣大學中文系而有著中文專業，加上同學來自東南亞國家者占三分之一而有著大量與東南亞僑生的相處經驗，博士修業階段更曾擔任三年逢甲大學外語中心華語教師，復以國比系的學科與

專業屬性，自 2008 年開始，多年來培訓敝系學生前往越南、印尼、
紐西蘭等地進行華語教學的國際志工服務（團隊型、短期型態）或長
期海外實習（個人型、長期型態），因之，具備相關專業與團隊，得
以因應協會的需求。加上雙方的合作意願，遂經雙方討論後簽約，開
展了此一海外實習的承諾。

　　而在進入泰北之前，筆者進一步探究華語如何與當地需求結合、
哪些當地產業或職涯發展需要應用華語，以作為了解當地問題的初步
探析。協會專員對泰北當地問題的分析，包括咖啡豆品質欠佳、產量
不理想，且咖啡產銷尚待強化。而咖啡種植與產銷並非我們團隊的專
業，因此筆者轉而向以往國際教育團隊中的員林農工求助，邀請他們
跟我們前往泰北了解當地咖啡種植問題，將來結合海外實習，帶領他
們學生前往泰北協助種植、烘焙與產銷。

　　這促發了一個全球與地方對話的地方創生構想雛形：以咖啡品質
與華語溝通能力提升為目標，透過跨國合作，藉多方之不同專業，結
合兩國三方（泰北萊掌村、暨大、員林農工）青年之培訓與合作機制
的建構，連結跨國咖啡的生產與銷售合作、以華語教學支援咖啡產
業職涯發展所需，同時開展兩國青年學子的國際視野與跨文化溝通能
力，創造多贏。

　　此一合作，除了開啟跨國學習與合作，也落實大學社會責任
（University Social Responsibility, USR），由教師帶領學生以跨系
科、跨團隊或跨校串聯之結合，或以結合地方政府及產業資源，共同
促進在地產業聚落、社區文化創新發展（李長晏，2020）。只是，
這個「社會責任」，不以臺灣在地服務為限、不以臺灣青年的培養為
限，而是全球公民責任的實踐，是兩國全球公民的養成。

貳 從關懷到對話：問題再探及特色與需求釐清

　　隔年計畫開始啟動，2017 年，筆者帶著第一批的兩位華語實習

生前往萊掌村，陪同的還有員林農工的黃老師。在筆者與黃老師短暫地五天停留、實習生兩個月的服務期間，一方面開始進行華語教學，另一方面則拜訪村內幾戶咖啡中盤商與咖啡田，以更深入了解當地咖啡產業的發展。此一歷程旨在從單向度地關懷邁入雙方對話與合作商議，而筆者與黃老師的探究所得，的確顛覆了我們原本的理解，也使得我們重新釐清當地需求，也進行了不同的合作模式規劃。

萊掌村的海拔在 1200 至 1700 公尺，無論是地形和氣候都很適合種植咖啡，尤其是阿拉比卡（Arabica）咖啡，咖啡豆品質居泰國第一。此外，當地咖啡豆的產量不錯，加上泰國政府跟澳洲政府合作，每年會有澳洲專家前來指導咖啡種植與改良，使其咖啡豆的品質與產量都逐年提升；近年更進一步發展有機農業。此外，萊掌村由三個主要的少數族群組成，除華人外，主要是傈僳族（Lisu）和阿卡族（Akha）。其民族特色的手工藝品則是女性對經濟的主要貢獻。換言之，我們原本獲悉的問題，並非核心問題；我們原本了解的狀況，較為淺層；原本規劃的受益者，並非需求最大者或弱勢者。

我們透過跟當地三大族群的咖啡中盤商、社區意見領袖、學校教師的對話，對於當地問題進行再探與需求的釐清。以下為初步發現，呈現筆者對當地系統的整體理解，以及對先前理解的調整：

1. 咖啡為主要產業：社區在泰國皇室之皇家計畫（The Royal Project）的支持下以咖啡種植為業，咖啡品質居泰國第一，品種與種植方式的改良由皇家計畫與澳洲端合作而持續支持地方且培育種子人才以協助當地宣導。其次為花卉與玉米等農產品，以及冬季時的觀光人潮、手工藝品販售等

2. 經濟困境：(1) 多數咖啡農場之原豆乃由大盤商壟斷購買後加工，中盤商為村內的主要營利者，但僅有三分之一產品可以另行提供給特定客戶索取較大利潤。(2) 咖啡產季短、工人需求少且工資不高：社區人士多為咖啡工人，咖啡採摘季節為 11 月至隔年 3 月，就業時間較短、領取薪資以日工作量計算且額度低。在咖啡產季外主要為打

零工性質。而咖啡產業改良的受益者並非工人。(3) 長期穩定就業機會少：萊掌村位居山區，缺少商業與工業之聚集，欠缺長期穩定就業機會；復以鄰近一小時車程有中型村落，青年就業人口多外移。(4) 當地高山民族的手工藝品頗具特色，以女性爲主要從業者，然對外交通運輸不便，僅有偶爾的市集會吸引外地人潮，不利永續發展。

3. 交通困境：當地地處偏遠、位居山區，對外雖有交通要道，但交通建設不足，出入仰賴各家之摩托車與出租雙條車。

4. 社會困境：(1) 當地就業機會少，前往外地工作者多，因此單親、隔代教養家庭比例高，整體經濟水平欠佳。(2) 當地村民爲少數民族（漢族、傈僳族、阿卡族），社會地位與經濟地位較爲低落，容易在求職就學上面臨不利處境。

5. 當地網路品質佳，然電腦與網路使用率低，家中有電腦的比率也不高。

6. 華語學習機會：(1) 光華中文學校爲當地課後的中文小學，培育後華語溝通能力好的青壯年必須前往大都市才有工作機會，導致青壯年人口外流嚴重，加劇當地經濟弱勢。(2) 單親、隔代教養、經濟狀況欠佳的學生頗多，學費的繳交與學校的長期經營，有其困境。(3) 中文爲優勢商業語言，當地雖有華文學校，但欠缺商業中文相關班別：邊境之就業機會多以中文爲主，當地傈僳族、阿卡族、漢族後裔的中文就學機會有限。當地雖有華文學校，但是就業人口外移，並未有商業中文班級開設。

而就咖啡產業方面，泰國爲亞洲第三大咖啡產出國，僅次於越南與印尼。主要以羅布斯塔（Robusta）爲主，阿拉比卡其次。後者主要加工成烘烤咖啡豆或研磨咖啡，銷入國內爲主。以美斯樂地區爲例，其產出咖啡透過皇家計畫採購者僅 30%（張辰嘉，2019），換言之，咖啡的銷售主力並非皇家計畫，而是另覓產銷管道。村莊裡也有家戶經濟發展不平均的狀況。

皇家計畫除了收購咖啡豆外，也提供更多品種的咖啡豆種植、訓

練農民耕種計畫、管控作物品質、發展觀光農業、水土保持等。加入皇家計畫契作的農戶必須參與相關的實習與研習。沒有參與計畫的農民，可能是因為不符合參與皇家計畫的資格（如公民身分問題或土地所有權問題），抑或因為得配合教育訓練且作物品質要求較高，他們無法配合；抑或因為另有合作廠商（張辰嘉，2019）。而萊掌村是有參與皇家計畫的，尤其是幾個中盤商。

在上述基礎下，我們重新思考規劃方向，除了維持原本的華語教學服務外，地方創生的思考開始從原本的種植改良轉向產銷提升、電商平台與通路的發展；也在跟在地人士對談的過程中討論彼此在合作關係中的定位。以下為與在地商議的調整版規劃：

1. 合咖啡與在地文化特色，以培養咖啡與手工藝品文創人才，結合兩者以創造出咖啡文創產業。

2. 建構當地關鍵相關人員之連結與網絡，以支持當地跨族群合作機制，及其與臺灣端的合作組織。

3. 援引臺灣與泰國資源，規劃跨國青年培力課程，培養電商、文創行銷人才。

4. 建構兩國青年共同創業平台，建構在地與跨國電商、實體行銷通路。

5. 臺灣實體行銷通路先以員林農工與仁愛高農為合作對象，另覓業界夥伴。

6. 搭配商業人才需求，結合暨大國比系師資與實習生人力，規劃商用華語課程與支援泰國在地華語師資培育，且共同開設商用華語課程，提升華語及跨文化溝通能力。

從原本單純的關懷與付出，進入社區對話後產生上述的新方向。而這樣的新方向促動的思考是，我們對於當地脈絡的了解與咖啡文創產業的專業，是否足以支持我們跟當地的地方創生、共生共創？磐石協會剛接手學校時，除了將志工與志工團帶入以支持華語教學外，就是帶著志工團彩繪學校周邊的石頭牆，無意間打造出村子的特色和村

民的認同，但是並未引來居民的投入。除了這樣的類社區總體營造，我們與地方的合作創生，如何基於互為理解，而有更強的連結、互惠與資源支持系統，乃是下一步的思考。2017 年正是筆者接下國際長任務而未能支援泰北方案的一年，也正好利用這一段時間進行比較完整的思考，以及對地方創生精神、案例與可行性的深入探究。

 理念與實踐的對話：以族群共生與永續為核心的地方創生理念

以下便是地方創生諸多論述與觀點，與筆者對泰北方案的思考與規劃頗為共鳴，但亦有提供本方案省思與精緻化之處。藉由此一與理念的對話，希望精進我們方案的實踐，融入在地的多元族群文化特質、在地與跨國族群之文化交流與共榮／融、開展社會文化與環境永續的創生計畫，落實族群、人與自然的共生性創生目標。分成三個部分來論述：地方創生核心理念、文化與永續在地方創生的意義，以及全球與在地互為主體的共生性地方創生。

一 地方創生核心理念

地方創生（placemaking）乃由美國「公共空間方案」（project for public spaces）非營利組織所提出的概念，從地方振興、在地營造衍生出地方創生，從多層面的公共空間規劃，設計以及管理方法，目的在創造良好公共空間，促進群眾身心健康，增進幸福與福祉（洪民南，2019）。地方創生可略分為兩種執行路徑，一為地域營造（place-making）的地方創生，關注生活空間的營造及對於在地的連結，培育當地人與環境的相互關係，打造共享價值、社區能力、跨域合作的地方品質，較為著重社會面向的生活概念展現；一為地方振興（local revitalization）的地方創生，強調重新以經濟手段驅動地方產

業發展。其實務運作涉及多面向的整合與多層次的協力，成為一種具有創新性的治理模式，具有幾點整合屬性：自立性、公私協力、跨地區合作、跨政策合作、計畫的推動主體明確、確保培育地方創生人才（李長晏，2020）。

在我們泰北場域中，磐石協會原本採行的方式是地域營造，而我們規劃的方向則主要是地方振興，旨在支持地方的自立性與地方創生人才的培育，跟暨大的跨域合作關係，以及藉此共生關係以開拓跨國市場、面向經濟全球化。本方案規劃的方向是 T. Friedmann（引自童靜瑩，2020，56-57）所謂的「由經濟單元連結起來的功能意義網絡」。因此牽涉到的地方創生向度不僅是人員與地方，還涵蓋產業。

李永展（引自洪民南，2019，20）歸納了地方創生案例中有關人、地、產面向的原則：(1) 人的面向涵蓋了在地居民留鄉、離鄉居民返鄉、外地居民移鄉共創特色地方產業的特質，而這體現了地方創生的精髓與原初目標，解決人口外流問題；(2) 地的面向則著重於地方特色與社區產生連結，營造出環境友善、生態豐富、景觀宜人的地景空間，提升地方自主永續的能力；(3) 產的面向則找回地方產業根源，結合產業、技術與企業家的創新精神，促成不同產業間的創造性互動、觀念創新與知識生產。

藍紀堯（引自洪民南，2019，20-21）整理「設計翻轉、地方創生」設有 SOP 標準作業六個階段程序的步驟。其詳細內容如下：(1) 甄選團隊：甄選在地團隊與外部人才，整合為專業執行團隊；(2) 產業定位：明確訂定地方產業資源的核心價值與創生開發的機會點，以及該區域所預期建立的形象定位；(3) 目標願景：根據地方產業定位以及所擬定的創生計畫，訂定目標，建立符合當地專屬的類型與目標願景；(4) 實施策略：研擬具體可行與有效的實施策略；(5) 推動執行：進行整體規劃後並分段進行細部實施、執行創意開發與設計表現、多元方向進行推廣宣傳；(6) 應用推廣：舉辦定期考核質量指標，以活化空間、優化產業、深化人力、尋找未來持續經營的在地團隊為目

標。

　　由於各地方發展的基本條件不同，在推動地方創生時，首先需要先透過盤點 DNA 了解地方自身的發展機會。而地方創生不只是設計商品，而是設計「生活經驗」、「文化創新」，可歸納出地方創生十個重要元素：食、住、衣、農、健康、環境、療癒、藝術、遊、集。在盤點這些基本元素時，同時也可評估其未來發展潛力。另一方面亦同時盤點當地居民的需求，例如資金、數位資訊等基礎設施，以及待突破之法規限制。而地方的資源盤點與地方創生的價值定位是一項耗時且帶有專業敏感性，鄉鎮公所亦可借用專家的知識同時檢討地域當地的實力。整合地方營造與地方振興概念導入商業機能，則可透過產品市場開發、社區改造、公共空間商業化、區域範圍設施管理、公私合夥模式下委託私人公司以代理人身分管理公共資產，甚至鄉鎮公司的方式共同經營推動（李長晏，2020）。

二　文化與永續在地方創生的意義

　　在人口減少的地方維持農業生產，需提高產品的銷售價值，才能吸引從事者穩定投入，因此，建立產品的國際物流管道，是穩定產品價值的重要手段（陳志仁，2018）。但是在此全球競爭的經濟全球化場域中，產品的特色與市場區隔亦是提升價值的關鍵之一。因之，歐美國家為提振地方經濟，推出區域再造工程，推動「一鄉鎮一特產」（One-Village-One-Product, OVOP）計畫，為地方特色產業尋找國外市場的商機，其中「文化」扮演了重要角色。文化立鎮的趨勢，人類開始消費符號、訊息與美等滿足心靈需求的感性消費比重日益增加（廖舜右、許峻賓，2010）。

　　以往以食物觀光或咖啡等農業觀光為主的型態，現在步入文化饗宴的層級，強調飲食或農業存在背後的文化與民俗意涵，並將其視為文化觀光的一環。世界觀光組織（UNWTO）將文化觀光定義為出於文化動機而產生人的移動（如遊學）、旅行去參加節慶等活動、造訪

歷史遺跡、旅行去研究自然民俗或藝術和宗教朝聖等。現在更傾向於發掘地方文化、體驗當地生活的觀光型態。此種產業的整合則需要有經濟資本、文化資本與社會資本（童靜瑩，2020）。

但是，隨著偏鄉人口移出，社會組織鬆動，進而產生文化流失現象的同時，因為觀光而浮上檯面的文化資產保存與文化真實性議題越來越顯現。R. Sim 曾提出觀光無法永續發展的原因之一出現在生產與消費端對地方價值的衝突，即「在地消費」與「消費在地」的差異。Sim 與 B. Mitchell 提醒，地方以觀光作為振興經濟手段時，若沒有在文化上有明確認同與陳述，可能在觀光的消費市場中降低文化自主性，對於地方的文化與產業永續，未必是正向影響（童靜瑩，2020）。

族群性、地方性、真實性的（即道地性）光譜，搖擺在商業利潤與文化特色間，而生產者的歷史與社會脈絡會影響道地性的走向（童靜瑩，2020，40）。保存與再利用是文化場域運行發展的雙軌，如何能讓雙軌平衡運行是減低負面衝擊極為重要的議題。歷史調查研究必須積極推動，以便在活化再利用中維繫最有價值的歷史真實性與場域完整性；活化再利用也必須在真實型與完整性的基礎上考量未來發展的可行性（黃士哲，2020）。

共域下的異域：主題與策略、活動場域，共同構成了保存或活化目的得以實現的脈絡，活動實踐的過程就是保存或活化脈絡化的過程。C. O. Sauer 景觀形態學指出，文化景觀是文化群體從自然景觀形塑而成的。在文化的影響下，景觀得以發展；外來文化的介入，文化景觀的回春作用就會啟動。文化景觀概念的時間性與層疊內涵，顯示出文化景觀的動態觀。文化景觀是一個動態形構的歷程，微量的、容易受到輕視的、弱勢的文化景觀更是需要被關照的重點，結合區域歧異（多元）性與生態關聯性兩者的景觀概念，更有利於考量保存與再利用之間的平衡問題（黃士哲，2020）。

以地方為中心的永續發展架構，參考 S. D. Campbell 的概念，以

「社會公平」為頂端，連結經濟發展與環境保護。而「社會公平」涵蓋社會內涵以及執行社會公平理念的治理體制，行動策略則是求取環境保護、經濟發展、社會公平的平衡（童靜瑩，2020）。永續發展的概念有地方永續、產業永續、環境永續。

永續發展不僅是個地方發展的行動策略，也是個跨領域整合的治理系統，Berke 與 Conroy 認為這是個動態過程，被期待滿足現在及未來世代的需求，也將地方行動連結到全球關懷（童靜瑩，2020）。

三　全球與在地互為主體的共生性地方創生

在人口減少的趨勢下，透過共同合作的方式來耕種與加工製造販售，符合價值最大化模式（陳志仁，2018）。尊重共域的異己，建立開放性對話，是發展協力合作關係的癥結（黃士哲，2020）。

全球化體系內的文化傳播是交互流動的，是發生在一個相互連結、互賴、互動的網絡體系。未來時代的全球文化圖像將趨於多元、對話、共生的動態平衡。一如楊志誠（2010：19）所言：「儘管全球化的動能是『全球一體化』的過程，但是，從價值層面來看，全球化應該是『全球地方化』的文化整合形式。全球化的本體特質是由理性功能程序和多樣性價值內涵統合而成，是科技與文化的共生、物質與精神的共生（symbiosis），而不是帝國主義形式的機制。」

全球化體系內雖然具有全球一體化的領域機能，卻必須體現於各地文化的價值內涵，形成異質文化入侵，卻又相互調和，成為「全球地方化」。透過全球性文化流動的過程，其結果是「全球地方化文化」，是一種「共生」的文化情境存在於各地方的全球體系。再具體一點說，全球化體系內的每一個地方皆呈現出全球化的縮影（楊志誠，2010：24）。它包含有一體化的趨勢，同時又含分裂化的傾向；既有單一，又有多樣化；既是集中化，又是分散；既是國際化，又是本土化。此是全球化體系的共生現象（楊志誠，2010：25）。

　　日本學者黑川紀章（Kisho Kurokawa）提出共生哲學，指出，由於資訊社會的各項價值將決定於個人特質、創造性及地域性文化特徵，每個人都有機會運用其創造性價值，進入世界交流平台，讓自己在未來的共生社會中扮演一定的角色。如此一來，這種將個人創意、商品生產、價值交易結合成一體的生產機制形塑了當代的文化產業。另外，既然全球化是一種整體性、全面性、多元性的機能，那麼共生秩序也是由多元性的機能網絡所形成，包括傳統與現代的共生、各不同世代的共生、各地域文化的共生、經濟與生態的共生、科學與文化的共生、普世性與特殊性的共生、現代與傳統的共生、整體與部分的共生、物質與精神的共生、中央與地方的共生、集中與分散的共生等；是一種遵循生命原理的非線性、無中心、多面向、各部分具有自我意識能量相互連結的全球性網絡體系（引自楊志誠，2010，26）。

　　共生思想就是一種流動的多元平衡理論，任何的生存狀態都是短期的、對立的、容他的動態平衡；它既包括了主流的核心價值，也保留著非主流的核心價值，更重要的是建構中間領域的空間；所以，共生講求的是尊重他者生存與獨立的調和，而不是熔化他者、消蝕他者自主性的融合。要想達至共生的存在，那麼不管是主流成分或非主流成分都必須具有自我的意識能量，才能透過碰撞、對話、妥協而共生；缺乏自我動能的慣性將走向死亡，而無法維繫生存的共生狀況。文化的特質也是具有自我能量的生命力。各種文化將在進化、流動、對話、妥協及相容的過程中完成共生的秩序；既要對自我的歷史文化做重新解讀，也要發揮面向未來的智慧，從異質文化提取象徵符號，融入自我而共生，以創生新文化（引自楊志誠，2010，27）。

　　以上三個地方創生相關理念，貫串筆者所投入之泰北萊掌村方案的核心概念為：結合社區的多元族群風貌與地方的優質咖啡特色，透過商用華語課程與在地高山民族與華族孤軍歷史人文風貌的採集以提升地方創生人才的專業，融合成咖啡文創產業，促成不同產業間的創造性互動、觀念創新與知識生產，使得咖啡文化產業具有豐富文化觀

光深度與多元風貌。藉此，讓逐漸流失的文化得以有復振的經濟與生活價值，在活化再利用中維繫最有價值的歷史真實性與場域完整性；但也透過跨國的合作，讓永續發展的概念、文化的交流與共榮／融、跨域互為主體的共生性，維持地方創生的共生性與社會公平性，也促動地方創生的動能與產業擴展的空間。

　　以下便簡介本方案所立基的泰北脈絡，以利奠基在互為主體的了解，為後續本方案的規劃進行適切考量。

肆 置諸脈絡的實踐：泰北在地脈絡的理解

　　以下分別從泰北的歷史發展與皇家計畫對當地的影響、泰國現今經濟發展軸線及其對地方創生的支持，以及華語教育在泰國的發展狀況與挑戰，加以介紹，以利調整本方案的規劃以及與在地的合作，也有助於引入外部產業資源。

　　1950 年代中期，國民黨軍隊撤退至滇緬邊境，臺灣當局與泰國政府商議，讓軍隊遷入清萊府與清邁府等山區避難求生。1960 年代國共戰爭後，國民黨軍隊跟著 39 師段希文師長撤軍到泰北美斯樂地區。滯留金三角地區的國民黨軍隊多為雲南籍華人。早期以難童小學面貌出現的華校的建立也在此時逐漸開展，臺灣政府也自 1964 年左右開始提供實質援助與救濟。1980 年代，段希文將軍逝世，中國災胞救助總會（簡稱救總，現名為中華救助總會）遣團前去弔唁，開始展開大規模對泰北眾多華人村寨的援助計畫，柏楊小說《異域》也得到熱烈討論而提高臺灣大眾對泰北的關注與支援，美斯樂等村落因為泰北國民黨部隊歷史、櫻花種植，以及救總帶來之工作團所引進的茶樹種植與茶園景觀構築，逐漸形成觀光景點，吸引許多人潮（洪伯邑、許純鎰，2017；張辰嘉，2019；楊新新，2020），華校的擴張更如雨後春筍般進行。

　　萊掌村的狀況跟美斯樂很類似，早期的村民以雲南華人爲主，是跟著段師長撤軍的軍人。萊掌村的族群組成除華人外，主要是傈傈族和阿卡族。在地人口結構由原本以華人爲大宗，逐漸因爲人口老化凋零與外移，加上傈傈族與阿卡族從滇緬邊界大規模移入，逐漸成爲阿卡族居多、傈傈族次之、華人最少的局面。經濟與政治局勢則呈現一種微妙的平衡狀態。之後光華學校也在這波華校建校熱潮下成立。但是位居更爲深山的萊掌村，無論在經濟條件或華語文教育資源上，都不若美斯樂或滿星疊來得優渥，也比較少受到國內的關注。

　　泰北開始種植咖啡與 1969 年開始的皇家計畫有關。在當時九世皇蒲美蓬政策下，爲革除鴉片種植、產銷與吸食，擺脫高山民族貧困狀況、保護自然資源，其時臺灣派遣農技團與泰國合作，共同推動泰國高山民族的農業耕作轉型，引進茶葉種植，帶來茶產銷與茶觀光。早期華人並沒有被含括在皇家計畫中，但是私下與農技專家有所接觸，因此，茶葉與咖啡的發展都從這個時期開始。近一、二十年才開始大量種植咖啡豆。加上泰國政府的山地道路基礎建設、改建山區灌漑建設、土地規範（高山土地政策、限制水源地區域的開墾）、改變高山民族傳統刀耕火種、斷絕鴉片耕種等，咖啡逐漸成爲此區的經濟作物。另有銀飾、服飾、手工布包等手工藝等在觀光市場上銷售（張辰嘉，2019）。

　　1980 年代，泰北山區局勢趨於安定，而飽受戰亂與經濟形式惡化影響的緬甸與寮國等地華人與少數族群大量湧入泰國，這些自滇緬邊界流亡而來的各國民族在泰北山區形成難民村。而這些少數族群都位居於高山地區，被稱爲高山民族。在皇家計畫、世界銀行與美國國際開發署的努力下，泰國政府 1980 年代積極治理邊境山地，大力推廣泰北高山民族觀光。1992 年更創立皇家計畫基金會（The Royal Project Foundation）持續提供高山民族服務，族裔觀光成爲新的旅行型態。出於教育與謀出路的考量，泰北山區華校遽增，且連高山民族也投入華語學習（張辰嘉，2019；楊新新，2020）。萊掌村也位

於這個區域，也因為跨國經濟的活絡，使得華語的學習更形重要。

　　泰北山區吸引大規模旅遊者，使山民收入增加，但也帶來負面效應，如生態環境的破壞；另外則是外來遊客引發的模仿效應，當地人們對物質利益的追求並無法靠自身收入去滿足，此種矛盾與消費傳統的扭曲，加上保留傳統服裝僅為了功利目的，而非內在文化需求；在發展旅遊業的同時，民族文化被畸形理解，被當成獵奇的文化，而非基於保護優秀不足文化的目的（王黎明，2007）。

　　清萊的觀光地景逐漸開始同化，多為山地景觀，高山民族跨國境的遷移帶來特殊的文化景點；1980年代的部落旅行與民宿結合，影響了旅遊業。但是地區的文化特色在觀光商品、觀光業與商業化中逐漸消弭（張辰嘉，2019）。

　　1970年代金融風暴席捲亞洲，泰國政府意識到農業在經濟發展中的重要支撐作用，因此參考日本的推動經驗而提出「一鄉一產品」政策（One Tambon, One Product, OTOP）。該方案主要鼓勵社區居民善用本地資源、當地居民智慧及傳承世代的手工技術來製造、發展當地的特有商品，以改善貧窮、創造收入、提倡傳統文化為目標，並積極促進提升社區收入、地方發展、地方人力資源開發、整合地方文化，也將泰國農村的傳統商品行銷至國內外市場，以增加農民收益。而這確實為泰國的文化創意產業帶來商機（張雅梁，2013；廖舜右、許峻賓，2010）。

　　泰國經濟自1980年代快速發展，1997年金融風暴後，採取已故泰皇蒲美蓬於1970年所倡議的「適足經濟哲學」（Sufficiency Economy Philosophy），成為泰國政府後續相關決策的重要依據，以「謹慎、適度、合理性」作為指導原則，強調促進社會公平、以人為本及永續發展。泰國政府於2019年發布《社會企業促進法》，關注項目主要為社區營造，其次則為弱勢關懷、環境等議題。為了啟發各種領域的有志者以創新方法解決社會環境問題並實現永續發展目標，聯合國發展計畫署（United Nations Development Programme）泰國

分署於 2017 年成立泰國社會創新平台（Thailand Social Innovation Platform, TSIP），邀集政府、企業、非營利組織、學校、投資者等建立網絡，並以公民參與方式共同發想、交流並連結市場，致力打造社會創新生態系統，於泰國辦理社會創新相關促進活動（謝孟錡、簡妤庭，2020）。

創新方面的措施包含鼓勵新創企業、鼓勵產業創新（如創新項目開發之專家與顧問聘僱，「一鄉一產品」的營運商研發）、提升創新營運能力等。而主要之目標產業首要為糧食與農業，第五項為旅遊業、服務業和創意經濟產業（鄭玉專，2018）。

上述的創新方案中，發揮傳統文化特色的丹塞縣鬼面節頗具特色，其經驗也頗值得參酌。丹塞縣以當地民俗活動營造出文創環境，營造社區美學，從社區環境到觀光產業的推行，都以鬼面為行銷主題，創造地方文化意象。他們將產官學合作納入，既能扶植工藝創作者、又可以兼顧商品經濟與在地教育，進而形構與社區美學互相支持的環境。幾份研究報告都有類似發現，就是泰北當地產品以內銷為主，外銷市場頗小；而內需並不大，連曼谷市場都不易開發，外銷通路也不易開發。鬼面節雖然活絡了丹塞縣小區域的經濟和在地文化能量，能見度和媒體曝光率也的確比鄰近觀光節慶更高，但就目前對丹塞縣經濟產業的刺激是有限的，文化產業要在農村社會領頭並不容易（張雅粱，2013）。

但前述的限制在今日數位經濟盛行的局勢下，或有翻轉的可能。泰國政府 2016 年開始推動「泰國 4.0」政策，以數位經濟取代傳統製作加工，發揮創新性、創造性、技術應用能力，將傳統農業種植模式升級為智慧型農業，將傳統服務業升級為具有高附加價值的服務業，企圖蛻變為轉型高附加價值和創新驅動經濟，結合資訊科技革命的方法，提高外商投資的技術外溢效果，取得高階技術與移轉民間、提升基礎研究與創新能力（高君逸，2018；盧延根，2019）。而「育成新創企業並且發展創新驅動產業網絡」也被列在五項主要議程之一

（鄭玉專，2018）。

　　而在華文教育方面，2005 年前後，泰國政府承認華文學校地位，給予有限資金補助，加上中國大陸、臺灣、香港等地慈善團體與文教機構等合作，引入外界師資與經費等資源。但對於是否接受來自中國大陸官方援助等，華人社團與華校各有不同立場；加上泰北山區雲南籍華人的代間轉移、部分華校的財政等不再受到華人掌控，加上資源分配的不平均，使得泰北華校存在著管理混亂、財務不清、優秀教師流失、未能通過合法註冊等問題（楊新新，2020）。

　　徐友蓮（2010）對泰北地區華語學校的研究結果也類似，她指出 1984 至 1994 年泰化政策時期，雖然有泰國政府的干擾，但是學校仍然維持傳承華文教育，1995 年以後則穩定維持。且以筆者在泰北的訪談與觀察觀之，還呈現成長趨勢。徐友蓮（2010）分析出的原因如村裡的華人還保留中華文化傳統，也為了傳承中華文化給下一代，因此華文教育一直持續不斷，還有許多老師是來自臺灣的志工，教師、教材、經費來源主要靠臺灣支援，早期還有對文化的情感與認同，現在華人後裔除家中的支持與民族情感外，則更著重於華文教育的意義，是工具理性的意義，讓他們在工作上有更多機會和選擇，還可以讓他們的地位水準提高、更有信心。也因此，不僅有華人學華語，不管是泰國人或少數民族，都會參與華文教育。

　　但華文教育存在的問題則是以語言教學為主，忽略跨文化理解與溝通能力的提升，恐影響學生未來的跨文化交流能力。龔陽與齊雪丹（2017）針對 30 位泰國國際漢語教師的跨文化教學意識，發現大部分老師都認為漢語教學的首要任務是傳授語言內容且儘快提升學生漢語流暢度，在六等第量表中平均值高達 5.57。而且儘管老師對文化層面的教學有一定的興趣，也僅著墨在對中國文化的了解，對其他文化的開放態度並不在老師的重點教學目標中。此外，在跨文化教學中，老師首要重視的是傳授文化知識，如日常生活與行為規範，平均為 5.33；中國古代傳統文化介紹則達 5.00 等；其次，也重視培養和

提升學生開放心態與包容意識。

伍 互為主體對話下滾動修正與共生的地方創生

奠基於上述的基礎，2018 年筆者再度親自帶領 4 位華語實習生與 5 位文化採集志工進入萊掌村，此次的重點置諸之前已經成形的咖啡文創產業與電商市場的開拓，但蒐集更多細節的調整與更多具體合作事項的溝通；也奠基在磐石協會對在地咖啡產業的調查，進一步開展與臺灣和紐西蘭咖啡業者的對話與合作。以下分述之。

一 文化與村落故事採集，奠定文創產業根基

2018 年進行當地三族群的訪談，以了解各族群的文化特質、在當地的歷史發展與村落故事，一方面，藉此奠定未來咖啡文創的文創元素，且讓本方案的文化元素不落泰北文化觀光的俗套，而有更深層而豐富的元素；一方面，藉此保留在地文化特色。以阿卡族為例，其傳統特色的流逝主要因為宗教信仰改變，傳統的儀式也慢慢不見。萊掌村裡，年輕人多半信奉基督教。擔任我們翻譯的兩、三位阿卡族青年，也是在協助訪談翻譯中才知道這些文化的意涵。中生代就開始覺得這樣的文化需要被了解與保存。該次的訪談促動了更多中生代與年輕一代對自己文化的投入。

此外，則是泰國文化特質與跨國特質的納入。萊掌村的高山民族跟泰北其他地區類似，雖然多是跨國移動而來的其他國家少數族群，仍受到泰國文化的影響；此外，其移動多國的經驗（通常經歷中國、緬甸、寮國等），或許也可以成為文化創意產業的基石，建構其獨特性。因此，我們該次的調查也著重在不同族群的移動歷史與故事。

二　咖啡產業調查與合作商議，建構族群平衡的合作社

與萊掌村三個族群的中盤商商議共同投資青年電商創業，各自允諾一年各可預留一千公斤咖啡原豆以提供電商所需，也願意共同合作並投資青年的商用華語學習及咖啡工人工資的改善，建構族群平衡的合作社。

磐石協會更於 2019 年由志工團協助而進行了村落的咖啡調查，以了解當地咖啡種類、咖啡風味、植株、面積、產量、處理方式、烘焙方式與機器設備等。立基於此咖啡調查，加上筆者邀約之紐西蘭臺裔咖啡達人（兩度獲得世界咖啡冠軍）對當地咖啡豆精品等級的評估，暫訂了短期與中期策略以因應在地需求。短期策略乃是改善烘焙方式以參與世界咖啡競賽，藉此形構咖啡品牌與精品形象；中期策略則是種植不同種類的咖啡豆，以提升在地咖啡豆的品質。咖啡達人將以一年時間指導在地咖啡產業。原本預計於 2020 年 3 月份展開，並獲得扶輪社的資金挹注承諾，但因疫情之故展延至今。

三　商用華語發展、教授與師資培訓

與臺灣端暨大、非政府組織合作（磐石與扶輪社），結合咖啡文創產業，發展適用的商用華語教材，每年固定以實體與線上方式由暨大提供華語課程與教學服務，也進行當地華語師資培訓，支持地方創生的人才培育，以建立永續經營機制。

四　以光華學校為智庫與地方創生基地，支持永續發展

透過臺灣與泰國的跨國合作、外部資源的挹注與內部支持系統的共生、臺灣電商專業與產銷平台的建構、大學端深度研究以了解地方課題與在地落實實踐的對話，讓跨國與跨世代文化互為理解，發展出保留傳統文化的生存空間與文化創新的動能，如此，參與文化與社會的行動者或許能強化其能動性，透過此計畫得以賦權（empower），

透過跨國對話與學習可以讓傳統文化的保留與創生可能性得以進行，以達共生——跨文化的共生、跨世代的共生、在地與全球的共生。

　　活絡經濟與在地文化亦是本方案的目的。因此，我們目前先透過非營利組織的合作來支持其發展，例如仁愛高農的咖啡產銷、扶輪社的職業培訓基金等。跨領域的結合、創意與實用的共構，可能是未來成功的關鍵。

　　如何兼顧環保以建構永續發展的文化創意產業，亦為本案的考量。而創新與傳統的對話，亦為關鍵。思考的原則是保留傳統文化的精神與意義，但是功能上進行轉型。如阿卡族的消災解厄儀式仍可保留傳統的形貌與精神，但是結合觀光客商業化體驗的祈福儀式體驗。

　　此外，如何支持此一方案的動能，人才的培育、內外部資源的引入、方案的在地化與全球化辯證與融合等，都是未來有待開展的工作。

參考文獻

王黎明（2007）。失衡、斷裂、邊緣化——泰國少數民族問題研究。樂山師範學院學報，**22**(4)，119-1212。

李其榮（2017）。政府在東南亞華文教育復興與發展中的作用——以新加坡、馬來西亞、泰國、印尼、菲律賓五國為例。僑教與海外華人研究學報，**8**，87-102。

李長晏（2020）。地方創生政策理論與策略之建構：政策整合觀點。中國地方自治，**73**(2)，18-35。

李雅梅（2009）。解讀泰國廣告的民族文化特色。東南亞研究，**2009** 年第 2 期，93-96。

周素卿（2015）。永續性與都市新政治計畫——文獻回顧與研究芻議。區域研究及地理學門研究成果，**16**(2)，61-68。

洪民南（2019）。地方創生的檢視與省思――休閒農業區之觀點（未出版碩士論文）。南投縣：國立暨南國際大學高階經營管理碩士學位學程。

洪伯邑、許純鎰（2017）。從異域到茶鄉：泰國北部山林的茶葉生產與臺泰農業計畫的領域效應。地理學報，**84**，1-29。

徐友蓮（2010）。泰北茶房村華族學生選擇中文學校之原因：以光復高級中學為例（未出版碩士論文）。南投縣：國立暨南國際大學東南亞研究所。

高君逸（2018）。泰國如何走向產業轉型之路。經濟前瞻，**179**，104-110。

張兵（2008）。從黎敦山的發展看泰國北部反貧困的經驗。昆明理工大學學報，**33(1)**，98-102。

張辰嘉（2019）。飄散在邊界茶園的咖啡香：當代阿卡族咖啡業的民族誌（未出版碩士論文）。新竹縣：國立交通大學亞際文化研究國際碩士學位學程。

張雅梁（2013）。從泰國鬼面節（Phi Ta Hkon Festival）面具論地區美學的建構與再現。藝術評論，**25**，61-99。

許純鎰（2014）。從異域到茶鄉：泰北邊境的茶產業與地方浮現（未出版碩士論文）。臺北市：國立臺灣大學理學院地理環境資源系。

陳志仁（2018）。借鏡日本地方創生發展經驗。國土及公共治理季刊，**6(2)**，18-25。

曾宇良、許瀚倩、湯國榮（2020）。日本地方創生與支援青年就農對策分析。農業推廣文彙，**64**，73-82。

童靜瑩（2020）。地方產業永續發展個案研究：應用脈絡分析埔里鎮地方特色餐飲業（未出版博士論文）。南投縣：國立暨南國際大學新興產業策略與發展博士學位學程。

黃士哲（2020）。家‧園‧區：文化景觀、文化路徑再詮釋下的社區對話。新北市立黃金博物館學刊，**8**，30-40。

楊志誠（2010）。全球化的文化圖像：文化共生與創意產業。文化越界，**1(4)**，19-35。Doi: 10.30405/CCS.201009_1(4).0002

楊新新（2020）。地區與國際形勢變化影響下的泰北山區華文教育史論述。南方大學學報，**6**，55-69。

廖舜右、許峻賓（2010）。推動「地方特色產業」的政策比較――以日本、泰國、臺灣為例。公共政策與地方治理――地方自治論文集。DOI: http://dx.doi.org/10.29433/PPLG.201006.0281

鄭玉專（2018）。淺談泰國創新創業政策。臺灣經濟研究月刊，**41**(10)，94-101。

盧延根（2019）。我國「新南向政策」對泰國招生與人力交流之相關策略。商業職業教育，**143**，61-72。

蕭文軒、顧長永（2011）。權力與抵抗：泰國「國家——高山民族」關係的探析。問題與研究，**50**(4)，2011。

謝孟錡、簡妤庭（2020）。探索泰國社會創新進程。臺灣經濟研究月刊，**43**(8)，68-75。

龔陽、齊雪丹（2017）。對外漢語課堂中的跨文化教學：泰國國際漢語教師跨文化教學意識研究。華語文教學研究，**14**(2)，89-112。

SDGs實驗教育轉型帶動
地方創生之發展

王俊斌

國立臺北教育大學課程與
教學傳播科技研究所教授兼所長

一　前言

　　就社會結構（social structure）與社會互動（social interaction）
的關聯性變化而言，德國學者 Ferdinand Tönnies 在 1887 年《社群與
社會》（*Gemeinschaft und Gesellschaft*；也有將「Gemeinschaft」譯
爲「共同體」或「禮俗社群」）提出一個十分經典的區分，他認爲
十九世紀末期時，一個新的社會運作結構以及不同的人際連結形式
正快速興起，藉由變遷的二元對比，也就是把變遷趨向與傳統農業
社會相互比較，他認爲當時已由一個人際互動頻繁的社群型態（禮
俗社群）（Gemeinschaft／community），急劇轉型爲冷漠的大都
市（法理社會）（Gesellschaft／Social）（Tönnies 1887; as cited in
Schaefer, 2014）。簡單的說，Tönnies 認爲 Gemeinschaft 意指著簡
單的生活型態，社群中成員的背景或生活經驗都具有一定同質性，
人際連結是出於互惠互助的關係，彼此間情感關係則是直接而緊密

的，典型的社會結構樣態即爲傳統農村。相對而言，Gesellschaft 則是指成員數量更爲龐大，彼此間具高度異質性，人際連結是基於自利（self-interest）而有合作行爲，情感關係則是疏離而冷漠的，典型的社會結構型態便是現代化都市。前者係基於人際直接情感與共同價值觀而有社群責任，後者則是受制於人際疏離關係而採取法制規範作爲社會控制手段。類似 Tönnies 的觀點，Émile Durkheim 在 1893 出版的《社會分工論》（*Division of Labor in Society*）中，他所強調人際間的「連帶」（solidarity）關係是指透過一種共善（common good）來形塑「我群或人們」（we, the people）之道德認同，其本質可以視爲道德的個體主義（moral individualism），與原子論（atomistic）或自利（utilitarian）的個體主義截然不同。他同時也主張「社會結構由社會上的勞動分工所決定」，也就是說，社會的發展方向是由一件工作將會如何進行而被決定的，例如傳統農業社會中的勞動生產型態，分工關係是粗略而簡單化的，所謂「自給自足」便體現 Durkheim 所指的「機械連帶」（mechanical solidarity）；而現代化社會則是分工複雜化的勞動關係，人們可以享受他人參與分工所得來的效率與品質，同時卻也受到勞動關係控制，Durkheim 將此稱之「有機連帶」（organic solidarity）（Cladis, 2005）。

　　如同 Tönnies 或 Durkheim 的看法，當前社會結構與生活型態都是朝向「Gesellschaft」與」「organic solidarity」的方向改變，它們共同類指涉「現代化」（modernization）與「工業化」（industrialization）等概念，其中的「現代化」意指社會從傳統社會或前現代社會（pre-modern society）轉變爲現代社會（modern society）的過程，特別就「經濟現代化」而言，關注的焦點則是工業化、社會分工複雜化、機器生產取代手工業生產，經營管理技術、科技發展、商業技術成長等變遷現象（宋明順，2000a）。「工業化」又譯爲「產業化」，意指生產機械化所引發的一連串持續性的經濟成長。其最早型態乃是工廠生產制的產生，後來此生產方式也普及到非

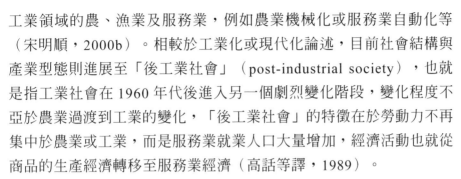
工業領域的農、漁業及服務業，例如農業機械化或服務業自動化等（宋明順，2000b）。相較於工業化或現代化論述，目前社會結構與產業型態則進展至「後工業社會」（post-industrial society），也就是指工業社會在 1960 年代後進入另一個劇烈變化階段，變化程度不亞於農業過渡到工業的變化，「後工業社會」的特徵在於勞動力不再集中於農業或工業，而是服務業就業人口大量增加，經濟活動也就從商品的生產經濟轉移至服務業經濟（高話等譯，1989）。

就社會發展軌跡而言，從傳統農業社會、工業化社會，再到後工業化社會，這已是二十一世紀生活與就業型態的共同趨向，不同地區或國家的差別僅在於發展速度上的差異而已。就臺灣社會而言，從 1950 至 1980 年代的 30 年期間，人口除了普遍向都市集中外，都市地區人口集中的情形也隨著經濟社會發展的情況而有很大的變動，以臺北市爲例，臺北市在經濟發展初期，人口向市中心遷移，後來由於市中心就業與住宅機會減少，居民便向外圍衛星城鎮擴散。特別是在 1964 至 1965 年以後，非農業的就業機會增多，農村勞力開始大量外流，到 1970 年達到最高峰（廖正宏，1986）。除都市化就業機會的「拉力」以及傳統農業沒落的「推力」，部分臺灣農村也在同一時期出現附屬於農村的小型工廠，投入以外銷導向的出口替代（胡台麗，1986），這一類型規模小但勞力密集的農村工業化，也加速傳統農業社會勞動人的老化。進一步發展則從勞力密集轉變爲資本集中與技術導向，根據 1992 至 2007 年的《臺灣社會變遷基本調查》（Taiwan Social Change Survey），臺灣的階級結構發生了相當的轉變，專業技術人員擴張，「黑手變頭家」的現象消逝，而服務業導向的非技術工人與技術工人的差異擴大，再再都呈現出「後工業化」的轉型軌跡（林宗弘，2009）。

由於產業型態與就業機會的影響，都市化程度較低的鄉鎮成爲「偏鄉」，年輕人口外流以及少子化現象，也同步加速偏鄉人口的老化！參考日本野村綜合研究所《地方創生 2.0》之分析，目前的少子

化與高齡化危機，將使得社會發展在2030年掉入「負面循環」，即：少子與高齡化將形成青壯人口銳減—勞動人口的比例減少，將使得社會負擔增加，可支配所得減少—消費能力低落將造成經濟的惡化—貧窮率上升使得人生發展陷入停滯（例如無法結婚）—晚婚或不婚致使生育率下降。爲了避免「負面循環」，若讓青壯年人口持續移往都會地區，地方鄉鎮將會面臨被消滅的危機。日本目前以「地方創生」或「城鎮、居民、工作與創生」展開一連串長期規劃與都市再造計畫（王榆琮譯，2018），所謂「地方創生」的核心精神在於：

　　在地方創造足以因應國際化及全球化競爭之方式，打造能讓年輕一代成家立業、生兒育女的生活環境，透過在地創新，創業與創生思維，吸引年輕人返鄉，分散集中都市，平衡鄉村的發展。同時也期望學校可以與社區住民共同建構出學校目標和願景，和社區融爲一體，共同擔負培育學童的責任，共同維持地方的生活機能和活力……[並]從教育改革、地方創生等動向思考學校與地方社區共同合作之必要性。（梁忠銘，2019）

　　全球在進入二十一世紀之後，都市人口比例大幅超越鄉村，都市化又進一步擴大城鄉差距、發展失衡、人際疏離、階級隔閡，以及消費導向經濟衍生的生態危機，與此同時，臺灣又面對隔代教養、學校存廢等問題（吳清山，2018）。雖然臺灣十分關注偏鄉教育問題，同時也有許多企業支持地方產業活化案例，類似日本「從教育改革、地方創生等動向思考學校與地方社區共同合作」之概念，顯然相對較少。本文將以SDGs實驗教育轉型帶動地方創生發展之個例，也就是透過宜蘭一所海邊小學的轉型歷程，據以描繪出學校與地方合作的重要意義。

二 文獻分析

(一) 偏鄉學校教育相關研究

　　針對《偏鄉地區學校教育發展條例》之法制化歷程，立法院相關議案說明即敘明訂定理由係基於憲法保障教育機會均等及偏鄉地區教育均衡發展之精神，提供偏鄉地區能依其特性及需求之發展空間，以解決偏鄉地區學校行政繁雜、師資不足、流動率高、教育資源不足等問題。此外，考量偏鄉地區學校之存續，非僅是提供偏鄉學童教育機會之教育機構，也是該地區人民之社會及文化活動之中心，亦應依該地區住民之需要，整合相關行政資源與人力，強化偏鄉地區學校之功能，以維持偏鄉地區行政功能及社會生活機能之完整（立法院，2016a）。從立法理由說明觀之，偏鄉學校教育之存續，不只關乎教育機會公平，更與偏鄉地區人民之社會生活與在地文化保存息息相關。教育部為回應立法之需求，即以當時（104 年學度）統計數據加以說明：偏遠地區國民中小學之校數共計 1,109 校，占全國國民中小學總數的 32.86%（104 學年度國小校數 2,633 校、國中校數 733 校，國中小共計 3,366 校）。其中，各縣市 50 人以下的偏遠地區學校，國民小學有 302 校，國民中學有 16 校，占全體偏遠地區國民中小學總數的 28.7%。面對偏鄉地區學校無法達到合理人數規模之問題，背景係因「工商業的快速發展，偏鄉地區人口往都市集中，因此偏遠地區學校普遍學校規模小、班級數少、同儕互動較少，學生學習動機較為薄弱……另偏鄉地區因地處偏遠、交通不便、隔代教養比率較高，學校及教師扮演偏鄉地區學生學習與生活支持的關鍵角色」（立法院，2016b）。

　　根據 2017 年通過《偏遠地區學校教育發展條例》第 4 條之規定，所謂偏遠地區學校指因交通、文化、生活機能、數位環境、社會經濟條件或其他因素，致有教育資源不足情形之公立高級中等以下學校，

中央主管機關應會商原住民族委員會、地方主管機關訂定偏遠地區分級及認定標準（教育部，2017）。更進一步來看，教育部在《偏遠地區學校分級及認定標準》中將偏遠地區學校分為離島地區學校及臺灣本島偏遠地區學校，並分別依學校所在地之交通、文化、生活機能、數位環境、社會經濟條件或其他因素，再各分為「極度偏遠」、「特殊偏遠」與「偏遠」（教育部，2021）。就實際狀況而言，「偏鄉」往往非單一因素所致，而是複合性因素的結果，例如經濟條件不佳與交通不便，使得年輕人口外移，進而形成低出生率與人口老化現象，最後讓「偏鄉」的發展不利狀況掉入惡化循環。在這樣的狀況，偏遠地區學校發展問題的浮現，政府已逐漸重視，然而只要提到偏鄉卻不免會被貼上「落後」或「貧乏」等標籤，相反的，偏鄉學校教育問題不能以「弱勢」一詞概括，問題並非資源不足，而是分配不均或是不當之問題（葉信一，2020）。

檢視偏鄉學校教育問題相關研究，焦點可區分為學校系統內、外部視角的差異，學校系統內部觀點多集中在少子女化現象造成學校資源閒置、裁併廢校或城鄉差距擴大衝擊學校經營模式等行政問題（蕭佳純、董旭英、黃宗顯，2009；林海清，2012），教師流動率高與行政工作負荷重等教師人力問題（方金雅，2017；葉連祺，2017），以偏鄉小校策略聯盟或跨校整合創新來尋找困境的出口（鄭新輝、徐明和，2018；潘淑琦，2018），或者是因教學品質不穩定或缺乏家長參與而影響學生學業表現（許添明、葉珍玲，2015；謝曼盈、張景媛，2019）。就以學生學習為例，為能改善偏鄉與弱勢學生基本學力落後問題，學校能進行有效教學便至為關鍵，然有效教學是否能達成，校長與教師素質則扮演核心角色。故應設法留住優秀校長，聘任富教育愛的專業教師長留偏鄉服務，有效教學也有可能實現（許添明、葉珍玲，2015）。然而，偏鄉教育問題不能限縮在教育系統內思考，若不是從整體角度檢視各環節問題，往往所提出的解決策略不免只是癥狀的緩解，而非掌握問題關鍵的根本解決（劉鎮

寧，2019）。因此，若從學校系統外部來看，偏鄉學校教育系統的外部層面還包括各類社會、經濟、文化資源缺乏所造成的影響，嘗試連結社福、健康、勞動、文化等公部門政策與資源，並將偏鄉問題視為一個複雜生態系統，採取這種整體盤點的問題思考模式是有其必要的（許添明、葉珍玲，2015）。換言之，偏鄉問題不能是「由上而下」被動政策配合，也不能侷限於教育系統內的線性思維，應以地方本位的當事人角色，從社區與學校一體出發，主動爭取公、私部門資源以謀求改變，偏鄉面對的種種不利狀況才有可能取得轉機。

採取整合學校內部與外部視角來思考偏鄉發展問題，近期有較多以「創新」或「轉型」為主題之研究，有研究分析歐美政策與 OECD 文件，指出「創新」面向像是注重發展特色課程，創新教學和數位教學，並與民間組織協力發展偏鄉教育，有些措施則擴及協助偏鄉在地產業與青年就業，並以學校為中心整合地方資源永續發展（詹志禹、吳璧純，2015）；有參照國外「沒有了學校，鄉村就成為博物館」之說法，主張學校應該成為社區文化與發展的中心，臺灣已有校園開放、樂齡中心、社區大學、空間委外經營（OT）、智慧或社區圖書館與學校共構、托嬰中心、駐校藝術家、里民活動中心、長照和輔具服務據點等，應可思考學校與社會應更緊密結合之創新做法（湯志民，2018）；有以生態營造為基礎的小校轉型案例，說明運用在地自然山景、海濱、河流溪谷、農林漁牧生產，以及在地風土與人文生活體驗等社區資源來發展特色體驗學習，強調應以社會承擔、教育自主與社區共同決策等，由學校教育扮演連結角色，讓學校教育能以偏鄉文化與自然資源為基礎，有機整合人、土地與自然的關係（王慧蘭，2017，2018）。

綜合偏鄉學校教育相關研究，若只是單純處理學校行政問題、教師任教意願或學生學習成效，僅侷限在校園圍牆內的改變不免只會是治標之策，無法真正翻轉偏鄉學校的發展困境。相反的，若能採取偏鄉教育公共化策略的整體思維，充分結合在地自然資源或人文特色，

積極投入「創新」或「轉型」，這也才有機會找出治本之道，而這樣的地方本位精神，其實已與「地方創生」的觀點相同了。

(二) 地方創生相關政策與研究

有關「地方創生」（regional revitalization）一詞源自於日本，目的在於遏止城鄉差距日漸拉大，以及都市過度擁擠等問題，日本遂於 1988 年開始推動「地方創生」計畫，前首相安倍晉三更在 2014 年針對地方創生，再次提出包括資料、人才與財政上的支持，企圖藉由整合地方環境、人文與地理，導入創新與設計資源，發展出適合不同地區且能發揮地方特色之產業，並能創造觀光人潮、增加產值與就業機會，吸引青年人口返鄉創業，達成在地方鄉鎮創造穩定就業機會與產業之目標，扶助地方建立自主的良好產業循環機制，解決都市與農村發展失衡之問題（引自 https://zeraland.com/blog/placemaking-tw-2019/）。我國面臨與日本相似之問題，臺灣人口結構已朝少子化及高齡化兩個極端發展，2018 年臺灣正式邁入「高齡社會」，預估 2026 年將成為「超高齡社會」，而 2017 年臺灣新出生人口跌破 20 萬人，2019 年出生人數更僅有 17.8 萬人，預估 2022 年起臺灣人口即將呈現負成長。除此之外，六個轄直市人口占總全國人口比率約 7 成，未來仍有持續成長趨勢，在青壯勞動力不斷往大都市集中狀況下，鄉村產業勞動力相對不足，城鄉差距也就日益擴大（行政院國家發展委員會，2020）。

行政院於 2018 年時，集結中央、地方、民間與學者專家，兩度召開「地方創生會報」，並訂定 2019 年為臺灣地方創生元年，將「地方創生」定位為國家安全戰略層級之國家政策，並由國發會負責，顯見臺灣政府對於地方創生的重視性。臺灣地方創生政策與新創結合，透過復興地方產業、創造就業人口，促進人口回流，並以維持未來總人口數不低於 2,000 萬人為願景，逐步促進島內移民及配合首都圈減壓，達成「均衡臺灣」目標（行政院國家發展委員會，2019）。隔

年，為能鼓勵青年留鄉或返鄉，並使部會確實有效地將政府資源挹注
地方創生事業，讓地方產業能有適當配套基礎建設支持，加速地方創
生推動，國發會研擬將地方創生計畫納入「前瞻基礎建設計畫」之城
鄉建設項下，公布《加速推動地方創生計畫》，更進一步統合跨部會
資源以及整體資源運用之效率，加大地方創生推動力道，以支持地方
產業發展，吸引人口回流，加速達成地方創生目標（行政院國家發展
委員會，2020）。

　　在《加速推動地方創生計畫》中共列入 11 項主要工作項目：(1)
辦理地方創生青年培力工作站、空間環境整備及相關輔導協助；(2)
地方創生城鄉風貌營造；(3) 發展及整備地方創生青聚點；(4) 配合地
方創生推動城鄉特色產業發展；(5) 地方創生觀光旅遊環境營造；(6)
地方創生公共運輸服務升級；(7) 地方創生農山漁村發展建設；(8) 地
方創生長照衛福據點整備；(9) 地方創生文化環境營造；(10) 地方創
生原民部落營造、原住民族多元產業發展；(11) 地方創生推動客庄產
業發展（行政院國家發展委員會，2020）。基本而言，地方創生的
重點項目除青創人才培育、原民與客家文化相關產業外，大抵皆以城
鄉特色、觀光旅遊、公共運輸、傳統農山漁村發展、長照衛福等產業
面基礎建設規劃，共有國發會、經濟部、交通部、內政部、農業委員
會、衛生福利部、文化部、原住民族委員會、客家委員會以及教育部
等相關部會，其中教育部結合大學社會責任實踐計畫（USR）、高教
深耕計畫、營造休閒運動環境計畫等政策資源，主責在地發展「發展
及整備地方創生青聚點」之工作，參與對象集中在高等教育機構以及
社會青年，國民基本教育階段之各級學校與地方創生之連結，看來有
再強化的必要。

　　若以「地方創生」為論文標題關鍵詞進行檢索，國內在 2020 年
以後開始有大量博碩士學位論文，有些係依據行動者網絡理論、歷
史制度主義、永續發展目標架構（SDGs）等學理觀點，並以此探究
地方創生之問題或案例。大部分學位論文則以特定鄉鎮或區域為對

象（例如山城：南投竹山、農村：臺南無米樂社區；漁村：嘉義東石），或以特定產業（如文化創意、生態旅遊與觀光、戶外探索、休閒遊憩）。由於「地方創生」係以「創造在地特色產業以創造穩定就業機會」為核心，概念與重點與「偏鄉學校發展」有所不同，「地方創生」的目的是在於將地方轉型，所謂「創生」有三大主軸，分別是「創意，創新，創業」，地方文化要有創意，地方產業要創新，人才能回流投入創業，三者合成創生，使偏鄉地區經濟重新活絡（劉昆彥，2020）。我們可以看出相關研究都集中在「創意，創新，創業」，以學校教育系統為主體來開展地方創生研究則十分有限。近期較符合之論文應為「臺灣偏遠地區國民中小學參與社區地方創生之研究」，該論文透過田野調查法、深度訪談法，嘗試以地方創生理念為架構探討偏遠地區學校參與及投入創生的可能性，研究者提出以下結論（黃奕禎，2020）：(1) 偏遠地區合適之校務治理模式，奠基在學校資源與社區運作的結合；(2) 偏遠地區學校應善用資源與人際網絡，引進學校內外部資源，以發揮社區文教功能，增廣受益的極大化；(3)「課程」為偏遠地區學校參與社區地方創生的主要管道之一，作為學校在地深「根」的基礎；(4) 以縱向之跨域結合，增強偏遠地區學校投入地方創生的連結緊密度；(5) 偏遠地區學校對「地方創生」的認知落差，仍影響學校的積極參與度；(6) 政府機關投入中小學教育資源的方向，缺乏與「地方創生」有明顯的關聯。其中，有關偏遠地區學校投入地方創生的連結緊密度有待強化、投入中小學教育資源缺乏與「地方創生」之明顯關聯，其觀點與本文前述討論之發現相符，換言之，以偏遠學校教育創新與轉型來帶動地方創生，相關案例之蒐集與參採實有其必要。

三　翻轉劣勢：個案學校轉型前的困境與轉折

個案研究法的運用係以一個社會單位作為一個整體（a social

unit as a whole）之研究對象，該單位可能是一個人、家庭、社會團
體、社會機構或社區，透過對象實際狀況的了解、觀察或訪談，進
而將所得社會資料進行有系統的組織。個案研究的目的往往是爲了
解影響個人、團體或機構之狀態或行爲之因素（或諸因素間）之關
係，因而對此研究對象作深入探究。一般而言，選擇個案對象可以根
據研究目的區分爲「內爍個案」（intrinsic case）與「工具性個案」
（instrumental case）兩種，前者是聚焦於個案本身，探究的是不平
凡的或具獨特性的個人、團體或事件；後者聚焦於對特定主題、實體
或議題的探究和闡釋（王文科、王智弘，2020）。本文將以宜蘭縣
蘇澳鎮一所偏鄉小學爲個案，該校發展經驗同時具有「內爍個案」與
「工具性個案」之價值，即一方面能展現連結在地資源之學校轉型歷
程，另一方面也能提供以學校實驗特色課程帶動地方創生之案例經
驗。以下將藉由《蘇澳鎮志》、宜蘭縣教育處教育統計、蘇澳鎮公所
人口統計、個案學校校務經營與實課程發展文件以及重要相關對象
（校長）之訪談等資料，分析並討論個案面對困境、轉折與創生之發
展經驗。

　　個案學校創立於民國 48 年 4 月 18 日，校名定名爲「岳明」係與
所在社區（岳明新村）有關，即國民黨政府於 1949 年（民國 38 年）
遷臺，大陳島上的軍民一直到 1955 年（民國 44 年）才撤退來臺，當
時政府靠著美援，於國有土地上在 12 縣市興建 36 個新村安置「大陳
義胞」，宜蘭縣設置了 4 個大陳新村，其中一個即爲「岳明新村」，
共建 304 戶房屋。1956 年（民國 45 年）獨立爲一里，名爲岳明里。
2013 年（民國 102 年）4 月併入港邊里（彭瑞全總編纂，2013）。檢
視蘇澳鎮人口統計，整體結構呈現少子化與人口老化等現象，如下圖
1。

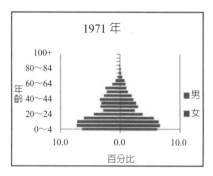 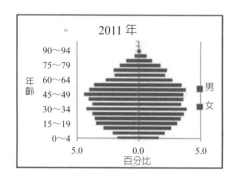

圖 1　蘇澳鎮人口結構變化（1971-2011）

資料來源：彭瑞全總編纂（2013）。蘇澳鎮志（下卷）。宜蘭縣：蘇澳鎮公所。

　　再以學校所在里別「港邊里」為範圍，檢視 2007 年 8 月至 2021 年 7 月之人口數變化，其中以 2013 年 8 月人口數最多，而 2021 年 7 月最少，然而，全里人口總數非但沒有增加，更有緩步下降的趨勢，究其原因，應是新生人口未有增加，但年長者平均餘命延長的結果。

表 1　宜蘭縣蘇澳鎮港邊里 2007-2021 人口數統計

時間	鄰數	戶數	總人口數
2007 年 8 月	17	431	1,458
2008 年 8 月	17	437	1,489
2009 年 8 月	17	434	1,488
2010 年 8 月	17	441	1,472
2011 年 8 月	17	439	1,465
2012 年 8 月	17	442	1,448
2013 年 8 月	15	550	1,628*
2014 年 8 月	15	549	1,623
2015 年 8 月	15	549	1,579
2016 年 8 月	15	549	1,582
2017 年 8 月	15	550	1,583

時間	鄰數	戶數	總人口數
2018 年 8 月	15	538	1,558
2019 年 8 月	15	528	1,487
2020 年 8 月	15	516	1,454
2021 年 7 月	15	515	1,444*

資料來源：http://hrs.e-land.gov.tw/Source/H01/H0101Q02.asp?System_work=4&Img_
　　　　　flag=1&Change=2&Query=true

　　根據人口統計數據，學區內人口數沒有太大變動，這是因為港邊里包含三個社區，即大陳義胞的岳明新村、港邊社區、港口社區等，社區共同問題是沒有辦法改建，由於土地所有權全部都是祭祀公業，社區建物 90% 都是沒有建照或使照的違章建築，土地所有權人皆為社區的永安宮，房子也就沒有辦法買賣或整修（訪 20210826）。若依少子化與人口老化趨勢，再加上社區老舊又無法改建的狀況，社區人口應該不斷減少，實際未發生大幅減少的關鍵原因：學校的存在！亦即，因為家長為子女選擇要至個案學校就讀，並不一定真正居住，而是僅僅將戶籍遷到學區內以便優先入學。對照學校提供的學生通訊地址分析，雖有約 80% 的學生未住在學區之內，但整體仍以蘇澳鎮為主（如圖 2）。除此之外，岳明新村現在也有許多原住民移居，這是因為岳明新村的房租相對便宜，又靠近海邊，便有許多阿美族人聚居，族群結構也變得更為多元。

　　個案學校校長於 2007 年 8 月接任校長工作，在回到宜蘭之前（約民國 79-90 年），該校校長在臺北市陽明山一所小學服務，那段時間正好參與「田園小學」的教育實驗。當初會進行實驗教育，臺北市也是為了裁併校問題，議員認為臺北市郊區的 6 班小校，每年每校大概教育預算都要好幾千萬，若把這些學生用交通車接到山下來就學，以經濟成本效益來看，議員覺得這樣比較好。最後地方就反彈，教育局才提出「田園小學實驗教育」方案。那時，學校週六仍需安排

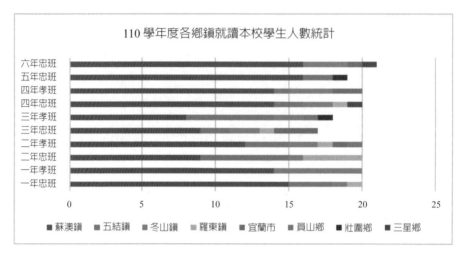

圖2　個案學校就讀學生居住地點分析

資料來源：校務統計資料

半天課程，故嘗試以陽明山國家公園的特色來發展教材與課程（訪
20210826）。在接任個案學校校長工作之初，學區內學齡兒童已經
個位數，且人數更是越來越少。為了解決少子化問題，便開始思考結
合鄰近水鳥保護區豐富自然環境資源，並採取類似臺北市以實驗教育
來擴大學區之做法，以特色做實驗來吸引更多認同理念的家長，努力
把這個偏鄉弱勢轉為優勢。因此，在 2007 年（96 學年度）提出了大
學區的構念，嘗試為學校找出發展特色：

　　宜蘭的偏鄉小校都各具特殊環境，當初解決裁併校的思考是以
「每個孩子都不能少；鼓勵學校結合社區資源，發展特色教育，當各
項資源挹注後仍未達學校最適規模，才會走向最後一步的整併……」
宜蘭縣從「實驗教育策略聯盟」的角度，期待整合偏鄉小校地環境資
源來發展「共享山、平原、海之校本特色學程」，像是鄰近山野的學
校，發展「山野教育」或「童軍教育」課程：坐落於平原的學校，發

展「食農教育」或「噶瑪蘭水路」課程；靠近海邊的學校，發展「海洋教育」或「濕地探索」課程；原住民學校，發展「民族教育」及「山野教育」課程。（黃建榮，2016）

　　偏鄉學校會有的困境與挑戰是不難想見的，像每年的 2、3 月期間便要「很辛苦的找學生」，這大概是所有偏鄉學校的共同宿命。有一年，由於學區內已經沒有學生，家訪隔著一條省道濱海公路的村落，該村落甚至還是在個案學校學區內，但家長卻連學校名字都沒有聽過（訪 20210826）。岳明社區更早以前曾有「宜蘭反蘇火運動」，由於未有居民的反對，該地才有機會變成水鳥保護區，個案學校配合社區總體營造，便將打造生態永續的社區成為學校目標：

　　過去我們的教育其實都是關起門，限定在學校圍牆內。然後，我們會把教育設定成就是讓孩子可以順利的升學，考上好的大學。但……學校應該要兼顧社會責任，這個社會責任就是培養人才，培養人才不是到大學才做，那已經太慢，應該要從小，讓學生對土地認識開始，透過認識這塊土地，人才會對土地有感情，甚至從小，他就可以對這個土地有所貢獻，甚至有所行動。等到他長大了，不管他出國也好，他有沒有留在家鄉，我相信從小在家鄉的受教育的歷程，日後不管身在何處，我覺得他還是會心繫家鄉，等他有朝一日，他有能力，還是會來回饋家鄉。（訪 20210826）

　　岳明社區內有永安宮、里辦公室、「文教促進會」、「社區發展協會」等團體，後兩者分別關注社區營造與水鳥保護區議題，「文教促進會」的重點在於水鳥保護，而社區營造的部分則是「社區發展協會」。社區發展協會係是從促進會分離出來，兩者是競爭大於合作的關係，學校基本上與這兩個單位保持等距，從培養下一代的教育角度來彼此合作，有時更會在某些程度上扮演著協調者角色（訪

20210826）。當時為配合教育部於 2015 年（104 學年度）推動偏鄉
特色遊學計畫，教育部期許偏鄉學校能開發校本課程，透過師生與社
區利用的整體規劃、協調及培訓方式，將課程及範圍延伸至學校鄰近
場域，以達到遊學境教功能的互動經營模式。當時，個案學校提供的
特色即為「海洋體驗、濕地生態」：

　　將學習課程聚焦在海洋教育。由於該校鄰近太平洋，規劃牽罟、
民俗信仰、衝浪、浮淺、獨木舟、帆船等相關海洋教育或運動課程，
並帶領學生探訪豆腐岬的珊瑚產卵及螃蟹生態等等，期許能夠加深孩
子認識海洋生態文化及環境保育的觀念。[該校] 是實驗教育三法通
過以來，全臺第一所公辦民營的學校，學校課程發展以實驗教育為核
心，重視體驗學習，結合周邊環境，培養學生親近社區、發現及解決
問題的能力。（魏士欽、陳君豪，2017）

　　學校藉由在地生態特色課程的發展，諸如食農教育、海洋教育、
濕地教育與噶瑪蘭水路課程（即以河流水路為架構，透過溪流概念來
串連文化、歷史、生態。個案學校剛好位於新城溪的出海口，以此串
連蘇澳鎮的各個學校），受惠於特色課程的成效，該校在 102 學年度
開始擺脫生源不足窘境。然而，學校能與地方創生有更緊密連結，這
應該是轉型公辦民營實驗教育之辦學彈性所帶來的改變。

四　今日學校，明日社區：SDGs實驗教育與地方創生的整合

　　個案學校在 2016 年 8 月 1 日改制為公辦民營小學，社區內學生
人數不足當然是改制實驗教育的主要原因。實驗教育計畫係以「教育
即生活、在地即優勢，給孩子安身立命的能力」為核心，期能協助學
生開展天賦潛能、適性多元發展、連結在地資源、實踐全人教育。面
對問題與因應策略分別為（資料來源為個案學校校務簡報資料）：

・問題：學習與生活脫節，缺乏學習動機

・對應策略：連結在地、學用合一

・問題：重學科知識，缺乏人倫互動與自信

・對應策略：行動學習、利他共好

　　檢視推動實驗教育之發展歷程，實驗課程架構主要區分為「基本學力相關的領域課程」以及「實驗教育相關之主題課程」，歷年實驗主題課程規劃之調整如下：

・105 學年度：區分為「山野教育」、「美麗家園」、「海洋教育」（山海平原）等三類主題

・106-107 學年度：除前三類主題，再增加「生活大師」主題（維持分科分領域）

・108-109 學年度：保留數學、英文學科，其他統整並融入四類主題課程

・110 學年度：重新調整為四類主題課程與領域課程（包含國、數、英、社、自）分立之架構

　　學校整體課程架構大抵延續改制實驗教育前打造生態永續社區之目標，只是學校教育理念與四類主題課程更明確以「永續發展目標」（Sustainable Development Goals，簡稱 SDGs）為核心。學校整體課程執行策略如下：

　　SDGs 係為聯合國在 2015 年盤點全球重大議題，提出兼顧經濟、社會與環境三大面向的永續發展目標，共計 17 項目標，內含 169 個目的以及 232 項指標衡量，期能為所有致力於永續發展的行動者（包括公共和私人）提供了一個通用框架，藉以確定協同工作方向與重點，並將在 2030 年檢視各國推動成效與作為（OECD, 2019a, 2019b）。臺灣同樣正面臨各種轉變，如人口結構老年比率上升、氣候變遷影響民生及安全、智慧產業與綠色能源興起導致產業變化、青年就業率等問題，這些問題都考驗著臺灣未來世代的應變能力（教育部，2020）。個案學校的社區環境同樣面對少子化、老齡化、就業

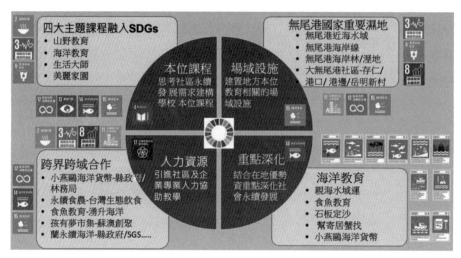

圖3　個案學校以 SDGs 為核心課程執行策略

資料來源：個案學校校務簡報資料

機會少，若期待社區能夠永續發展，那麼社區永續的必要條件則是要讓學校先存在；如果學校不存在，社區沒落將會非常快，老化速度也會更快。

在水鳥保護圈有一句話叫「今日鳥類，明日人類」，我們把它改成「今日學校，明日社區」，意思是說如果學校發展沒有辦法持續的話，那個社區大概也不用談永續發展，這與地方創生的概念是一致的（訪20210826）。

就辦學特色的成果檢視，新生人數與核定班級數之變化應該是最清楚的指標。學校在改制公辦民營實驗教育第二年（106學年度）的新生報到的額滿學校：

在新生報到前一天，在要報到的地方排好椅子，由於最多就只能收20個，所以我們就排了20張綠色的椅子。大概5張紅色的椅子，5張紅色椅子是備取。就是因為是大學區的關係，申請入學當天大概六點家長就來排隊，早上七點就額滿。後面大概有十幾位家長媽媽，

她們就跑進校長室來，其中有一個媽媽是外籍新娘，她是從馬來西亞過來的，她跟我講一句話，感觸很深，她說鄰近的學校都是六班的小校，如果這些學校都能跟岳明一樣，他們也不一定要讀岳明。（訪20210826）

該校在推動實驗教育轉型之後，連結在地特色的課程創新發揮吸引效果，班級數從 6 班增加為 10 班，總學生也從 126 人增加至 194 人（如表 2）。

表 2　宜蘭縣蘇澳鎮岳明國小 106-110 學年度校定班級數與學生總數

年級	一年級		二年級		三年級		四年級		五年級		六年級		小計	
核定數 學年度	班級數	學生數	班級數	學生數	班級數	學生數	班級數	學生數	班級數	學生數	班級數	學生數	全校總班級數	全校總學生數
106學年度	1	21	1	20	1	18	1	23	1	22	1	22	6	126
107學年度	2	40	1	22	1	22	1	19	1	22	1	19	7	144
108學年度	2	33	2	38	1	22	1	22	1	20	1	22	8	157
109學年度	2	40	2	35	2	38	1	20	1	22	1	17	9	172
110學年度	2	40	2	40	2	36	2	38	1	19	1	21	10	194

資料來源：整理自宜蘭縣教育處學務管理科公告資料
https://2blog.ilc.edu.tw/26064/2020/08/16/ 本縣 108 學年度國中小班級數及學生數核定表 /

思索「今日學校，明日社區」之意涵，我們不難理解學校與社區的共存共依的關係，若社區失去朝氣與活力，學校被廢或被併自然會得到社區死寂的結果。相反的，若學校能成功連結地方資源進行轉型

或發展特色，外來人口因就學需求或創業機會而移入社區，或經由學校課程而與社區產生更深刻的合作，這將使得地方得以重獲新生。檢視個案學校以課程與教學為核心來帶動地方創生之實際事例如下（訪20210826）：

1. 社區永續發展計畫：面對社區現況與未來產業問題，學校從結合海洋休閒運動之主題課程出發，透過教學活動來結合生態環保、觀光、旅遊，並以此逐步催化地方產業發展動能。社區吸引年輕人進駐創業，目前已開設三家衝浪店，以及一些經營 SUP（立槳）的海洋休閒運動商店。學校、協會與商店共同合作，只要參與促進會辦理的生態保育或環境教育活動，學員就可以獲得商家折扣。這些海洋休閒運動產業進駐的專業人力，個案學校衝浪課程也聘請這些在地業者擔任教練，共同支持在地特色營造。除此之外，學校實施帆船課程的地點在豆腐岬，這與整個蘇澳現推動的地方創生息息相關，行政院前瞻計畫中也已納入帆船相關發展，而豆腐岬也被規劃為全國的帆船訓練基地。

2. 孩有夢市集：宜蘭的傳統市場一直在沒落，人口的凋零和老化，這也更加速了傳統市場的沒落速度。宜蘭幾所學校老師串連起來，透過一個蘇澳的青年團體叫做「書澳創聚」，參與這個計畫的老師，他們會先帶著學生先進行傳統市場調查，讓學生去採集傳統市場店家的故事，有些店都已經開了百年了。接著讓孩子思考這些物產銷售的市場為何變小，這些思考在某些程度是可以反映孩子們對當地文化的省思。然後，讓他們到傳統市場裡面，挖掘在地的文化特色，更進一步思考怎麼樣可以讓這個市場再活絡起來？除了透過課程引導各種能力的開展，像是學會攤位設置、店家行銷設計，很自然地讓學生投入地方創生。

3. 海味便當：學習場域是以學校所在社區為中心，「海味便當」主要是透過「食魚教育」來推動海洋永續。食魚其實與孩子的生活直接相關，更可以連結整個海洋永續議題。孩子從食魚教育學會有關海

洋永續的議題後，他們把相關學習經驗來發展「海味便當」的設計，結合社區內的老人供餐計畫，該計畫與推動 SDGs 3 的社會福利與跨世代永續層面有關，雖然僅只是提供便當，但卻可以提供孫子跟爺爺、奶奶親密互動。學生們會在每個月選定一次週三，從挑選食材再到準備便當，也讓學生用手做染布來包便當，更用漂流木來做湯匙，中午送便當到長青食堂，讓孩子跟長者一起共餐與聊天。顯然，海味便當不只是打發一餐，而是有深刻的教育安排。

4. 成立國際教育基金會：學校著手推動改制為實驗中小學，在蘇澳地區參與國艦國造大型造船廠、科技廠以及地方企業等多個民間機構支持下，並同時成立國際教育基金會，規劃將以海洋探索體驗教育為主軸，除支持個案學校的學校課程發展外，基金會也將逐年投入一定比例經費，支持蘇澳地區學校共同成果，目標不只是提供划獨木舟、立槳或帆船之課程，也將納入企業領導力培育，以帶動地方產業的升級。

根據上述「今日學校，明日社區」之發展脈絡分析，我們可以看到以學校為核心帶動地方朝向「創意，創新，創業」轉變之例證。若從 SWOT 分析角度來看，我們可以清楚看見個案學校轉型帶動的社區發展優勢、劣勢、發展機會，以及學校與社區發展下一步發展所會面對的威脅，各方面條件分析如下：

1. 學校與社區的既有優勢（strengths）條件包括：自轉型公辦民營實驗教育以來，學校具遴聘教師權力，透過自主篩選與教師專業成長激勵，教師專業動能與團隊共識高；學校校舍能融合在地環境，並採用因地制宜永續建築技術興建新校舍；學校所在社區緊鄰四百多公頃水鳥保護區之天然濕地與海岸水域，具備得天獨厚的自然生態環境與學習場域；學校發展海洋主題課程之特色辦學已具成效，吸引學區以外學生就讀比例已占一半以上，學校近年發展皆處於滿額和增班狀況，更已有向上延伸至國中階段之學校改制規劃。

2. 學校與社區發展的劣勢（weaknesses）則是要面對：在地生活

機能（如食、衣、住、行與醫療）未有大幅度改變；受限傳統農、漁業謀生方式，在地就業機會少，無法吸引更多年輕人回流；學校所在社區人口老化問題嚴重，學校學生人數雖然增加，然所在社區實際居住人口並未明顯增加，促進社區轉變動能仍相對不足。

3. 近期受到學校辦學特色的能見度提升，學校與社區發展的機會（opportunities）在於：學校積極爭取學校改制爲實驗國中小，初步已獲得地方政府同意挹注興建綜合教室、添購國中部所需教學設備，以及增聘專業教師人力等各項經費；學校發展海洋特色課程，提供海洋運動專業教練工作機會，同時也帶動年輕人進駐社區開設海洋運動觀光行程商店，吸引外來遊客；透過辦學成效吸引各種捐助與計畫資源投入，學校更與在地企業與民間團體共同成立教育基金會，計畫長期支持鄰近學校發展多元特色，尋求學校發展與社區活化之可能。

4. 學校與社區發展下一步所需面對的威脅（threats）則在於：學校雖透過改制爲實驗國中小，可吸引更多家長與學生，然國中課業比國小加深加廣許多，且要面對高中升學壓力，該如何維持教師人力素質？如何合理開展以 SDGs 爲核心之海洋特色課程？又如何在基本學力以及特色發展間取得良好平衡？社區內海洋運動新創商店是否能朝更多元以及永續經營？

五　結論與建議

經濟起泡我人生幻滅，離農離土眞波折，不如歸鄉不如歸鄉，母親原諒我要歸鄉……我騎著風神 125，辭別這個哮喘的都市，……土地公土地公，子弟向您點頭，拜託拜託，把路燈全部都關掉，不必問您的子弟爲何要跑回來呀，土地公土地公，子弟向您點頭，拜託拜託，左鄰右舍該睡覺了啊，不要讓他們問爲什麼要跑回來呀，不要讓他們這麼多問……

—— 風神 125，收錄於交工樂隊《菊花夜行軍》專輯

二十一世紀的全球資本主義發展，加速產業型態從勞力密集轉向技術與資本密集，大量勞動力轉而投入非直接參與生產製造之服務業，而這種以都市生活為主的就業型態，年輕人為了謀職被迫離開故鄉，這便又進一步擴大城鄉發展差距。過去，臺灣在工業化發展階段，提供「黑手變頭家」的青年創業契機；現在，以服務為主的就業型態，不只是少了「變頭家」的階級流動空間，而失去生機的故鄉，卻也讓他們進退不得。從地方創生的角度，政府將 2019 年訂為臺灣地方創生元年，希望透過地方產業振興來提供在地就業機會，帶動人口回流，進而恢復地方生機，最後達區域平衡發展之目標。持平而論，地方創生能否成功的關鍵，除必要基礎建設外，在地特色與對應產業的連結程度，當然同樣至關重要。此外，若能再加上學校教育的轉型或創新之整體思考，地方創生才會蓄積更大的動能。

　　教育是一項漫長的工程，從在地連結來培養孩子對故鄉問題的關心與行動，個案學校推動「社區永續發展計畫」，透過學校海洋主題課程來爭取家長認同，不只讓學校發展轉向正循環的方向，同時也促進公、私協力的合作夥伴關係，讓青年創業有較穩定的利基；「孩有夢市集」不只讓孩子學習以發現問題的態度走進傳統市場，更從嘗試以問題解決的角度帶入地方創生的學習；至於「海味便當」則是結合學校「食魚課程」與「老人供餐計畫」，孩子除了透過「食魚」學習當地各季節的魚種變化，了解海洋資源與汙染問題，同時也以實際行動關心社區長者。以學校課程與教學創新為核心來帶動地方創生，個案學校的實踐做法卻也不是唯一，國內已有許多投入轉型或創新的學校案例，這些都亟待關心地方創生的人深入探究。

參考文獻

方金雅（2017）。「老師，你會不會回來？」談偏鄉教師的任用與流動。臺灣教育評論月刊，**6**：12，127-134。

王文科、王智弘（2020）。教育研究法（第 **19** 版）。臺北市：五南圖書。

王榆琮譯，神尾文彥、松林一裕著（2018）。地方創生 **2.0**。臺北市：時報文化。

王慧蘭（2017）。偏鄉與弱勢？法規鬆綁、空間治理與教育創新的可能。教育研究集刊，**63**：1，109-119。

王慧蘭（2018）。創造教育的多元生態──偏鄉教育政策與小校轉型創新。教育研究月刊，**287**，38-54。

立法院（2016a）。第 9 屆第 1 會期第 17 次會議議案關係文書。檢索自 https://lis.ly.gov.tw/lglawc/lawsingle?002003C3DAFF00000000000000000001E000000005000000^05400106112100^0004A001001

立法院（2016b）。第 9 屆第 2 會期第 8 次會議議案關係文書。檢索自 https://lis.ly.gov.tw/lglawc/lawsingle?002003C3DAFF00000000000000000001E000000005000000^05400106112100^0004A001001

行政院國家發展委員會（2019）。地方創生國家戰略計畫。檢索自 https://reurl.cc/Lbveoe

行政院國家發展委員會（2020）。加速推動地方創生計畫（**110** 年至 **114** 年）。檢索自 h https://reurl.cc/6apX3M

吳清山（2018）。偏鄉教育。教育研究月刊，**287**，146-147。

宋明順（2000a）。現代化（modernization）。教育大辭書，檢索自 https://terms.naer.edu.tw/detail/1310575/

宋明順（2000b）。工業化（industrialization）。教育大辭書，檢索自 https://terms.naer.edu.tw/detail/1302174/?index=3

林宗弘（2009）。臺灣的後工業化：階級結構的轉型與社會不平等，1992-2007。臺灣社會學刊，**43**，93-158。

林海清（2012）。少子女化的教育省思──小校整併問題探討。臺灣教育評論月刊，**1**(5)，22-24。

胡台麗（1986）。臺灣農村小型工業展的特質及其經濟文化基礎。收錄於瞿海源、

章英華主編臺灣社會與文化變遷（上冊），頁 209-232。臺北市：中央研究院民族學研究所。

高話等譯，Daniel Bell 著（1989）。後工業社會的來臨：對社會預測的一項探索。臺北市：桂冠圖書。

教育部（2017）。偏遠地區學校教育發展條例。檢索自 https://law.moj.gov.tw/LawClass/LawAll.aspx?pcode=H0070073

教育部（2020）。永續發展目標（**SDGs**）教育手冊——臺灣指南。Retrieved from https://drive.google.com/file/d/14wwNgsAG5VlzJjQiJYkYK4640ZVs0Qya/view

教育部（2021）。偏遠地區學校分級及認定標準。檢索自 https://law.moj.gov.tw/LawClass/LawAll.aspx?pcode=H0070076

梁忠銘（2019）。日本近年地方創生教育重要政策之研究。中正教育研究，**18**：2，85-107。

許添明、葉珍玲（2015）。城鄉學生學習落差現況、成因及政策建議。台灣東大學教育學報，**26**：2，63-91。

彭富源、馬任賢（2018）。小校的哀愁與美麗。教育研究月刊，**287**，23-37。

彭瑞全總編纂（2013）。蘇澳鎮志（下卷）。宜蘭縣：蘇澳鎮公所。

湯志民（2018）。小型學校轉型與創新。教育研究月刊，**287**，66-81。

黃奕禎（2020）。臺灣偏遠地區國民中小學參與社區地方創生之研究。（碩士）。國立政治大學，臺北市。檢索自 https://hdl.handle.net/11296/3v49p2

黃建榮（2016）。因應偏鄉小校裁併——實驗教育策略聯盟的可行性。師友月刊，**586**：13-18。

葉信一（2020）。「發展」還是「存廢」？在政策流轉中的偏鄉學校。教育研究月刊，**314**，53-65。

葉連祺（2017）。偏鄉師資問題與因應對策。臺灣教育評論月刊，**6(9)**，23-32。

詹志禹、吳璧純（2015）。偏鄉教育創新發展。教育研究月刊，**258**，28-41。

廖正宏（1986）。臺灣農業人力資源之變遷。收錄於瞿海源、章英華主編臺灣社會與文化變遷（上冊），頁 179-108。臺北市：中央研究院民族學研究所。

劉昆彥（2020）。地方創生成功關鍵因素探討——以台南市無米樂社區為例（碩士）。國立澎湖科技大學，澎湖縣。檢索自 https://hdl.handle.net/11296/6uvvp3

劉鎮寧（2019）。偏鄉教育問題的批判思考與政策評析。國家教育研究院教育脈動電子報，**19**，1-6。

潘淑琦（2018）。跨越偏鄉教育的孤寂　從小校策略聯盟開始。學校行政，**115**，223-249。

鄭新輝、徐明和（2018）。偏鄉小校跨校整合創新經營的另類模式。教育研究月刊，**287**，4-22。

蕭佳純、董旭英、黃宗顯（2009）。少子化現象對國小教育發展之影響及其因應對策。臺中教育大學學報：教育類，**23**(1)，25-47。

謝曼盈、張景媛（2019）。家長參與、科學學習動機與偏鄉地區國中生科學學習成就。教育心理學報，**51**：1，1-22。

魏士欽、陳君豪（2017）。以特色遊學發展偏鄉學校亮點。臺灣教育評論月刊，**6**(9)，164-168。

Cladis, Mark S. (2005). Beyond solidarity? Durkheim and twenty-first century democracy in a global age. In Jeffrey C. Alexander and Philip Smith (eds.) The *Cambridge Companion of Durkheim*, pp.383-409 Cambridge and New York: Cambridge University Press.

OECD. (2019a). *Sustainable Results in Development: Using the SDGs for Shared Results and Impact*. Retrieved from https://doi.org/10.1787/368cf8b4-en.

OECD. (2019b). *Why does the sustainable development goal on education (SDG 4) matter for OECD countries?* Retrieved from https://reurl.cc/A8K70Q

Schaefer, Richard T. (2014). *Sociology*(11th). New York: The McGraw Hill.

學校創生中教師能動性
分析

黃嘉莉

北京師範大學教師教育研究所教授

壹 前言

　　創生（revitalization），猶指地方創生，起源於日本安倍政府於
2014 年針對地方發展停滯不前、人口減少、城鄉發展失衡等問題，
提出的政策解決方案；繼而倡導學校教育配合地方創生，共同發展當
地舒適的生活與工作環境（梁忠銘，2019）。臺灣在人口出生率下
降的趨勢中，也引進日本地方創生的政策概念，期能在地方自然與
社會環境的基礎上，注入資源強化「地－產－人」關係鏈，凸顯該
地特色，以達振興地方經濟、再造地方生機、吸引地方青年回流以
及促進城鄉均衡發展的目標（國家發展委員會，2018）。臺灣地方
創生的計畫中，在教育領域中是以大學社會責任（University Social
Responsibility, USR）與營造休閒運動環境為主。如以日本地方創生
的構想，學校教育是配合地方創生的實現以及學校和地區合作發展
（梁忠銘，2019），這兩面向在臺灣是由大學來協助或促進地區發

展，中小學於此之際是相對被忽略的。再者，從此觀點來看，地區的發展為主，學校為輔；相反的，是否也有可能是學校教育發展特色，帶動地區的發展，體現雙向促進發展，而非一主一輔的單向策略之可能？也就是，中小學是否有學校創生之可能？

學校創生協助促進地方發展的可能，實有前例。例如，臺灣有宜蘭南澳與高雄前鎮草衙地區，整合在地團隊、社區和學校，針對偏鄉家庭功能不全、學生自主學習能力不佳、缺乏學習意願，提高新創數位能量。不難發現，主要發動者並非學校，更非學校教師；學校教師扮演的是支援者與支持者的角色。但是以永續發展（sustainable development）的定義來看，不僅要滿足當下的需求，同時必須滿足未來需求的發展模式，有重要的三要素：環境、社會、經濟，必須能夠協調發展（World Commission on Environment and Development, 1987）。學校作為永續發展的一環，不應只有配合的角色功能，其本身也應永續發展。學校永續發展在於釐清教育目標，透過組織再造與轉型，落實人才培育，並教育學生成為經濟發展與環境保護兼顧之社會公民（劉佳鎮，2010）。由此可見，教師在此界定中同樣是被忽略角色。殊不知除學校組織與制度外，「人」才是學校永續發展的學校氣氛之關鍵；此氣氛是一種透過人際之間互動與對環境感知的心理傾向，能影響到組織成員的認知、情感、價值、發展、滿足感、行為等（Anderson, 1982），尤其是教師的角色功能。即使學校積極進行環境教育，在學校環境上採取節省能源與綠化策略，或是在課程上實施永續發展理念的教學（宋峻杰，2019），也不應忽略教師在理念落實與課程實施上的實踐角色。換言之，教師必須能投身於永續發展理念與實踐課程，才能落實學校創生的目標。就如黃嘉莉、桑國元、葉碧欣（2020）研究某一高中教師投入校本課程革新的結果指出，教師不同程度的參與，表現狀態不一，體現教師產生積極行動受到的影響因素複雜且多元。有鑑於此，在學校此一環境內，如何讓教師產生積極的行動，展現教師能動性（teacher agency），是為本文

探究之目的。

　　學校作爲教育功能的場所，是一個具有各種角色位置和社會人際關係的空間，即 Bourdieu（1990）所稱的場域（field）。在此場域下，教師行動深受學校生態所影響。此處的生態，係指在特定場域下有著特定的條件，可與個人交換而產出行動。簡單的說，就是在特定脈絡下的行動（context-for-action），此行動受到場域的影響而非單純僅是在場域中行動（Biesta & Tedder, 2007）。由此可見，教師採取創生的行動，是與學校場域內的特定條件交織而成；那麼，這些特定條件爲何？教師個人又有哪些特徵與此些特定條件產生相互影響，最終能採取參與創生的行動？基於探究如何支持教師採取學校創生行動，勢必先分析學校場域內教師能動性的構成要素，因此，本文將從教師能動性的概念切入，理解學校中能產出教師能動性的個人與場域因素，進而構思可以加以運用的策略，以供學校激勵教師積極行動之參考。

貳 能動性概念分析

　　能動性（agency）是多種理論探究的概念，不同理論的觀點不同，探索能動性的焦點不同，其概念也隨之有差異。

一 哲學

　　在哲學觀點中，能動性與自由意志以及與選擇自由有關，係指個人是自由地去做以獲取自身想要追求的目標或價值或是重要的事物（Sen, 1985）。此行動的選擇涉及到自由意志的體現，也就是個人感知在相同環境和相似心理狀態下，個人會有多少程度的自由意志，個人意識到有多少選項是自己足以承擔，有多少選項是受到外部環境所制約，有多少選項是超越外部環境的價值所引導（Yaffe, 2000）。

多少程度的選項之判斷準則就是自由，自由爲個人的擁有物，不受到干涉或制約（Pettit, 2003）。個人能動自由（agency freedom）是個人評估各種條件後判斷而定，而判斷的要件中個人必須考量到對他人的道德意識（Sen, 1985）；甚至將道德的責難或讚賞當成是個人對自由意志的第一防線（Dries, 2015）。也就是，當個人自由選擇的行動，必須考量到的後果是自己或是爲了對得起環境的考量，這是一種忠於價值的選擇（Yaffe, 2000）。由此可見，能動性體現個人自由意志的選擇行動，就會涉及到此行動具有目的或有意圖，在外部環境的制約條件下，個人能夠理性承擔可能的後果，並以自身價值引導或對他者關係的道德意識，在可能的選項中進行選擇。因此，理性的個人、自由、選擇、道德、價值等是從哲學來看能動性的核心概念。

二 心理學

在心理學中，A. Bandura（1989）的社會認知論主張，能動性是個人經由認知、動機、情感的選擇以及判斷和決定過程，從而能控制自身行動的能力（capability）；而且個人特徵和環境內各種決定因素，都能交互影響且互爲因果作用在個人行動上，形成個人特徵、環境、行動的三元互爲因果模式（model of triadic reciprocal causation）。Wood 與 Bandura（1989）以組織管理角度驗證個人在決定上的能動性，發現能動性（個人組織表現）受到個人因素（感知自己在組織內部的控制程度、管理能力、分析思考能力、目標設定）以及組織因素（組織複雜性、任務表現標準）的交互影響，進而影響自我的管理效能感。由此可知，社會認知論的能動性，是一種不斷在個人和環境交互影響下增進自身的能力或效能感。

社會學

(一) 結構功能論（structural function）

　　T. Parsons 認為，能動性是指在社會行動中對想要或有動機達到目的的一種努力（effort），或是一種驅力（force）；因此，個人為達目的所付出努力的行動，是一種受到個人評估自己的目的、手段和行動條件下的結果（包括規範與條件狀況）（Parsons, 1937）。基於個人是理性的，其社會行動可歸納成兩種類型：一為理性自利（rational-utilitarian）行動，也就是個人基於自我利益而採取的行動；另一為非理性規範（nonrational-normative）行動，係指個人因道德或責任而採取的行動（Emirbayer & Mische, 1998; King, 2009）。個人在任何社會行動中都會受到社會價值的影響，而且個人社會行動都是一個總體，可以再細分不同單位，例如行動者、目的、情境和規範導向（normative orientation）。個人處於社會系統中，其行動的選擇相當程度受到社會規範或價值所影響，成為個人判斷採取行動的參照（Parsons, 1937）。由於個人行動受到社會文化、權力、強制力和價值影響，社會成員共享一定程度的理解，讓多數人的行動具有一致性（King, 2009）。

(二) 象徵互動論（symbolic interaction）

　　G. H. Mead（1925）認為，能動性概念包括理性選擇和規範取向行動是不適宜的，反而強調個人環境中不斷增強自身對外界事物的意識與增加選擇。這種意識是透過個人對外界的知覺以及從他人反饋而增強，Mead 稱之為社會性（sociality）。而選項的擴增則因個人在事件中，是個人不斷經過時間洗禮與迭代經驗所提取而來，是基於過去經驗和未來的設想進而體現在當下（Steven, 1967）。這種基於個人與他人互動的經驗積累，讓時間具有增進社會意義和價

值的社會性特徵；而個人基於對過去經驗的反省性意識（reflective consciousness），感知當下的因果而產出適切的回應；此種回應發生在時間流動和個人理性的鑲嵌系統中（Emirbayer & Mische, 1998）。個人能動潛能（agentic capacities）的內在建構過程以及和行動產生各種關係，是 Mead 在能動性上的重要論點。

(三) 社會文化取徑（social-cultural approach）

1970 年代後，由 A. Giddens 和 P. Bourdieu 領軍有著大量的能動性／結構兩元論辯成為社會文化取徑的焦點（King, 2009）。社會是由個人的能動性和意識所組成，但個人的行動卻不等同於社會現象；社會雖然以個人的行動和信念為基礎，卻不能化約個人為社會。就像制度和規則，都先於個人而存在，個人行動是有意識或無意識地隨從制度與規則（結構的要素還包括美德、責任等社會規範），個人行動體現再製制度規則且超越自身的信念、理解和行動，這讓在社會生存的個人都會有著相似的行動傾向，成為「差異的虛擬秩序」（virtual order of difference）（Giddens, 1984）。因而，個人行動之際，除了行動本身的產出外，同時也再製社會結構。Bourdieu 認為以個人實踐傾向的習性（habitus），雖然是「被結構化的結構」（structured structure），但卻同時也可能是「結構化的結構」（structuring structure）；無論是社會行動的習性或品味，都是維繫著階級再製，但同時存在著改變的可能（Bourdieu, 1984; Hays, 1994）。當個人在採取行動時，便是再製社會結構中的制度規則，而社會結構是潛在無聲地影響著個人行動選擇的規則，讓行動具有社會意義（King, 2009）。

(四) 批判現實取徑（critical realist approach）

批判現實取徑的能動性，以 M. Archer 主張的關係社會學（relational sociology）為基礎，認為個人是認知的、反身性

（reflexivity）、互動的，並將個人置於社會關係中；個人在互動中相互獨立且自願去運用自己的能力開展行動（Burkitt, 2016）。Archer（2000）認為，能動性就是能夠為自己且有能力去行動的狀態。社會關係中的能動性，也就是每一個人無論有無透過反身性，都能夠與他人透過關係的連結與整合行動，共同對世界產生特定影響力（Burkitt, 2016）。此概念中的關係具有持久性，它在特定場域中具有歷史、意義、義務和願景，而關係之所以能持久，乃因場域內的個人日常相互交流、談判、爭論、挑戰等互動，總是隨著時間發展而延續（Mische, 2011）。除此之外，社會關係是人們相互依賴，並共享目標和利益，同時連結個人動機而能產出行動（Archer, 2010）。在批判現實取徑中，個人所處的社會關係是多層面的，包括過去（歷史）不斷沉澱下的結構特徵、文化特徵、當下的脈絡條件、權力關係、個人與外在社會現實的關係等。

對社會文化取徑而言，社會結構是外在於個人，但在批判現實取徑中，社會結構並非完全外在於個人能動性；此乃因能動性是在個人和社會結構保持著均衡狀態中，兩造相互作用，不斷交替出現型態穩定（morphostasis）和型態生成（morphogenesis），歷經出現、交織、再定義的過程；在型態穩定和生成過程中，不僅社會結構再次作用，個人能動性也能體現，形成雙重型態生成（Archer, 2010）。其中個人能開展行動的關鍵在於反身性。反身性是一種心理能力，是個人心理運作而能意識到或認知到自身與社會的關係（Archer, 2007）；反身性也被認為是能動性的核心概念（Akram & Hogan, 2015）。反身性得以發生，在於個人能進行內在對話（internal conversation; Archer, 2003, 2007）。

(五) 生態取徑（ecological approach）

生態取徑是以 Emirbayer 與 Mische（1998）的時間框架為基礎，能動性是個人以「過去」經驗為基礎（習性），產生為「未來」的

設想（想像），並覺察「當下」環境的條件，進行一系列選擇決定的過程（判斷），從而在脈絡中體現出行動表現。在此定義下，生態取徑關注的是個人在脈絡行動（contexts-for-action）的表現狀態（Biesta & Tedder, 2007）。這是將能動性當成個人在結構脈絡中投入的品質，涉及到過去而得的習性、未來的想像、當下的判斷（Heli & Laura, 2014）。由此可見，Emirbayer 與 Mische（1998）一脈以來的生態取徑，其能動性與脈絡關係密切，透過個人對過去的體驗反思而擴展自身經驗。

由於關注脈絡中個人的行動表現，因此，個人的位置和與他人的關係，便是生態取徑的觀察對象。Bourdieu（1990）的場域理論（field theory），便描繪社會空間中各種階層位置和角色功能，是行動者在累積、交換和獨占各種權力資源（資本）的競爭中所占據的地位。場域中，個人所處位置中勢必與他人互動，從而產生各種關係，且由於此社會空間瀰漫著權力，個人與他人關係間的行動受到許多中介因素影響，場域中充滿關係性和中介性的動態體系（O'Hara, 2000）。中介因素包括抽象的認知、明確和具體的規則、相互信任的契約、表徵意義、人際氛圍等，這些載負著權力的象徵權力（symbolic power），隱形地影響個人與他人關係，進而採取行動（Battilana, 2006; Bourdieu, 1990）。相對於此場域，個人因其擁有的知識、技能和態度而居於特定位置，受到經驗法則的影響，個人所處位置會讓個人的行動具有特定傾向，即為習性（habitus; Bourdieu, 1990）。也就是，該位置早已存在的地位、價值、權力、聲望等，個人理解或覺察此位置的社會意義與價值，讓個人行動上有形表於外的規律特徵（Wacquant & Akçaoglu, 2017）。就此來看，個人在所處位置上，多少受到位置的行為規範所影響，並受此位置被賦予的權力，在行動選擇上有著特定習性的傾向。

綜上各種理論對能動性的界定與關注的焦點，本文認為能動性是個人不斷選擇與行動的歷程，隨著時間的流逝而產生不同程度的行動

狀態。個人能動性狀態深受個人和環境的交互作用結果，個人層面包括理性思考、選擇自由、動機、情感、反省、效能感、經驗、知識、技能、態度等；環境層面包括文化、價值、意義、共識、氛圍、責任、權力、信任、表徵、制度規則、規範等，此些影響因素都會在個人意識到與他人互動關係與評估當下環境條件時，採取符合個人位置角色的適切行動。由此可見，個人能動性鑲嵌在瀰漫關係性與中介性的生態場域中。

教師能動性分析

上述理論對能動性的論述，延伸至教師能動性上，本文將探究範圍集中在學校場域中的教師職位，視學校為一生態場域，教師在此場域中體現能動性涉及到個人與場域兩層次中介因素。

一 教師能動性概念

教師能動性（teacher agency）的定義，因不同理論而異。就哲學而言，教師能動性是指教師在學校中獲取自身想要追求教學目標或價值的選擇自由。簡言之，教師在學校中可以體現教學自主程度。然而，處於學校場域的條件下，「教師」的社會定位或地位，身為教師的價值與對此工作的責任道德意識，讓教師在不同面向有著不同程度的選擇，與面對不同對象的關係有著不同的道德責任。

如從社會認知論來看教師能動性，係指教師能夠控制達到教學目的的能力。此種控制能力，不僅來自於教師個人本身專業教學能力與經驗，也來自於學校給予支持教師達到目的條件，即使支撐條件有限，教師也能夠透過自身能力轉化環境條件而達到教學目的。結合結構功能論與當代社會思潮，對教師而言，與其他位置的相對關係，透過各種象徵權力或結構因素，會有著不同的行動傾向與道德責任。而

教師也如象徵互動論般，對於行動及其結果給予反省與詮釋積累，作為下次行動的選擇基礎之一。納入生態取徑觀點，再加上時間參數，便是結合過去經驗，設想未來的可能，參考當下學校條件而採取一系列選擇行動的表現。

綜合各種理論觀點，教師能動性發生在個人與學校環境之間相互作用，學校社會文化中有著使動（enable）與制約（constrain）教師行動表現的條件，例如物質環境、設備、權力關係、學校氛圍等（Eteläpelto, Vähäsantanen, Hökkä, & Paloniemi, 2013）。教師能動性係指基於學校環境的社會結構，包括使動與制約條件，信念、價值、能力，讓教師行動能夠回應當下情境需要（Priestley, Edwards, Priestley, & Miller, 2012）。因此，本文所指教師能動性，係指教師在學校場域中勢必感知到整體環境的局勢以及在場域中所處位置的條件，能夠根據過去經驗進行反省思考為當下情勢進行判斷，同時也預期未來而考量當下可用或限制條件，繼而採取回應行動。

二　學校生態中影響教師能動性的因素

教師能動性導因於個人的能動能力（例如價值、信念、權力、知識、技能等）和能動空間（例如社會文化價值、角色期待、關係網絡等）的交互作用結果（Biesta, Priestley, & Robinson, 2015）。學校場域充斥著各種變化過程，其間要素時時刻刻都在改變著，個人體驗僅能是暫時，關係也非固定不變，任何事物不僅屬於場域整體的部分，也都有其潛在意義，形成一個動態體系（Hilgers & Mangez, 2014）。因此，本文將學校場域視為一個生態，有著獨特的互動關係，可以受到個人和場域兩層次的因素影響。

(一) 教師個人層次因素

1. 專業知識與技能

教師能動性中個人所習得的專業教學知識和技能，是符合教

師職位且有能力進行教學的條件，也就是 Giddens 所稱「知能」
（knowledgeability）、Bourdieu 所稱「資本」（capital）。當行動
者有意圖地運用專業知識能力，調動自己一系列能力與行動，產出自
身所期待的結果（Bourdieu, 1989; Giddens, 1984）。專業知識能力
是一種特定社會位置所需要的資格條件，符合者方能取得該位置，實
踐該位置所欲發揮的功能（Giddens, 1984）。對教師而言，教師證
的取得便是個人公開宣稱具有執行教師工作的專業知識能力，是能動
性的個人資源，取得教師工作便具有最基本的資格（Eteläpelto et al.,
2013）。有研究便指出，在學習社群中教師的參與與投入情形，經
由與他人互動或獲得對實踐有效的知識，相當程度取決於個人的專業
知識能力程度（Pyhalto, Pietarinen, & Soini, 2015）。相對的，如果
將課程研發的工作交付欠缺專業知識能力者，則是阻礙教師能動性因
素（Sannino, 2010）。整體而言，個人會因為專業知識能力的不同，
回應脈絡行動也就有所不同（Biesta & Tedder, 2007）。

2. 認同

認同（identity），起源於象徵互動論 Mead 的觀點，是指個人在
環境與他人互動關係中對自己的認識（Beijaard, Meijer, & Verloop,
2004）。當個人知覺到自己是怎樣的一個人，可以如何成為自己
想要成為的人，繼而成為個人行動表現的誘因和動機（Akram &
Hogan, 2015），這是以個人角色為探究對象的自我認同。相對「教
師」而言，個人認為自己會是怎樣的教師，如何做可以成為自己想要
的教師。其中包括自己對教師角色的想像，還包括個人知覺到社會怎
麼期待教師應該有哪些行為表現，以及受限何種規範，這是以教師
群體為對象的社會認同（social identity; Stets & Burke, 2000）。就
依循此想法，教師認同（teacher identity）是指教師對自我角色的認
識，是指個人知覺到「教師」此一角色受到社會期待，在與他人互動
關係中，個人透過自我釐清教師應具何種表現以及自己擔任教師的實
際行為表現（Day, Kington, Stobart, & Samons, 2006）。由此可知，

教師認同不是個人穩定的特徵，是隨著環境的改變而不斷被建構，是持續變動的狀態（Beijaard et al., 2004; Day et al., 2006）。教師在自我釐清自己的角色身分時，與能動性有著密切的關係。當教師因自己的價值、經驗和信念，與當下學校或社會對他們的期待不合時，會進一步釐清「如何行動」、「為何行動」、「他們是誰」等問題後，教師便持續採取行動，因此教師認同伴隨著能動性（Duff, 2012）。相對而言，教師能動性較強者也較能自我反思和轉變教學，從而形成具有變通性且清晰的身分認同（Soini, Pietarinen, Toom, & Pyhältö, 2015）。

3. 習性

Bourdieu（1990）以習性來解釋個人認知到社會對其所處位置的認識與期待，因為有其立場與對環境的覺察，成為日常生活的行動傾向。這是一種受到外在客觀的影響，讓個人有其目的與立場，展現所處位置的知識能力條件要求，其行動具有規律性，能無意識地展現個人行動。就此而言，習性是由社會結構所決定，是歷史產物，形成所處社會中個人日常實踐的行事風格（Farrugia & Woodman, 2015）。習性是過去經驗的實踐，體現個人及其位置的社會規範與行動，讓所處位置的所有人之行動，因內化社會規範而具有一致性（Bourdieu, 1990）。就此種內化社會規範的習性，通常會是無意識地或無目的地影響個人行動，尤其是日常生活中例行行動。基於過去經驗所積累的習性，Bourdieu（1990）也提出，當外在社會給予個人機會或資源，包括權力或人際關係的改變或知識的革新等，會讓個人基於習性在面對未來時，善用其對自我與對社會認知的選擇，是有可能因而產出不同於過往的新行動。換言之，習性是社會結構下的產物，但也有可能是再創新結構的來源。就此而言，習性是能動性的中介機制，為個人所擁有（Bourdieu & Wacquant, 1992; Farrugia & Woodman, 2015）。

雖然 Archer（2010）認為 Bourdieu 的習性概念，截然二分社會

客體與個人主體且從位置概念出發，難以解釋如何將外在客體要求內化到個人主觀行動，產生結構化結構的過程，而且也忽略個人在日常生活也是有意義存在，也有個人終極關懷，非一味被社會結構所決定。Archer 因而主張從個人主體出發，更強調個人動機，包括當下的滿足、對所處地位的確立等，透過反身性審慎地思考。Archer 欲以反身性取代習性，但已有學者主張應可加以整合，運用在解釋個人開展行動的能動性表現上（Akram & Hogan, 2015）。

4. 反身性

反身性是一種個人心理力量，是以 Bhaskar（1975）的科學真實理論（realist theory of science）為基礎，也就是主張科學研究不在於事件之間的關係，而是在分析可以增強事物發展的機制（Sharrock & Tsillpakos, 2013）。Archer（2010）突出反身性此一機制的增強作用，指出反身性端視個人是否能夠有進行內在對話來審視、監督、調整習性的心理能力。反身性模式可以分為溝通反身性（相關人員群聚進行對話以確認、理解、選擇、決定共同任務）、自主反身性（autonomous reflexivity；個人自我對話以導向未來行動）、後設反身性（meta-reflexivity；個人以自身目的或道德或政治目的為標準，去評價自己和與他人過往行動的內在反省），以及斷裂或移位反身性（fractured or displaced reflexivity；個人無法善用權力或無力監督朝向目標的個人與集體行動；Archer, 2007）。這四種反身性模式可用來解釋個人不同型態的行動表現，但其核心在於個人能夠進行內心對話（Akram & Hogan, 2015）。

5. 情感或情緒

教學是情緒的、認知的、技能的實踐（Hargreaves, 2000; Beijaard, Verloop, & Vermunt, 2000）。個人的情感或情緒是能動性的重要因素，個人能動性會透過主觀情感對外在世界的建構與給予意義來源，並理解自己在外在世界的位置，與他人的關係所在，進而決定採取行動（Lasky, 2005）。也因此，當個人的反省涉及到個人的

道德觀與情感，就不能單純將反省當成如客體般存在，而要將其當成事件和當下的個人交互作用所建構的結果（Collins, 1998）。除了個人所處位置被賦予道德外，個人在社會互動關係中的情緒也是行動的助力，尤其是個人的價值與集體任務是衝突的，或個人能力無法完成任務要求，或個人企圖達到任務欠缺資源時，也能帶給個人情緒，從而影響行動的選擇（Burkitt, 2016）。傳統西方學術通常將個人當成是自主的、獨立的、理性的、反省的主體，但如關注情緒時，則通常將個人置於社會關係中來看其能動性。尤其是個人採取行動往往與其利益或信念的因果關係有關；也就是當行動目標是符合個人利益或信念，或受到鼓勵獎賞，或受到責難處罰，其能動性表現就會不同，包括正面與負面的行動（Archer, 2010; Akram & Hogan, 2015）。誠如Giddens（1991）所言，個人會因為他人而監督自身的行動，反身性的思考，都是為了維護自身在社會關係的身分與本體安全與生存。反之，當個人自認沒有能力或無法監督自身在日常生活的運作，就會產生角色身分的焦慮感或羞愧感。因此，在情緒上、行動上、道德上，個人必須能夠表現出社會所期待的表現。

(二) 學校場域層次因素

1. 象徵權力

象徵權力是負載著權力的符號，它是由場域中成員間互動主觀感知到的隱形驅動力，諸如成員的認同、盡責、行為規範、相互信賴等，能夠左右成員的思維方式或行動傾向，繼而獲得不同社會籌碼的轉換，獲得利益；但是當被宰制者未知覺到被制約時，這種制約便是象徵暴力（Bourdieu, 1990）。學校場域中成員間彼此互動，長久形成的規範，成為社會生活和行事規則影響著個人的行動表現（Lasky, 2005）。許多研究顯示，當學校變革時，往往帶來原有價值與意義的失序（黃嘉莉等，2020），除了透明的制度規則秩序外，學校中的信任關係是重要的讓教師能產生心理安全的來源，增進本體的安

全感，從而決定行動（孫志麟，2010；黃嘉莉、王淑麗、丁一顧，2020；Hallinger, Liu, & Piyaman, 2019; Imants, Merel, & van der Wal, 2020）。

2. 關係網絡

學校場域中，教師與他人（包括管理者、同儕、學生）的關係也能影響到能動性表現。誠如 Lasky（2005）所提，教師此一位置早已被賦予關懷學生的社會期待，可能潛在地影響教師個人對學生的行動表現，而自願採取照顧學生、盡專業教學責任、願意為學生改變教學模式或採用新的教學方法。換言之，教師與學生的職責，讓教師自願地做出改變。根據研究顯示，與同儕的合作關係容易影響教師調整行動傾向，重塑教師認同（Beijaard et al., 2004）。但是如果是為了爭取資源或取得更高的職位，同儕之間容易產生競爭關係，繼而影響行動的選擇（Bourdieu, 1989）。另外，領導關係的權力強度也有關，越強越容易支配教師的行動選擇（Beijaard et al., 2004）。

3. 制度規則與資源

制度規則是特定時間的脈絡下，透過不斷的迭代而形成集合體或模式，是社會生活迭代後的意義表徵，同時也是社會行為的制裁依據，早先於個人行動前就已經被決定（Giddens, 1984）。在社會生活中的制度規則，可以引導個人的行動，但相對也會阻礙改變或調整行動。除了教師的角色規範外，學校場域內也有自身的運作規則，來限定不同角色的行為、利益和認同（Bell, 2011）。因此，制度規則也往往可以用來引導教師行動。除了制度規則外，資源也是支持教師採取行動的重要因素。例如時間，學校變革過程中，教師對時間資源的匱乏感常常是讓教師變革裹足不前的因素（黃嘉莉等，2020）。

肆 學校創生中教師能動性的善用

就學校創生而言，需要能凝聚共同目標及能匯集個人行動而成學

校集體行動的能動來源（Heli & Laura, 2014）。在釐清教師能動性的界定及其與學校場域間因素後，可藉由策略的使用，將影響教師行動表現的個人和結構因素，透過掌握教師內在變化可能，激起教師主動投入學校創生。此歷程需要策略的使用，以推動改變的歷程，其間涉及個人的認知以及道德和情感的作用（Akram & Hogan, 2015）。以學校創生為題來激發教師能動性的改變歷程和策略，如下所述。

一　學校內教師行動的改變歷程

為了讓組織或機構成員透過溝通達到彼此的理解，以產出行動表現而達到集體目標，端視行動者是否能內化外在社會期待與要求。這種夾雜社會關係內在化心理歷程，即 Vygotsky 所稱的「雙重刺激」（double stimulation），也就是將特定場域中社會關係，在實際活動中經過共享與集體的記號系統（實體，第一層刺激），在個人心理內部做轉移，並成為人格及其內在新的心理結構歷程（虛體，第二層刺激）；也就是將人際心理（interpersonal）內化到個人內在（intrapersonal）心理，透過個人的實踐行動，轉化為語言等記號（sign，具有文化歷史意義），繼而成為個人意識的發展歷程（Engeström, 2007）。在此歷程中，行動、語言等具有文化歷史意義的載體，是將集體目的內化到個人心理的中介工具。換言之，透過雙重刺激的歷程與中介工具的使用，將社會集體目標內化到個人內心，以致個人採取新行動。這種帶動個人內心的轉化以臻變革成功的能動性表現，可被善用在各種組織或機構變革的任務中。

類似於雙重刺激，Archer（2003）也提出個人透過反身性和內在對話概念，主張個人有權力依據自身的信念和對集體的關懷，進行內在對話，反思自己與集體的關係，進而開展有利於型態生成的行動。型態生成的歷程，也就是：個人意識文化／社會情境條件（T1; conditioning）→與文化／社會互動（T2-T3; interaction）→文化／

社會精緻化（T4; elaboration）。學校創生將會是有別於學校原有型態，所以是一種型態互動階段（T2-T3），屬於第二層刺激，是個人意識到自己的位置應有的權利和職責，能夠監控自己在任務中的表現，評估外在期待和實際行動的可能性，進而採取行動（Burkitt, 2016）。

二 學校創生教師能動性的主要策略

學校場域中教師能動性的體現，因人而異，起於深受個人特徵和過去經驗的詮釋與理解是不同的，接受或調適場域中的方式也有所不同（Day et al., 2006）。此種對教師工作的理解與詮釋，學校場域和社會文化提供長期以來的位置與角色功能，是 Archer（2003, 2007）所指的「脈絡持續性」（contextual continuity）。社會結構的脈絡持續性，讓行動者不斷重複執行穩定或再製的關係與價值；相對而言，諸如學校創生或教育改革或新任務時，則是一種「脈絡的不穩定」（contextual discontinuity），需要新的知識或不同於過往行動才能實踐時，個人會意識到需要變革的迫切，雖然 Lasky（2005）以教師專業脆弱性（professional vulnerability）來描繪此現象，但卻也是提升自身專業知識能力或改變舊思維或舊經驗的時機。因此，學校可採取的策略包括：

(一) 學校創生共識

學校創生意味著學校原有的文化與價值秩序的改變，而此改變讓教師在學校生活中的習性面臨崩解。根據 Lasky（2005）分析中等學校課程教學變革過程中，教師能動性表現相關因素的結果指出，長期專業化歷程中，讓教師在養成專業知識能力的同時，也形塑教師認同，即使是在職教師，其教師認同也與學校教育目標是一致的。因此，教師在面對學校變革時會遭遇變革目標與其認同是否一致的問

題，進而影響教師配合變革措施的行動表現。許多針對學校變革中教師能動性的研究結果（如黃嘉莉等，2020；Lasky, 2005）指出，學校變革的目的與學生、或與學生學習、或與學生全面發展的關係能否一致，是教師支持與配合學校變革與否的關鍵。當學校變革目的和學生成長的目標是一致時，教師多是支持學校變革而體現積極的能動性表現；反之，則是消極或甚至是不參與、抵制的表現（Jafarov, Alexander, & St-Arnaud, 2012）。如同許多研究學校共享願景與價值，是以學生發展為目標，教師便容易進行有意義的對話，開展團隊的合作行動（黃嘉莉等，2020；Datnow, 2020）。因此，學校創生的願景、意義與價值，是以教師與學校共同相互理解為基礎，通過共識的凝聚，激發教師能動性。

(二) 善用矛盾或衝突

善用矛盾或衝突（一種個人表達不滿足的狀態）以及協商的機會，這是被認為有助於特定脈絡內個人基於習性的基礎上進行反身性慎思的時間點（Archer, 2010）。反身性被認為是能動性的關鍵，它是源自於社會日常生活且根源於習性內，而非受到外在於個人的條件因素所影響，同時反身性的矛盾也是個人改變的開始（Akram & Hogan, 2015）。習性和反身性概念（尤其是斷裂反身性）的搭配，可以用來解釋個人日常生活的習性在面對人際間關係的衝突或矛盾時，透過個人反身性思考自己與他人以及與脈絡的關係，進而在習性上產出革新的行動（Farrugia & Woodman, 2015）。當有矛盾或衝突時，便是集結教師們共同理解學校創生目標的契機，因此，學校對矛盾與衝突的認知應採取積極態度，從而轉化成可激發教師能動性的契機。

(三) 開展集體對話

對話的情境式機會可以是人為的或被創造出來的。對於學校創生

而言，學校可以藉由社群或集體的機會，創造一次或分次協商的時機點。集體的對話是以信任為基礎，也就是可以讓個人可以在能夠產生本體安全（ontological security）與心理幸福（mental wellbeing）的空間中，一個日常生活實踐的場域中維持著特定的社會關係，來維護個人社會認同的存在方式（Akram & Hogan, 2015）。人們總是避免在社會關係中受到威脅或羞辱，也總是以社會關係來設想自身應有的行動表現（Giddens, 1991）。換言之，當學校開展集體對話，教師的參與便是一種實現社會認同的行動方式，教師能將其想法說出，並與他人互動，讓教師身分能夠繼續維護，而非被「忘記」或「邊緣化」，這是一種讓個人擁有社會認同的歸屬感。對教師身分而言，具有情緒和價值意義以及本體安全性的保障。除了建立個人在繼續維持原有社會關係外，集體對話可以提供機會，讓個人透過溝通反身性掌握自身終極關懷（ultimate concerns），以及在他人的認同下採取行動（Farrugia & Woodman, 2015）。

(四) 提供有利資源

　　學校場域中為推進教師參與創生的變革，可以提供類似 Archer（2012）所稱的「機會的情境邏輯」（situational logic of opportunity）；也就是在任何文化和社會系統中，可以讓個人因其知識能力，提供創新、試驗、移植、精緻以產出新結果或連結目標的可能。誠如 Giddens（1984）所指個人運用個人能力來「產生不一樣」（make a difference）的能動表現時，是需要借助一些權力的運作，才能有不一樣的結果。這所謂的一些權力，不僅包括學校場域內的制度規則與規範，也包括資源的使用，諸如有無多餘時間、空間、專業成長機會，或志趣相同的同儕（黃嘉莉等，2020），甚至融洽的學校氣氛（黃嘉莉等，2020）等。因此，包括時間、空間、象徵權力、學校氣氛、關係支持網絡等，都是學校創生過程中，有利於教師轉化權力的資源。

(五) 統整制度規則

在學校創生的變革中，不可或缺的是對教師行動不斷迭代而形成制度規則。例如，將教師變革的課程內容或教學方式，納入每月或每週或每學期的課程計畫。最具代表性的課程是高中課程中的校本課程，便是一例，讓變革的課程與教學永續化。除了將教師變革行為形成制度規則外，吸引教師進行學校創生的誘因或獎勵，也是重要的可能影響因素；尤其是當制度規則涉及到利益時，教師能展現積極的能動性表現（Bell, 2011）。然而，當學校創生時，往往會為教師帶來價值與意義間的衝撞，如加上制度規則複雜或不透明，更會加劇教師對學校創生的懷疑或忽略，因此，透明的制度規則將有助於拾回教師的認知合法性（彭璧玉，2006），繼而激發教師能動性。

伍 結語

學校創生有助於為學校和師生帶來新生機與活力，並連結社區生活，擴大學生學習圈。本文認為，學校創生並非由外部環境主導而學校僅是配合角色，相反的，（中小學）學校也可以成為主導社區發展，同時帶動教師為課程與教學注入創新價值。然而，要激發教師能參與學校創生的變革，並讓學校創生能永續發展，教師必須能夠選擇、決定並採取行動。教師能動性是以行動為焦點進行研究，從哲學關注自由與選擇、心理學關注能力與效能感、社會學關注個人與社會間互動的能動性觀點可知，教師能動性也是一個多學科的概念。即使有不同理論從不同角度剖析教師能動性，但總是圍繞著個人（如知識能力、認同、習性、反身性、情緒）與學校場域（例如象徵權力、關係網絡、制度規則與資源）層次的因素。來自不同層次因素的交互影響，交織成教師採取行動或抵制採取行動為兩端的不同程度表現。從可能影響教師能動性的因素，以及促進教師開展學校變革行動的過

程，學校可以開展共識、善用矛盾或衝突、進行對話、提供有利資源、統整制度規則等策略，讓學校創生成為教師校園生活的習性，創生成為校園的日常，得以永續發展。

　　然而，本文僅是從理論與相關研究結果進行學校創生中教師能動性的分析，礙於篇幅，理論尚未深入，且無法細膩描繪教師能動性在各理論間產生的相互論辯，也難以完善學校創生變革過程中教師行動的轉變，此需要更進一步的實徵研究。

參考文獻

宋峻杰（2019）。各國踐行環境教育工作的發展面向。國家教育研究院電子報，189，取自 http://epaper.naer.edu.tw/upfiles/edm_189_3347_pdf_0.pdf

孫志麟（2010）。專業學習社群：促進教師專業發展的平台。學校行政，**69**，138-158。

國家發展委員會（2018）。地方創生國家戰略計畫。取自 http://www.ndc.gov.tw.

梁忠銘（2019）。日本地方創生政策與文部科學省作為之解析。教育研究月刊，**304**，112-125。

彭璧玉（2006）。企業衰亡的生態化過程與制度化過程。學術研究，**5**，32-36。

黃嘉莉、王淑麗、丁一顧（2020）。支持教師專業發展的學校氣氛之個案研究。臺東大學學報，**31**(2)，39-77。

黃嘉莉、桑國元、葉碧欣（2020）。十二年國民基本教育課程變革中教師能動性之個案研究：社會結構二元論觀點。課程與教學季刊，**23**(1)，61-92。

劉佳鎮（2010）。推動教育永續發展：學校應有之作為。學校行政，**68**，116-126。

Akram, S., & Hogan, A. (2015). On reflexivity and the conduct of the self in everyday life: Reflections on Bourdieu and Archer. *The British Journal of Sociology, 66*(4), 605-625.

Anderson, C. S. (1982). The search for school climate: A review of the research. *Review of Educational Research, 52*(3), 368-420.

Archer, M. S. (2000). *Being human: The problem of agency.* Cambridge: Cambridge University Press.

Archer, M. S. (2003). *Structure, agency and the internal conversation.* New York, NY: Cambridge University Press.

Archer, M. S. (2007). *Making our way through the world: Human reflexivity and social mobility.* Cambridge: Cambridge University Press.

Archer, M. S. (2010). Routine, reflexivity, and realism. *Sociological Theory, 28*(3), 272-303.

Archer, M. S. (2012). *The reflexive imperative in late modernity.* Cambridge: Cambridge University Press.

Bandura, A. (1989). Human agency in social cognitive theory. *American Psychologist, 44*, 1175-1184.

Battilana, J. (2006). Agency and institutions: The enabling role of individuals' position. *Organization, 13*(5), 653-676.

Beijaard, D., Meijer, P. C., & Verloop, N. (2004). Reconsidering research on teachers' professional identity. *Teaching and Teacher Education, 20,* 107-128.

Beijaard, D., Verloop, N., & Vermunt, J. (2000). Teachers' perceptions of professional identity: An exploratory study rom a personal knowledge perspective. *Teaching and Teacher Education, 16*, 749-764.

Bell, S. (2011). Do we really need a 'constructivist institutionalism' to explain institutional change? *British Journal of Political Science, 41*(4), 883-906.

Biesta, G., & Tedder, M. (2007). Agency and learning in the lifecourse: Towards an ecological perspective. *Studies in the Education of Adult, 39*(2), 132-149.

Biesta, G., Priestley, M., & Robinson, S. (2015). The role of beliefs in teacher agency. *Teachers and Teaching: Theory and Practice, 21*(6), 624-640.

Bourdieu, P. (1984). *Distinction: A social critique of the judgement of taste.* Oxford, UK: Polity Press.

Bourdieu, P. (1989). Social space and symbolic power. *Sociological Theory, 17*(1), 14-25.

Bourdieu, P. (1990). *The logic of practice.* Oxford: Polity Press.

Bourdieu, P., & Wacquant, L. J. D. (1992). *An invitation to reflexive sociology.* Cambridge, UK: Polity Press.

Burkitt, I. (2016). Relational agency: Relational sociology, agency and interaction. *European Journal of Social Theory, 19*(3), 322-339.

Collins, P. (1998). Negotiating selves: Reflections on 'Unstructured' interviewing. *Sociological Research Online, 3*(3), 70-83.

Datnow, A. (2020). The role of teacher in educational reform: A 20-year perspective. *Journal of Educational Change, 21*, 431-441.

Day, C., Kington, A., Stobart, G., & Samons, P. (2006). The personal and professional selves of teachers: Stable and unstable identities. *British Educational Research Journal, 32*(4), 601-616.

Dries, M. (2015). Freedom, resistance, agency. In M. Dries & P. J. E. Kail (Eds.), *Nietzsche on mind and nature* (pp. 142-162). Oxford: Oxford University Press.

Duff, P. (2012). Identity, agency, and second language acquisition. *The Routledge Handbook of Second Language Acquisition, 14*, 410-441.

Emirbayer, A., & Mische, A. (1998). What is agency? *American Journal of Sociology, 103*(4), 962-1023.

Engeström, Y. (2007). Putting Vygotsky to work: The change laboratory as an application of double stimulation. In H. Daniels, M. Cole, & J. V. Wertsch (Eds.), *The Cambridge companion to Vygotsky* (pp. 363-382). London: Cambridge University Press.

Eteläpelto, A., Vähäsantanen, K., Hökkä, P., & Paloniemi, S. (2013). What is agency? Conceptualizing professional agency at work. *Educational Research Review, 10*, 45-65.

Farrugia, D., & Woodman, D. (2015). Ultimate concerns in late modernity: Archer, Bourdieu and reflexivity. *The British Journal of Sociology, 66*(4), 626-644.

Giddens, A. (1984). *The constitution of society*. Cambridge: Polity Press.

Giddens, A. (1991). *Modernity and self-identity: Self and society in the late modern age*. Cambridge: Polity Press.

Hallinger, P., Liu, S., & Piyaman, P. (2019). Does principal leadership make a difference in teacher professional learning? A comparative study China and Thailand. *Compare: A Journal of Comparative and International Education, 49*(3), 341-357.

Hargreaves, A. (2000). Mixed emotions: Teachers' perceptions of their interactions with students. *Teaching and Teacher Education, 16*, 811-826.

Hays, S. (1994). Structure and agency and the sticky problem of culture. *Sociological Theory, 12*(1), 57-72.

Heli, J., & Laura, S. (2014). Examining developmental dialogue: The emergence of transformative agency. *Outlines-Critical Practice Studies, 15*(2), 5-30.

Hilgers, M., & Mangez, E. (2014). Introduction to Pierre Bourdieu theory of social field. In M. Hilgers & E. Mangez (Eds.), *Bourdieu's theory of social field: Concepts and applications* (pp.1-35). New York, NY: Routledge.

Imants, J., Merel, M., & van der Wal, M. M. (2020). A model of teacher agency in professional development and school reform. *Journal of Curriculum Studies, 52*(1), 1-14.

Jafarov, T., Alexander, J. W., & St-Arnaud, R. (2012). Constructing teacher agency in response to the constraints of education policy: Adoption and adaptation. *Curriculum Journal, 23*(2), 231-245.

King, A. (2009). Overcoming structure and agency: Talcott Parsons, Ludwig Wittgenstein and the theory of social action. *Journal of Classical Sociology, 9*(2), 260-288.

Lasky, S. (2005). A sociocultural approach to understanding teacher identity, agency and professional vulnerability in a context of secondary school reform. *Teaching and Teacher Education, 21*(8), 899-916.

Mische, A. (2011). Relational sociology, culture, and agency. In J. Scott & P. Carrington (Eds.), *Sage handbook of social network analysis* (pp. 80-97). Sage.

O'Hara, D. (2000). Capitalism and culture: Bourdieu's field theory. *American Studies, 45*(1), 43-53.

Parsons, T. (1937). *The structure of social action*. New York, NY: Collier-Macmillan.

Pettit, P. (2003). Agency-freedom and option-freedom. *Journal of Theoretical Politics, 15*(4), 387-403.

Priestley, M., Edwards, R., Priestley, A., & Miller, K. (2012). Teacher agency in curriculum making: Agents of change and spaces for maneoeuvre. *Curriculum Inquiry, 42*(2), 191-214.

Pyhalto, K., Pietarinen, J., & Soini, T. (2015). Teachers professional agency and learning-from adaption to active modification in the teacher community. *Teachers and*

Teaching: Theory and Practice, 21(7), 811-830.

Sannino, A. (2010). Teachers' talk of experiencing: Conflict, resistance and agency. *Teaching and Teacher Education, 26*(4), 838-844.

Sen, A. (1985). Well-being, agency and freedom. *The Journal of Philosophy, 82*(4), 169-221.

Sharrock, W., & Tsilipakos, L. (2013). A return to 'the inner' in social theory: Archer's 'internal conversation'. In T. P. Racine & K. L. Slaney (Eds.), *A Wittengsteinian perspective on the use of conceptual analysis in psychology* (pp.195-213). London: Macmillan.

Soini, T., Pietarinen, J., Toom, A., & Pyhältö, K. (2015). What contributes to first-year student teachers sense of professional agency in the classroom? *Teachers and Teaching: Theory and Practice, 21*(6), 641-659.

Stets, J. E., & Burke, P. J. (2000). Identity theory and social identity theory. *Social Psychology Quarterly, 63*(3), 224-237.

Wacquant, L., & Akçaoglu, A. (2017). Practice and symbolic power in Bourdieu: The view from Berkeley. *Journal of Classical Sociology, 17*(1), 55-69.

Wood, R., & Bandura, A. (1989). Social cognitive theory of organizational management. *The Academy of Management Review, 14*(3), 361-384.

World Commission on Environment and Development (1987). *Our common future.* Oxford: Oxford University Press.

Yaffe, G. (2000). Free will and agency at its best. *Philosophical Perspectives, 14*, 203-229.

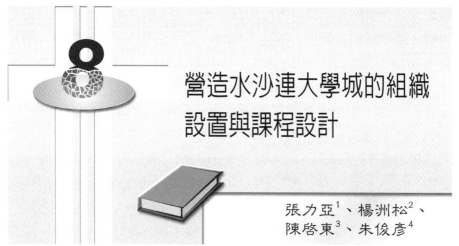

張力亞[1]、楊洲松[2]、
陳啓東[3]、朱俊彦[4]

壹 前言

　　教育是決定國家競爭力、社會發展力的關鍵要素。從傳統的農業社會、工業社會、資訊社會到近代的知識社會與創新社會，教育學習的模式也跟隨著時代變革（莊淇銘、莊錦華、莊雅惠，2016：67）。面對當前複雜且多元的創新社會，文憑不再是唯一，跨領域知識學習與應用能力的培養，已逐漸成為主流。臺大國企系名譽教授、現任誠

---

[1] 國立暨南國際大學通識教育中心助理教授、教育學院院學士班合聘助理教授兼社會組組長、水沙連人文創新與社會實踐研究中心協力治理組組長。本文通訊作者：purdue3011@mail.ncnu.edu.tw。

[2] 國立暨南國際大學教育學院院學士班教授兼教務長、教育學院院長。

[3] 國立暨南國際大學教育學院院學士班副教授兼總務長。

[4] 國立暨南國際大學教育學院「翻轉偏鄉教育的方法——建構鄉村教育協力隊網路平台與行動策略」大學社會責任實踐計畫專任助理。

致教育基金會副董事長李吉仁認為，臺灣長久以來把學歷跟成功畫上等號，讓考試領導教學，雖有不錯的成果卻也犧牲了學習動機（劉光瑩，2021：182；周景揚，2021：108），甚至以學歷為主的教育模式，配合 1960 年代以來的產業政策、都市發展模式，致使臺灣人口多往都會地區集中，其中根據筆者的統計顯示，在 2010 年 12 月至 2021 年 1 月底為止，六都（臺北、新北、桃園、臺中、臺南及高雄）人口總數從 16,050,214 人，成長至 16,397,729 人，約占全臺灣人口總數 69.5%。另一方面，行政院國家發展委員會 2018 年依據現行人口發展情境推估，未來至 2065 年將有超過 70% 的人口集中於六都，屆時區域人口分布不均的問題將更行嚴重，加上青壯年勞動力不斷的往大都市集中，將造成鄉村勞動力不足、城鄉差距日益擴大的現象產生，此亦將嚴重影響到臺灣整體的經濟發展（盧世詳，2017；行政院國家發展委員會，2018：1；張力亞，2018a）。同時間，行政院國家發展委員會（2018：2）依據人口變化率、人口規模、居民收入等因素，並考量資源運用優先順序及地區居民經濟弱勢情形，從全國 368 處鄉鎮市區中，挑選出 134 處鄉鎮區並將其列為是地方創生的優先推動地區。

面對臺灣長期城鄉區域發展不均、鄉村地區逐漸蕭條沒落的現象，位處於鄉村地區的大專院校，究竟可以扮演什麼樣的角色、發揮哪些功能，並且提供社會服務，繼而回應當前的鄉村發展課題，一直以來備受關注。值此，科技部人文及社會科學研究發展司因應這個趨勢，嘗試建構「一個良好社會，應該具備自我了解、自我反思以及願意改善」的嶄新思維，積極回應「人文社會科學研究如何落實於地方原生土壤與在地生活脈絡」的社會發展實務運作課題。2012 年底，公告徵求人文創新與社會實踐研究計畫，鼓勵各大學系統且深入地了解社會現存的重要問題與困境，透過跨領域學術研究的專業整合，期能培養具在地化特質的人文創新與社會實踐研究團隊（謝易儒，2014：12-13）。2015 年科技部人文司另提「大學與地方政府合作推

動地方人文發展與跨域治理計畫」，聚焦非六都地區，企盼藉由大學的教研學術能量，以人文發展爲核心，建立跨域治理的合作機制，落實「地方政府出題，學界解題」的政策理想（蕭高彥，2018：7）。歷經多年倡議與政策試驗，2017 年教育部以「在地連結」與「人才培育」爲核心，推動大學社會責任實踐計畫（University Social Responsibility，簡稱 USR），期能藉此引導大學以人爲本，透過調查研究與課程教學創新，從在地需求出發，輔以人文關懷協助解決區域問題，善盡社會責任，帶動地方成長動能（吳明錡，2018：62）。

　　從而觀之，臺灣面對嚴重城鄉發展不均的課題之際，不管是科技部或教育部，皆以政策引導的方式，鼓勵各個高等教育機構進行變革轉型，同時發展出以問題解決導向的人才培育模式。然而，在這波的變革趨勢中，位處於城鄉發展區域的大學，如何設計一套能夠培養具備鄉村發展意識與社會實踐力的人力資源，乃是值得關心的課題。在此，本文將以國立暨南國際大學（簡稱暨大）爲例，針對營造水沙連大學城的發展沿革、組織設置，以及 R 立方學程的規劃與執行內容進行說明，期能提供給予位處鄉村地區但致力於發展地方型辦學特色之大學一些參考建議，一同爲臺灣的入世學術尋找出入。

貳　他山之石

　　高等教育觀察者 Delanty 指出，高等教育在許多國家皆是社會公民身分的中心，大學承擔社會變遷的催化劑，不但追求文化目標，又可在某種程度融入社會。於是「大學這個詞彙在今日係指下列不同社會論述的交互連結：文化的、社會的，以及科技的。這些論述在較大範圍的社會中呈現爲支離破碎，然而在大學中卻得到連結。……大學不再擁有知識的壟斷權……是公共領域中的重要機制，藉由連結各項社會論述來對公民社會及公民身分做出貢獻」（Delanty, 2001: 895）。另社會學者 Wallerstein 也指出，「社會科學的研究者和教學

者在判斷力和責任感上，應該培養超出狹隘學科觀點的綜合能力，以成熟的智慧為這世界增添更多更美好的色彩。……知識是通過社會而構成的，這意味著更有效的知識也將通過社會而成為可能。」（引自顧忠華，2005：9）申言之，從上述觀點可以了解到，大學存在的價值與追求的目標，隨著歷史條件、社會脈絡及學術社群的特性不同而有所差別。

一　美加的經驗

面對複雜的社會發展問題，以及持續擴大差距的城鄉發展現象，大學如何應對？在國際之間已有相關案例與發展趨勢可循。特別是美加地區，2010 年左右開始推動大學社會責任的相關措施，並聚焦於永續發展的方案設計與實踐。例如哈佛大學在 2015 年到 2020 年期間，發展「哈佛大學永續發展方案」（Harvard University Sustainable Plan），強調哈佛大學的校園綠能及校園和在地互相連結，透過場域的環境共生，增進區域的生態多樣性及個人福祉，同時間也強調校內的合作與跨領域的知識交流與問題解決。企盼以校園本身作為一個教育實踐室，嘗試解決未來世代可能的永續發展課題，進而發揮大學的社會影響力（轉引自楊正誠，2019：33）。除了以校園作為社會議題解決的實驗室之外，另有許多大學開始走入地方，發展入世的學術實踐途徑。

例如位於美國的奧克拉荷馬州立大學創意與創新研究所，其所屬的創業學院指出：「大學的使命在凝聚人群、在互動中催生出創新行動，回應社會面臨的挑戰與困境。」為此，該校整合、獎助校內具有創造力與創新性的教學、研究與實踐行動，並透過生態村講座，引導在地居民針對綠建築、永續農業或生態設計等議題，組成在地團隊，提出行動方案（熊慧嵐，2013）。

另方面，加拿大溫哥華市政府結合六所大學開設社會創新與實踐

課程,也為大學與地方政府合作提供諸多的創見。該類社會創新與實踐課程的規劃,是以結合市政府官員、大學師生社群、社區民眾的社群協力方式,透過對話與方案設計,除讓學生參與行動方案,落實「以城市為教室」(The City is the Classroom)的理念;同時間也希望藉由由下而上的途徑,尋找出更多讓溫哥華朝向永續與綠色城市的社會創新方案(容邵武,2015)。

二　日本的經驗

鄰近臺灣的日本,近年同樣面臨高齡社會與少子女化,以及東京都磁吸效應,致使日本城鄉差距日漸擴大,甚至不久將來有一大半的農村、山村人口會喪失再生產的功能(增田寬也,2018:31-33)。值此,日本政府自2014年起,在安倍晉三政府任內即啟動「地方創生會議」,制定「町・人・工作創生基本方針」,並鏈結文部科學省於2013-14年推出「地方(知識)據點整備事業」(Centers of Community, COC)(總預算57億日圓);接續,2015年提出「國立大學經營力戰略」說明今後國立大學政府補助金依照大學的「任務」(Mission)區分以下三種:「地方活化的中心」、「特定領域中世界型的教學研究」與「世界最高水準的研究」(文部科學省,2015)。其中,「地方活化的中心」則具體展現在「地方(知識)據點大學地方創生推進事業(COC+)(Program for Promoting Regional Revitalization by Universities as Centers of Community)」計畫(總預算151億日圓)。COC+計畫,企盼透過大學的創新動能,與地方發展各種合作方式的模式,解決地方產業人才不足、人口減少等問題(文部科學省高等教育局振興課大學改革推進室,2015)。關於COC、COC＋的比較表,詳如表1。

表 1　COC 與 COC+ 計畫的比較

事業名稱	地方（知識）據點整備事業（大學COC事業）	地方（知識）據點大學地方創生推進事業（大學COC+事業）
事業目的	地方課題（需求）與大學提供的教育、研究、社會貢獻（供給）相互配合，以解決地方課題。	地方的大學群與地方政府、企業及NPO、民間團體的合作，推動培育地方產業自己的人才等地方未來人才的養成。
最終目標	建立以地方再生及活化地方為中心的大學。	解決年輕世代只向東京集中的問題。
成果	2013 年，342 所大學申請，51 所大學獲得補助。2014 年，246 所大學申請，25 所大學獲得補助。	在合作地方政府中，企業的就職率及創出的就業機會數。地方政府及中小企業對合作的評價。2015 年，256 件申請，42 件通過。

資料來源：文部科學省，2015。

　　日本在這一波的高教變革之中，許多位處於鄉村地區，或立志於發展成為「地方活化的中心」的大學，紛紛啟動各項教學系所、制度調整。首先，大學在招生上積極和在地的高中合作，透過不同的招生方案獎勵高中生在地就學；其次，開授與在地議題連結的通識教育或專業課程；第三，新設學部、學院，培養地方創生志向人才；第四，與地方政府合作，發展終身學習教育路徑；第五，大學研究人員直接進入地方負責規劃並推動地方創生工作。以下選三個案例加以介紹：

　　以國立福井大學為例，自 2013 年起，於通識教育課程中規劃「產業振興與技術經營、可持續的社會與環境與核能安全」三個地方議題課程，並將教育學部改制為國際地域學院，並與鄰近大學（福井縣立大學、福井工業大學、仁愛大學、敦賀市立看護大學）共同規劃與合作推動「福井地域創生士」（ふくい地域創生士 ®）的培訓課程與學習證書（陳東升，2018：23；張力亞，2018b）。

　　其次，位於四國的高知大學，基於學校周邊的鄉村環境特質，自

2014 年起新設地域協働學院，並與鄰近學校（高知縣立大學、高知工業高等專門學校）合作，推動「地方創生推進士」培育課程[5]。2015年改革人文學系，加強社會教育跟地方連結；2016 年將農學系改為農學海洋科學系，培養的人才囊括海底到山頂；2017 年將科技學系改為災難研究學系，培養因應地震災害人才。總體而言，高知大學企盼透過一連串的系所調整與教學模式的創新，逐漸成為能回應地方發展需求的超級地方型大學（Super Regional University）（劉怡馨，2018；受田浩之，2019）。

再者，以國立金澤大學為例，其於石川縣能登半島的珠洲市與珠洲市政府合作，利用廢棄的小泊小學校辦理能登學舍，輔以講座、實習與實務課題研究，培養致力里山里海區域活化的人才（張力亞，2018b）。

三　小結

從美加與日本的經驗發現，大學之於地域振興與地方創生的發展，具有重要的角色與功能。不過必須要提醒與思考的是，相關的組織與人才培育制度的設置是否完備，涉及大學領導團隊對於政策的了解程度和真實投入的程度，學校教師是否願意積極參與並且跨學科合作，地方議題課程研發創新能力和落實課程的能力，以及中央政府的資源支持和協助程度等面向（陳東升，2018：23），都是值得各個學校思考的課題。

---

[5]　地方創生推進士について，http://www.kochi-u.ac.jp/cersi/tsi/tsi_chihosousei.html

暨大營造水沙連大學城的發展沿革

　　暨大於 1995 年 7 月 1 日奉教育部核准於埔里正式設立，生根耕耘迄今 26 年。截至 2021 年為止，共有人文、管理、科技、教育四個學院，23 個學士班、27 個碩士班、15 個博士班。總計教師人數273 人，學生數 6,016 人。暨大人以「開闊、關懷、開創」的價值觀，近年藉由多項大型計畫提出「深耕水沙連，迎往東南亞」的校務發展目標，企盼達成強化人才培育、增進僑教功能、平衡區域發展、推展國際學術交流的辦學目標[6]。關於暨大營造水沙連大學城的發展沿革，如下所述。

一　暨大社會實踐連結的轉折點

　　暨大設校之初，因師資來源多屬「借調化」與「年輕化」，致使學校與埔里在地社群的連結度較為薄弱。嗣後，更因 1999 年 921 地震，引發「學校北遷」的重大爭議，造成暨大與埔里在地社群的高度緊張。幸賴後續暨大重返埔里，逐步投入在地諸多公共事務，持續與不同的地方利害關係人開展各項人文關懷與社會實踐方案，藉以回應當前地方面臨的各項地域振興與地方創生議題。例如，與新故鄉文教基金會、大埔里觀光發展協會、18 度 C 巧克力工房、交通部觀光局日月潭國家風景區管理處等合作，以桃米社區為基礎，推動埔里蝴蝶王國、埔里生活生態博物館網絡；協助菩提長青村老人照護，鏈結埔里基督教醫院、愚人之友基金會，開展社會經濟模式；參與良顯堂社會福利基金會的飛行少年的陪伴關懷；協力偏遠鄉村的數位機會學習中心方案、青年音樂人才培育；陪伴在地返鄉青年，推動青創事

---

[6]　「國立暨南國際大學設校理念」，https://www.doc.ncnu.edu.tw/ncnu/index.php?option=com_content&view=article&id=215&Itemid=359

業、紙鎮運動、友善市場、食農教育等（江大樹、陳文學、張力亞，2014）。與在地接軌的經驗過程，暨大深刻了解到：大學不能僅止於學術象牙塔內的研究，藉由在地社會的實踐參與，不僅能從中獲取教學、研究的新知識、方法，更能帶動整體學校組織學習的氛圍營造（水沙連人文創新與社會實踐研究中心，2017）。

二　埔里地區的社會發展課題

基於環境的優越性及地理位置等因素，埔里這個地區陸續吸引許多族群遷來此地棲息定居，逐漸孕育多元族群文化（山地與平埔原住民、閩、客、外省、中國少數西南民族、東南亞新移民），同時曾經提出「山之城」、「水之鄉」、「花之都」、「藝之鎮」、「健之邑」為主體的城鎮發展願景。不過，長期位居山中的生活場域，出身報導記者且擁有敏銳社會觀察力的新故鄉廖嘉展董事長，在《新故鄉雜誌》第三期〈陷落中的蓮花？〉一文中開頭即指出：「……埔里聚合了自然與人文的精華，在層層的遞變下，這番山光水景是否長遠無憂？五十年來，她和臺灣許多鄉鎮一樣，生態漸漸被破壞、社會問題叢生、政經教強權興起……埔里的花言，面臨怎樣變臉的未來？」（廖嘉展，1999：43）其中，地方社會逐漸浮現社會貧窮、酗酒、菸毒、暴力、少年輟學、青壯年失業、人口老化與少子化、教育資源不足、農地開發過度、適宜性產業發展定位與培植、環境髒亂與汙染等議題。

面對複雜的地方治理課題，皆非公、私與第三部門可以單獨解決的，反而有賴更多的專業團隊協力合作，共同加以因應。就此，設校於埔里鎮的暨南大學應可發揮學術專業，結合在地團體共同解決公共問題，並落實在地化與大學社會責任的理念。其實，早在暨大草創之初，蔡和憲先生擔任埔里鎮長時，即期盼暨大的設立可以提升在地學術教育水準，帶動地方經濟繁榮，促進社會全面進步與發展（埔里鎮

公所，1994：120）。只是，建校初期因師資來源多屬「借調化」與「年輕化」，使得學校與埔里在地社群的連結度不足。並且，期間更因 1999 年 921 大地震，引發「學校北遷」的重大爭議，一度導致暨大與埔里在地社群的高度緊張。幸賴後續暨大重返埔里，開始漸進投入在地諸多公共事務，雙方互動也日益密切。面對地方治理不彰，導致原本優質的自然人文環境條件日益崩解，埔里鎮如何促進城鎮的宜居性（livability），兼顧生態保育、社會關懷、產業活絡、文化再現以及公民參與等面向之發展，實為暨大可擔負的社會使命（江大樹、陳文學、張力亞，2014）。

三　暨大發展在地實踐的歷程

作為南投縣內唯一國立大學，如何積極地連結水沙連區域內的各個社群，協力探索各項公共議題之癥結點，創發兼顧韌性／回復力（resilience）、永續環境（sustainable environment）與利益共享（interest sharing）的創新模式（Noya and Clarence, 2009；江大樹、張力亞，2014）。暨大自 2010 年以來，即開始構思營造水沙連大學城的可能性，期間藉由向外爭取大型全校型計畫逐步嘗試推動。從2010 年迄今，歷年推動歷程扼要說明如下：

首先，100 至 104 年度執行教育部公民素養陶塑計畫，提出「水沙連大學城」理念，強調學習場域不應侷限校園，水沙連區域豐富的人文與自然資源都可供學生學習。在執行策略上，與地方組織合作經營社區講堂與社區學習據點，辦理沙龍／講座／小型工作坊；推動社會參與式學習，引領師生進入社區啟發其對地方的問題意識；另為深化社參學習，辦理微型公共獎勵計畫，以自主學習、公共參與、多元關懷三大指標鼓勵學生提出以問題解決的行動方案關注地方議題（國立暨南國際大學，2012）。公民素養陶塑計畫與「地方共伴」過程成效卓著，獲教育部評定為特色績優學校。

其次，102 至 103 年，暨大以「發展在地特色、擴展國際視野」雙核心執行第三期教學卓越計畫，其中在地特色發展核心主軸，主要以配合水沙連區域特色發展所開設之綠色環保、生態城鄉發展、在地產業鴻鵠計畫三個學程。課程內容涵蓋碳管理、環境教育、綠色生態、觀光發展、社區治理等領域，均環繞地方發展之重要課題。

　　第三，103-105、106-108、109-111 年，分三期執行科技部人文創新與社會實踐計畫（簡稱人社計畫），並以「預約水沙連的春天」、「營造水沙連大學城」、「地方創生、社群治理與大學社會責任」作為發展目標，秉持「先參與、後研究」的精神，致力水沙連宜居城鎮的轉型與治理策略之行動研究。人社計畫的推動，結合 20 餘位不同系所教師專業，藉由扎根駐點社區（桃米、籃城、眉溪）、城鎮公民審議以及社區設計三個途徑，針對水沙連地區的生態、生活、生產等議題進行行動研究，並且連結校內專業團隊與地方公共社群，陸續針對城鎮清潔、低碳社區實踐、PM2.5 空汙減量、社區防災、水資源保育、社區生態旅遊、偏鄉小學振興、長期照顧、文化保存等課題，提出各項社區設計的行動方案，逐步累積「水沙連學」的學術內容（江大樹、張力亞，2019）。

　　第四，104-105 年執行教育部特色大學試辦計畫。以「深耕水沙連，迎往東南亞」作為目標，以專業系所結合水沙連區域內各級學校、公共社團，推動區域教育、文化、藝術及產業發展。

　　第五，104-106 年「大學學習生態系統創新計畫」。暨大通識教育中心以打破大學與地方之學習邊界作為主軸，規劃 R 立方學程、設置 R 立方學堂，企盼實踐「培養知識青年返鄉的能力；營造暨大與地方共學共工的場域；設計暨大與地方無邊界的學習模式；促成暨大學習生態的改變」四項目標，進而培養具社會創新能力的留 / 返鄉青年（國立暨南國際大學，2017）。

　　第六，104.12-110 年，科技部「大學與地方政府合作推動地方人文發展與跨域治理」計畫。暨大以「橋接」（bridging）為核心概

念，建構跨校院專業教師社群，並將計畫經費視為種子基金（seed money），協力南投縣政府針對縣政發展議題，進行問題診斷、方案研擬、策略建議與行動實踐，扮演縣府智庫角色。計畫執行期間，運用縣府閒置空間，設立「暨大跨領域橋接學苑」，同時依循觀光發展、偏鄉關懷、文創經濟與跨域治理四大主軸面向，以及因應縣府的施政需求，發展出多項的產學合作計畫（孫同文、陳文學，2018：9-10、15）。

第七，2017 年迄今，以各學院知識應用，規劃大學社會責任實踐計畫。暨大於 2017 年起，因應大埔里地區的水資源循環再利用、地方產業發展、社區高齡照顧，以及鄉村兒少教育等區域發展課題，由各專業系所、學院籌組教師社群，規劃各項大學社會責任計畫。期間分別於 2017 年、2018-2019 年、2020-2022 年陸續爭取到試辦期（兩件）、第一期（四件，1C2B1A）、第二期（三件，國際連結萌芽型、特色大學深耕型、特色大學萌芽型）計畫獎助。其中 2018-2019 年提出「營造綠色水沙連：智能 × 減汙 × 循環」、「營造產官學創生共學場域：水沙連鄉村旅遊業鏈結計畫」、「建構水沙連『無老。長照』協力治理網絡──教育、共助與永續」，以及「翻轉水沙連偏鄉弱勢學習路徑」四項計畫。2020-2022 年則持續推動「地方產業創生與永續發展──南投縣鄉村旅遊深耕計畫」、「永續環境推動與人才培育計畫：深耕水沙連 × 開拓東南亞 × 邁向 SDGs」、「翻轉偏鄉教育的方法──建構鄉村教育協力隊網路平台與行動策略」等三項計畫。且在教育部的計畫補助下，陸續規劃出跨領域學分學程（如地方產業與鄉村發展學分學程暨微學程），以培養具備地方知識與社會實踐力的師生人力資源（國立暨南國際大學，2020；國立暨南國際大學，2021a）。

四　小結

綜上發展軌跡理解，暨大近年來積極透過各項教育部、科技部計畫，不僅與在地不同類型公共社群，藉由方案設計與實作過程，累積大學協力地方治理的實踐模式，更將社會實踐的知識、調查方法與實踐策略，轉化爲教學模式，發展出以杜威經驗教育理念爲基礎的「社參式課程」、「R立方學程」，以及「跨領域學士班」課程（Deway,1983；徐明、林至善，2008：27），企盼學生透過與眞實社會環境的互動，藉由面對問題和經驗的運用，輔以行動與反思的歷程進行知識的學習。

肆　創新組織設置與R立方學程

未來10年少子化問題嚴峻，每年入學人數減少可能導致部分大學招生不足面臨無法經營之困境。再加上暨大地處臺灣內地鄉鎮，生活機能與交通雖不至於不便，相較於其他地區仍處劣勢。近年來臺灣的縣市發展多聚焦於六個大都會生活圈，越來越多學生考量交通方便與生活機能，選擇北部或都會地區之大學院校就讀。南投縣發展排名也多落後於其他非六都縣市，較難以與都會相同的條件吸引中部以外縣市學生選擇暨大就讀，若此情況隨著城鄉發展落差擴大，未來招生將面臨巨大挑戰。

即便面對上述的挑戰，暨大認爲不能自外於鄉鎮發展的困境，更應起身力行，以結合在地發展的教研特色，能爲地方貢獻對策並能爲地方所用。爲此，暨大與地方必須建立更爲綿密的關係，包括大學和地方的學習資源要能相互分享、學習活動要能激發共同參與、學習成果要讓彼此受益。本節將針對暨大在地實踐的專責組織設置、課程規劃與設計兩個面向進行介紹，此將有助於通盤了解暨大對於地域振興與地方創生人才培育的作爲。

一　專責組織的設置

　　羅馬不是一天所造成的。如同臺大社會系陳東升教授所言（2018），大學參與地域振興與地方創生能否成功的關鍵，除校務主管的支持外，創新組織的設置、教學課程的規劃與執行甚為關鍵。暨大自921地震以來，校內教師陸續與地方公共社群開展各類型的行動研究、社會服務方案，不過多半是屬於個別教師的投入性質。基於與地方協力合作關係需有穩定的對話平台需求，暨大於2013年申請科技部人文創新與社會實踐研究計畫之際，於人文學院成立「水沙連人文創新與社會實踐研究中心」（簡稱人社中心），嗣後2016年改制為任務型校級研究中心。就組織編組而言，設有主任1名、另聘4位組長（環境保育組、綠活產業組、智慧學習組、協力治理組）、2名博士後研究人員，以及若干名專任助理。人社中心自2013年迄今，除執行科技部人文創新與社會實踐研究計畫，同時也負責統籌暨大各項在地社會責任實踐工作：

　　1. 扮演暨大各USR計畫協力窗口，定期召開「水沙連區域合作推動委員會」。

　　2. 負責本校高教深耕計畫D「善盡大學社會責任」項目：協力USR計畫執行團隊、舉辦「暨大USR共學活動」。協力孵化新的計畫團隊，如資工系的偏鄉程式設計營隊等。

　　3. 與教務處、通識中心規劃「USR校際共學網絡」，如策劃「東暨（東華與暨大）論壇」、簽署「中部地區八所大學社會責任實踐聯盟」。

　　4. 規劃大學社會責任與地方創生的國際連結。例如，擔任109年「臺日大學地方連結與社會實踐聯盟」臺灣窗口，與日本信州大學、福井大學簽訂姊妹校，交流地方連攜與地方創生計畫推動經驗。

　　5. 建置「水沙連區域資料庫」與出版「水沙連人文創新與社會實踐研究系列專書」，整理暨大協力地方治理發展脈絡與支持系統。

例如，2017 年《大學與地方的協力治理：方法、議題與行動設計》、2021 年《建構水沙連學：暨大人文創新與社會實踐的行動研究》。

此外，暨大爲與南投縣境內各地方政府、社區、企業、非營利組織、大專院校以及社區組織等，建立議題對話的機制。2016 年也成立「水沙連區域合作推動委員會」。該委員會係由校長擔任召集人，人社中心擔任幕僚單位。除邀請本校一級行政與學術單位主管，另邀日月潭國家風景區管理處、南投縣府、埔里鎮、國姓鄉、魚池鄉、仁愛鄉公所、非營利組織代表、企業代表、南開科技大學、若干專家學者等擔任外部委員，每學期定期召開會議，共同探討水沙連區域的各項地方治理議題。

綜上，任務型校級人社中心與水沙連區域合作推動委員會的設置，不僅彰顯暨大重視地方連結需求的程度，更創發出大學與地方協力合作對話的創新模式。這些組織創新的模式，近年也提供給予各大學推動大學社會責任計畫參考之用。

二 R立方學程與階段性成果

在營造水沙連大學城課程推動，暨大從 921 地震的生活重建經驗中發現，埔里在地許多社會問題與創新方案，都是值得師生學習的對象，因此在 2011 年執行教育部公民素養陶塑計畫之際，旋即提出「水沙連大學城」理念，強調學習場域不應侷限於校園，規劃並執行社會參與式課程方案，鼓勵教師將水沙連區域豐富的人文與自然資源轉化爲學生學習的素材，並且利用地方社區的空間辦理各類非正式的學習活動，營造學生走出校園的學習氛圍。

奠基於公民塑養陶塑計畫的基礎，同時反思各大學爲都市培養人才的慣性，因此，2016 年藉由「大學學習生態系統創新計畫」申請之際，以打破學習邊界作爲目標，且對應臺灣城鄉發展的人才培育需求與系統建構，積極規劃出 R 立方－青年返鄉創新實務學程（R^3

= Return for Rural Re-creation，簡稱 R 立方學程），期能在通識教育中心的課程中，透過跨領域課程的連結，建構一個系統化的學分學程，讓暨大學生藉由修習 R 立方學程，有機會思考返回（Return）的意義，並且務實面對以傳統產業發展爲主的鄉村型（Rural）城鎮之機會與挑戰，繼而提出創新模式或行動方案（Re-creation），據以在通識教育之中建構起新的學習生態。關於 R 立方學程的教學特色、課程內容與階段性成果，扼要說明如下：

(一) 教學特色

R 立方學程是以培養青年留／返鄉的創發能力作爲教學目的。「返回」不僅是一種口號或決定，同時也社會學家韋伯（Marx Weber）所稱的志業（vocation），它隱含著價值性的召喚（calling），甚至有某種宗教情懷上的信仰型態。內在探索成爲返回的重要課題。因此，Return 有著反省（rethink）的意義。反省大學與地方之間的位階關係，反省作爲知識分子與地方民眾的權力位階，同時也反省大學知識與解決社會問題之間的距離。反省的過程需要在地方上透過社會實踐，深根在地，並不斷地問題意識化，進而達到內在探索的層次。是以，R 立方學程必須回到社會行動的層次，透過課程設計，讓所有的課程參與者與在地的社會脈絡共同構築起來。從體驗／體檢在地的經驗與困境，進而發展問題意識，再到以實際行動嘗試去解決問題，發展出創新的面貌，它們之間是一種辯證的關係，同時也是一種互動（reaction）與互爲（reciprocal）的組合。

(二) 課程內容

以學生爲核心、地方爲本，援引四階段學習模式，並對應鄉鎮發展的四項議題，如鄉鎮生態、鄉鎮產業、鄉鎮文化以及鄉鎮社會，進行課程內容規劃，期盼打破原本以教室爲主的教學框架，強調在地方社會現場教學的經驗，並形成教學上可行的制度保障。R 立方學程的

學習架構如圖 1 所示，整體學程的課程地圖如圖 2 所示：

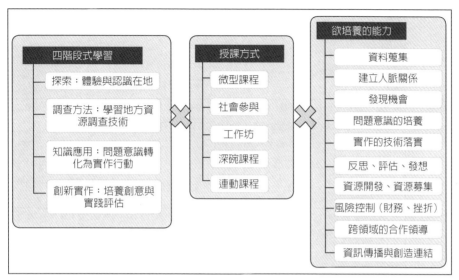

圖 1　R 立方學分學程之學習架構

資料來源：國立暨南國際大學，2021b。

　　第一、探索與校準階段：採取體驗校準、微型課程，讓學生體驗與認識南投縣在地有形和無形的可貴資產，引導其學習興趣和達到學習校準的效果，進而滋長學生的學習自主性，培養發掘、連結地方資源以及介紹地方的能力。

　　第二、調查方法階段；以社區爲場域，培訓（Retraining）學生們擁有研究鄉村的重要調查方法和技術（Research），以及辨識機會與風險控制的能力。

　　第三、知識應用階段：課程採取問題解決、社會參與式、工作坊等教學方法，透過進入實際學習場域，培養學生以鄉村（Rural）作爲發展主體的問題意識、實作能力與反身性。建構學生個人對眞實問題的思考，以及培養團隊合作的社會實作能力。

課程面向	第一階段：探索校準	第二階段：調查方法	第三階段：知識應用	第四階段：創新實作
導論	必修：鄉鎮創新與永續發展 (2) 選修： ◎地方學：文化與生態 (3) ◎地方學：族群與信仰 (3) ◎地方學：經濟與產業 (3) ◎地方學：政治與社會 (3)			
鄉鎮文化	地方達人：族群文化 (1) 地方達人：考古遺址與史前文化 (1) 地方達人：埔里工藝 (1)	環境設計提案的方法 (3) 社區藝術與社會參與 (3) 口述歷史與田野調查 (3) 地方知識建構的方法 (3)	參與式設計實踐 (3) 平埔文化保存與活化 (3)	R 立方創新實作—臺灣生態島嶼的食農教育 (3) R 立方創新實作—永續生活設計實踐之路 (3) 場域：雲風箏細活村、桃米社區
鄉鎮生態	地方達人：生態城鎮 (1) 地方達人：埔里的蝴蝶 (1) 地方達人：埔里水資源 (1)	社區保育與調查技術 (3) 水圳與環境調查 (3) 綠色工法 (3)	社區環境教育實作 (3) 國際保育事務與在地實踐 (3) 動物路殺資訊圖表 (3)	R 立方創新實作—昆蟲博物館 (3) R 立方創新實作—生物博物館 (3) 場域：木生昆蟲博物館
鄉鎮產業	地方達人：新農業發展 (1) 地方達人：初探民宿經營實務 (1) 地方達人：紙的想像與實踐 (1)	數位攝影與商業修圖 (3) 財務報表與企業經營 (3) 創客與農業科技 (3) 網路社群與多媒體製作 (3)	南投產業再設計 (3) 茶文化與產業發展 (3) 在地企業的創新營運 (2)	R 立方創新實作—地方微型創業提案 (3) R 立方創新實作—地方微型創業實務 (3) 場域：順騎自然有限公司、巷弄文旅有限公司、水田農藝術家民宿、藍屋頂民宿
鄉鎮社會	地方達人：變動中的農村 (1) 地方達人：青年的社會行動 (1) 地方達人：社會照顧非營利組織 (1)	地方公共事務調查 (3) 田野調查與紀錄片製作 (3) 社區調查與方案設計 (3) 互動學習與社群經營 (3) 媒體識讀與資訊整合 (3)	鄉村的社會照顧 (3) 鄉村長期照顧與社會創新 (3) 鄉村社會教育 (3)	R 立方創新實作—非營利組織經營管理 (3) R 立方創新實作—非營利組織經營事務 (3) 場域：桃米新故鄉基金會

圖 2　R 立方學程課程地圖

資料來源：國立暨南國際大學，2021b。

第四、創新實作階段：和地方組織合作，引導學生們進入精細範圍（Refined Range）內深度學習。學生針對鄉鎮有能力提案，透過社會創新的實作，達成翻轉舊事物（Re-creation）。R立方學程的課程內容以城鎮級議題作為主要探討的尺度，並依南投城鎮發展特色分為四個學習面向，包含生態、文化、產業、社會。

(三) 階段性成果

　　自105學年度開始，R立方學程每學年開課數從105學年度的29門，陸續成長約50多門課。修課人次也從105-1學期281人次，累積至109-2學期，共計5,993人次（詳如表2），其中37人已獲頒學程證書。此外，R立方學程學習內容，除課程外，也透過R立方學堂辦理的講座（例如R立方PLUS、鱗翅目講堂、埔里百工）、微型公共獎勵計畫，延伸學生對於鄉鎮發展議題的學習與行動熱忱。例如，資工系與教育學院的同學合作，共組「山立方團隊」，在南投地區的國中小推動無插電的程式設計社團；人文學院的同學組織團隊，透過訪談的採集，探索東南亞新住民的地方生活適應課題並出版刊物；電機系的師生實驗小水圳水力發電的實驗計畫等，為埔里注入許多新的社會創新活力。

　　另方面，R立方學程中的探索校準課程，也透過「國立暨南國際大學通識教育中心遴聘業界專家協助教學實施要點」，聘用具備地方知識的達人進入學校開授課程。此不僅可開啟專業知識與地方知識的對話，更提供地方工作者再進修學習的可能性。總體而言，暨大藉由R立方學程的規劃與執行，將大埔里各類地方議題與社會創新資源融入課程與學習活動之中，嗣後透過正式與非正式、校內與校外的人力資源、學習活動交錯安排，繼而引導師生從實作中探索、反思城鎮發展的各種可能性。

表 2　R 立方學程歷年開課數與修課人次

	105-1	105-2	106-1	106-2	107-1	107-2	108-1	108-2	109-1	109-2
探索校準	4	9	7	8	8	10	10	10	12	10
調查方法	-	-	-	-	-	-	8	13	7	10
知識應用	7	9	8	8	8	11	6	6	9	6
創新實作	-	-	2	1	-	1	3	4	4	3
開課數	11	18	17	17	16	22	27	33	32	29
修課人數	281	454	511	410	428	594	718	879	901	817

資料來源：增修自國立暨南國際大學，2021b：18。

伍　結論

　　面對整體國家人口結構變遷與區域發展資源配置不當的挑戰，臺灣如何應對？行政院國家發展委員會從均衡城鄉視野出發，參酌日本安培政府執政經驗，重新盤整以往各部會計畫提出「地方創生政策」，企盼透過擬出「企業投資故鄉、科技導入、整合部會創生資源、社會參與創生，以及品牌建立」等五項具體策略（行政院國發會，2018），帶動地方進行發展，繼而促成各鄉鎮人口回流、青年返鄉，藉以解決人口變化問題。

　　不過，前國家發展委員會主委陳美玲（2021）卻提醒著：唯有教育，地方才能創生。因為過往的臺灣傳統教育模式裡，從小學校教我們的不是認識故鄉，而是離開家鄉的方法（何培鈞、楊麗玲，2020），此模式雖為臺灣培育出許多的優秀的人才，但多數卻留在

都市發展，導致鄉村人才流失。幸好，歷經多年教育改革，臺灣現在已有 108 課綱，可讓我們透過新課綱的素養學習，讓多元的學習、不設框架的學習逐漸開展。然而，這個中小學創新的學習框架，未來如何銜接到高中、大學端，形成一種新的學習路徑。

從暨大的在地實踐發展歷程與 R 立方學程執行經驗中，我們深刻體會到，位處於鄉村地區的大學，如果能從三個面向進行學習生態系統的創新，例如，創新組織設置、與民間共享大學教學資源、發展地方志向的跨領域課程，不僅可發展出學校的在地全球化的辦學特色，更能經驗學習過程培養師生具備城鎮發展的關懷意識、行動知識與社會實踐力，甚至可扮演驅動地方永續發展的樞紐。面向未來，兼容專業知識與地方知識，且以問題導向為核心的做中學之大學教育模式與課程設計，乃是臺灣創發地域振興與地方創生，發展入世學術最具關鍵的基石，值得大家一起來努力。

參考文獻

文部科學省（2015）。国立大学経営力戦略。取自 http://www.mext.go.jp/component/a_menu/education/detail/__icsFiles/afieldfile/2015/06/24/1359095_02.pdf

文部科學省高等教育局振興課大學改革推進室（2015）。地（知）の拠点大学による地方創生について～**COC** から **COC+** へ～。取自 https://www.jst.go.jp/shincho/sympo/chiiki/pdf/51.pdf

水沙連人文創新與社會實踐研究中心（2017）。地方創生、社群協力與大學社會責任：暨大營造「水沙連大學城」續階計畫提案申請書。南投縣：國立暨南國際大學。

江大樹、張力亞（2019）。地方創生、社群協力與大學社會責任：暨大營造「水沙連大學城」的續階行動。人文與社會科學簡訊，**20**(3)，56-55。

行政院國家發展委員會（2018）。地方創生國家戰略計畫（核定本）。臺北市：行政院國家發展委員會。

何培鈞、楊麗玲（2020）。你想活出怎樣的小鎮？何培鈞的九個創生觀點。臺北市：天下文化。

吳明錡（2018）。大學社會責任之實踐。國土及公共治理季刊，**6**(1)，62-67。

受田浩之（2019）。"Super Regional University" を目指す高知大学の次世代地域創造。J. Jpn. Soc. Intel. Prod., 15(1)，8-16。

周景揚（2021）。企業淡化學力反強化大學價值。天下雜誌，**729**，108-109。

埔里鎮公所（1994）。埔里采風。南投縣：埔里鎮公所。

孫同文、陳文學（2018）。大學作為地方政府的智庫：暨南大學與南投縣政府的橋接與協力。人文與社會科學簡訊，**19**(3)，9-17。

容邵武（2015）。CityStudio：社區與官學的合作創新。**HISP** 人文創新與社會實踐電子報，**16**。取自 http://www.hisp.ntu.edu.tw/news/epapers/26

徐明、林至善（2008）。服務──學習的基本概念與理論基礎。輯於黃玉（總校閱），從服務中學習：跨領與服務──學習理論與實務（頁 19-56）。臺北市：紅葉文化。

國立暨南國際大學（2012）。全校型公民素養陶塑計畫「第二期／三期計畫」計畫申請書。南投縣：未出版。

國立暨南國際大學（2017）。**106** 年度教育部補助辦理大學學習生態系統創新計畫申請書。南投縣：未出版。

國立暨南國際大學（2020）。**2019** 年暨大社會實踐年度成果報告。南投縣：國立暨南國際大學。

國立暨南國際大學（2021a）。**2020** 年暨大社會實踐年度成果報告。南投縣：國立暨南國際大學。

國立暨南國際大學（2021b）。**R** 立方──青年返鄉創新實務學程簡介。南投縣：國立暨南國際大學。

張力亞（2018a）。社會設計的行動與未來：臺灣地方創生制度性操作模式建議。新社會政策雙月刊，**55**，22-27。

張力亞（2018b）。日本地方創生見學報告：金澤、福井與信州大學。南投縣：未出版。

莊淇銘、莊錦華、莊雅惠（2016）。第五波：現在，人類已進入「創新社會」。

臺北市：晨星。

陳東升（2018）。地方社會公共實踐的外部結構與互動機制。輯於蔡瑞明（主編），新實踐與地方社會（頁 17-52）。臺北市：人文創新與社會實踐計畫辦公室

陳美玲（2021）。美玲姐的臺灣地方創生故事。臺北市：天下文化。

楊正誠（2019）。大學社會責任發展的國內外趨勢。評鑑雙月刊，**79**，32-36。

增田寬也（2018）。地方消滅：東京一極集中が招く人口急減。東京：中央公論新社。

廖嘉展（1999）。陷落中的蓮花？。新故鄉雜誌，**3**，32-45。

熊慧嵐（2013）。Wake Up and Dream 校園共同住宅計畫：奧克拉荷馬州立大學創意與創新研究所。**HISP** 人文創新與社會實踐電子報，**3**。取自 http://www.hisp.ntu.edu.tw/news/epapers/12

劉光瑩（2021）。從校園到企業不停學。天下雜誌，**725**，180-183。

劉怡馨（2018）。大學走出象牙塔，與地方一起成長！USR 大學社會實踐，投入地方創生。上下游 **News & Market**。取自 https://www.newsmarket.com.tw/blog/111427/

盧世祥（2017）。星期專論，臺灣的人口危機。自由時報電子新聞。取自 http://news.ltn.com.tw/news/politics/paper/1111532

蕭高彥（2018）。人文司「大學與地方政府合作推動地方人文發展與跨域治理」規劃緣起。人文與社會科學簡訊，**19**(3)，6-8。

謝易儒（2014）。人文創新與社會實踐計畫之推動。人文與社會科學簡訊，**15**(1)，12-16。

顧忠華（2005）。論社會科學的開放性與公共性。臺灣社會學刊，**35**，1-21。

Delanty, Gerard. (2001). *Challenging Knowledge: The University in the Knowledge Society*. Bukingham: Open University Press.

Dewey, John. (1938). *Experience and Education*. New York: Macmillan.

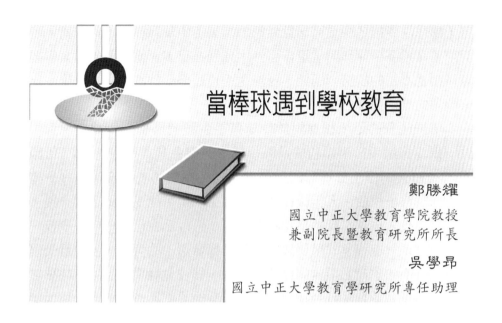

當棒球遇到學校教育

鄭勝耀
國立中正大學教育學院教授
兼副院長暨教育研究所所長

吳學昂
國立中正大學教育學研究所專任助理

壹　問題意識

　　隨著 2021 年 8 月 8 日「2020 東京奧運」的落幕，由於臺灣奧運代表隊本屆一舉囊括包含 2 面金牌、4 面銀牌與 6 面銅牌在內的 12 面獎牌，獲獎的運動競技項目大幅提升，涵蓋舉重、羽球、柔道、桌球、體操、射箭、高爾夫球、跆拳道、空手道與拳擊在內的 10 個運動項目，獲得臺灣奧運史上最多的獎牌數，也再次點燃國內運動熱潮與對相關運動賽事的積極關注（聯合報，2021）。

　　與此同時，仍有許多國人心中存有小小的遺憾，因為本屆 2020 東京奧運好不容易再次納入棒球項目，但被稱為是「臺灣國球」的棒球卻因為疫情因素影響臺灣代表隊參與資格賽的機會，因此，棒球項目無緣參與本次奧運賽事；更值得一提的是，由於臺灣三級棒球在國際賽事中迭創佳績，而臺灣棒球在 2021 年世界棒壘球總會所公布的

男子棒球世界排名中更高居世界第二，加上中華職棒的人氣鼎盛，也有許多臺灣高中棒球明星選擇旅外，分別在日本、韓國與美國大聯盟取得相當不錯的成績，因此，棒球選手也順勢成為許多中小學學生未來職業的夢幻選擇之一。

　　值得注意的是，根據對於棒球選手生涯發展相關研究發現到，同一批少棒選手後來順利成為職棒選手的機會其實不到 0.1%（伍國霖，2017），但由於棒球的高強度訓練與頻繁的賽事安排，許多棒球小球員自小學四、五年級後的正規課業學習可能受到嚴重的干擾，雖然積極投入棒球訓練與參加相關賽事，可以為自己、球隊、學校、城市與國家爭取許多的榮譽與成為職業棒球選手的可能，但一旦受傷或是表現不如預期必須離開棒球運動時，往往會發現自己除了棒球之外的基本學力並無法符合社會對其他職業的最低期待與要求。為因應上述的挑戰，中國信託慈善基金會自 2014 年起開始推動「愛接棒」計畫，除了一方面協助基礎棒球運動發展之外，更透過積極補助學生運動員營養費、球具設備更新與課後輔導費等項目，希望讓想打球的孩子能兼顧身心發展，而在生活中也能受到更多的支持與照顧；研究者有機會於 2017 年開始透過「那些年棒球教會我們的事」專案研究計畫，陪伴全臺灣 26 支少棒／青少棒的小球員，一起思考「棒球教育」與「棒球訓練」之間的差別，透過二十一世紀學習框架中「基礎知識」、「後設知識」以及「人文知識」（Kereluik, Mishra, Fahnoe, & Terry, 2013），結合六大心理能力與七大非認知能力，藉由基金會與中正大學的合作規劃，一方面在課程設計上規劃如何透過棒球情境來協助數學學習，另一方面則在教學互動中營造情境如何透過數學學習讓棒球打得更好，並先經由落點測驗找到球員數學的學習迷思與非認知測驗找到提升球員心理素質的著力點，再經由棒球情境化的數學教學模組與棒球教育的非認知能力強調，勾勒出棒球與學校教育的美好邂逅，希望讓所有參與棒球運動的學生運動員都可以同時擁有「良好的身心素質」與「用頭腦打球」。

當棒球遇到二十一世紀學習框架

如同十二年國民基本教育 108 課綱所提及的「核心素養」（Key Competence/Literacy）包含知識、技能與態度／價值三大面向（鄭勝耀 & Jacob，2015；2018），Kereluik、Mishra、Fahnoe 及 Terry（2013）也提出二十一世紀最重要的學習框架中，將學習分爲三個面向：基礎知識（Foundational Knowledge/To Know）、後設知識（Meta Knowledge/To Act），以及人文知識（Humanistic Knowledge/To Value）（詳如圖 1），並進一步將「基礎知識」分爲核心內容知識（Core Content Knowledge）、跨領域知識（Cross-disciplinary Knowledge）與數位／資訊能力（Digital/ICT Literacy）等三類，「後設知識」則分爲創造與創新（Creativity & Innovation）、問題解決與批判思考（Problem Solving & Critical Thinking）及溝通與合作能力（Communication & Collaboration），至於「人文知識」則分爲文化素養（Cultural Competence）、道德與情感知覺（Ethical/Emotional Awareness）及生活／工作技能（Life/Job Skills）；「基礎知識」（To Know）較偏向核心素養中的「知識」，「後設知識」（To Act）較偏向核心素養中的「技能」，而「人文知識」（To Value）較偏向核心素養中的「態度／價值」。

在「基礎知識」方面，本研究將 Kereluik（2013）等人所提到的「基礎知識」聚焦在核心內容知識（Core Content）上，其中包含了學科知識等內容。在有關提供弱勢學童在充足學科知識方面，我國公部門方面先後透過 2006 年的〈攜手計畫——課後扶助計畫〉、2008 年的〈夜光天使點燈計畫〉、2010 年的〈數位學伴線上課業服務計畫〉與 2013 年的〈國民小學及國民中學補救教學實施方案〉等政策，嘗試透過補救教學等方式弭平因文化、貧富與城鄉因素所造成的資源落差，期許經由課後學習輔導的正向學習經驗，讓弱勢學生轉「弱」爲「強」。不過，更值得注意的是，由於「典型」的弱勢學生與「典

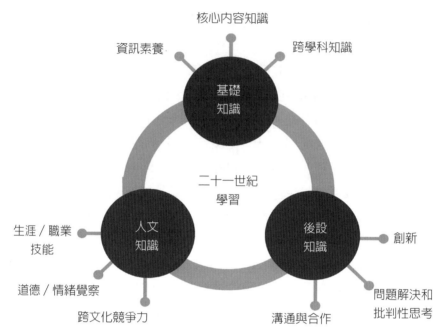

核心內容知識

資訊素養　　　　　　　　跨學科知識

基礎知識

二十一世紀學習

生涯／職業技能　　　人文知識　　　　後設知識　　　創新

道德／情緒覺察

跨文化競爭力　　　　　　溝通與合作　　問題解決和批判性思考

圖1　二十一世紀學習框架與能力（引自 Kereluik 等人，2013）

型」的課後學習輔導一直反覆在「主流族群善意」下持續運作，弱勢學生的「真實需求」並未真正被重視，未能營造弱勢學童正向的學習經驗，也往往讓課後學習輔導面對成效有限的挑戰。

　　然而，國內補救教材缺乏統整性的補救教學模式，也缺乏相關的補救相關資源或教材。鄭勝耀（2010）在研究中也指出，目前眾多的補救教學計畫中，如何「使學習和教材有意義」、「維持強烈的學習動機」與「建構適宜的鷹架幫助學生成功適應原班的學習」等面向仍待繼續努力，以求真正找到弱勢學生的需要。鄭勝耀（2012）將數學補救教材朝向弱勢學生的需求，積極協助找出孩子學習上的困境與迷思的問題點，再針對其困難點進行補救，有系統建立專業的補救教學模式，才能提升弱勢學生整體的數學學習成效。

　　在數學學習上，其數學概念是持續建構，一個概念和另一個概念

之間前後連結也環環相扣。此外，數學具有邏輯性的知識，若學生在起點的數學概念未被建立，其後學習到的數學概念反而不易連結，甚至造成他們在學習數學上的恐懼感與焦慮感。因此，過去中正大學在數學補救教學資源的研發上，投入相當多的心力，不管從蒐集學生常見的迷思概念、閱讀文獻或蒐集現場教學反應等回饋，最終目的在於提供弱勢學生另一個學習的鷹架，以實踐「把每位學生帶上來」的理念。

除了有關核心內容知識等基礎知識面向外，有關「後設知識」與「人文知識」的能力培養也是影響學習框架的重要面向。上述兩項當中有關生活／工作、情緒認知與溝通合作等能力的定義與評估，過去也有相關研究提供可參考的做法。像是有關兒童或青少年的基本能力方面，Martin Bloom（2009, pp.1-2）認為課後計畫中應培養的青少年基本能力（individual competencies of the Youth）宜包括下列幾項：Freud 所提及的「工作」與「愛人」（to work and to love）、Adler 所強調的「為他人服務」（serve other human being）、Erikson 所主張的「玩」（play）、Piaget 所提倡的「思考」（think）、Danish 所重視的「善待自己」（be well）、Gullottta 所增加的「對他自己所處與所珍視的團體有所貢獻」（to make meaningful contribution and thus to belong to, and be valued by, some specific group），詳如表1。

由於兒童或青少年是否能對於未來有良好的規劃及發展，其相關之社會心理能力將是相當關鍵之因素。在本研究中，為了解計畫對象是否於各項能力上有正向的提升，以作為計畫成效之呈現，將以此六大社會心理能力為基礎，建置相關的觀察或訪談構面，並進一步觀察「愛接棒」計畫參與對象的基本能力狀態變化，來作為此計畫是否能有效幫助到參與計畫的弱勢兒童。兒童或青少年對於未來能否有良好的規劃及發展，除上述六大社會心理能力外，如何使孩子成功，更要注重孩子的人格特質發展。王若瓊、李穎琦（2017）提到童年經驗對孩子未來的形塑有些關鍵性的影響，這些關鍵性影響包含了恆毅

表 1　5 歲至 12 歲青少年應具有之社會心理能力（Bloom, 2009, p.3）

能力別	適用青少年的操作型定義
好的「工作」能力，並對某一團體有所貢獻	完成應負擔之家務。 有可能完成少量收入的非家庭內工作。
好的「遊玩」能力	可以自在地獨自或與朋友一起遊玩。 認識遊戲的規則與遊戲中所扮演的角色，並能示範給他人。
好的「人際」能力	能夠擁有好朋友。 能夠與某些團體建立良好關係。 擁有自信。
好的「思考」能力	能夠使用符合個人年齡的問題解決能力。 能夠擁有個人的主見。 保持個人的道德與價值觀。
好的「服務」能力	能夠獨力完成適合個人年齡的任務。 對待他人能夠展現與年齡相稱的關心。 能夠以志工的身分扮演服務他人的角色。
好的「生活」能力	能夠保持健康與適當的睡眠。 能夠參與學校相關或學校之外的活動。 能夠拒絕與年紀不符的不當行為，如毒品、酒與性行為。

力、自我控制、熱忱、社會智能、感激、樂觀以及好奇心七項非認知能力（詳如表 2）。

　　非認知能力的養成即是「品格」的養成，培養孩子擁有良好的品格，即是教育最大的目的。並且兒童或青少年是否能對於未來有良好的規劃及發展，其相關之社會心理能力將是相當關鍵之因素。為了解支持的對象在各項社會心理能力上的狀態，來作為計畫未來支持的面向，本研究將以此六大社會心理能力為基礎，透過已建置的量表工具了解孩子在棒球隊學習六大社會心理能力狀態，並探討是否能從中培養孩童人格發展的七大非認知能力，作為成長評估之依據。除了未來提供支持外，量表工具所蒐集到的能力資料也可作為未來評估計畫效益的基礎。

表2　孩童人格發展七大非認知能力（整理自王若瓊、李穎琦，2017）

非認知能力	操作型定義
恆毅力	在正面或負面之情境下，對於本身所擔任之職務及負責之工作持續一定程度的完成要求，而不放棄本身應完成的工作。
熱忱	對於本身想完成的目標或事物具有一定程度以上的動機，並同時具有正向之情緒。
感激	對周遭給予本身幫助或正向支持的他人或事物抱持感謝的態度，並珍惜周遭提供正面情緒的人事物。
好奇心	對於外在新穎的資訊或事物抱持著想了解的動機。
社會智能	本身的行為或態度符合社會或情境當下的規範或風俗，並能依情境的改變適當調整行為。
自我控制	能遵守情境當下之規範或社會共同訂立的規定，不因本身的情緒而做出違反規定之行為。
樂觀	在負面的外在環境下，能做出讓情境導向正面結果的思考。

參 研究設計與實施

　　研究者於2018年進行了解目前棒球對學生課業與學習現況之前導研究，並與中國信託慈善基金會「愛接棒」計畫合作，選擇「愛接棒」計畫資助之四所學校，包含三所少棒及一所青少棒球隊。調查資料蒐集方式則藉由研究團隊與相關協助者到校實際觀察課輔運作，同時和學校教練、教師等人員進行訪談並記錄，來了解球隊學生訓練時間配置，以及學業知識學習扶助情況。而其中對於現有棒球隊課輔現況的了解面向，以及比較與一般教育部學習扶助或民間單位課輔方案相異之處，則由陳淑麗（2008）調查課輔現況之問題，以及鄭勝耀（2010）對於成功補救教學的重要因素之研究結果，擷取以下幾個調查面向：(1) 課輔配置，包含課輔時間、課輔班師生比等狀況；(2) 教學者狀態，包含課輔師資來源、是否具專業知能；(3) 學生學力狀

態，包含學生實際程度與原年級落差、學生程度異質性；(4) 課輔教學情況，包含教學內容、使用媒介等；(5) 學校或課輔教學者對於課輔的支持。

由於上述幾個面向除了學生整體學習成效外，亦為影響學習扶助之重要因素及問題，本研究也希望藉由介入方案的設計來了解學習扶助或課業輔導的轉變歷程，以比較並達到提供效益的目標。效益比較則參考謝佩容（2006）的課輔轉變歷程之概念，包括 (1) 課輔計畫參與者的自覺；(2) 課輔計畫參與者間的角色衝突與妥協；(3) 課程結構及課輔過程的改變。

而經由前導研究了解目標各校的實際狀況後，本研究希望藉由提供學校內課輔的執行活化，以及學校外其他棒球教育脈絡的介入方案設計，來達到整體棒球教育的課程與教學活化。而根據 Otto、McMenemy 與 Smith（1973）的研究所提到成功的補救教學應遵循 10 項原則，學校內課輔執行的活化設計將著重在「根據學生的學習程度教學」、「使學習和教材有意義」、「建立成功的經驗」等主要因素；學校外其他棒球脈絡，像是比賽或其他活動的介入，則參考 McVarish（2008）在其研究的原則，以相關活動讓學生藉由問題解決、溝通、表達，讓學生運用知識完成任務或競賽的方式，來活化並緊密在棒球訓練與知識運用之間的關聯。

在有關協助棒球隊學生習得知識與運用知識的過程中，則參考 Glaser（1962）之基本教學模式之過程，從了解學生的起點行為開始，到訂定合適的教學目標與相應資源、進行符合學生需求的教學活動，以及透過教學評量了解學習的情況，仍是協助球隊學生學業知識發展的重要環節。因此在介入方案亦參考其模式，並在各環節中活用球隊與球員的生活脈絡與特性，重新思考、設計評量及課程內容。

一 了解學習起點──學生的「數學體檢」

　　為了解學生的起點行為及學習癥結點，並提供後續適當的教學介入，協助方案以 Cheng（2016）所建議的「複診教學」模式，針對中國信託「愛接棒」計畫資助之學生每年進行一次「數學體檢」，透過每學年初數學科落點評量的執行，了解學生在國小數學概念的理解情況與實際產生癥結點之迷思概念。落點評量架構上參考教育部（2016）所訂定之補救教學基本內容，由當中各數學概念指標之相對關係（例如分年細目 4-n-13 為 3-n-13 的後續學習概念，代表 3-n-13 為 4-n-13 之先備知識），研究團隊將基本學習內容的先備知識、後續學習概念的關係以知識節點的方式進行概念的連結，並將各概念以主題分為整數、分數、小數、時間、圖形等 13 個主題。測驗題編排方式則是以分各主題跨年段的評量，以概念錯誤則下修至其先備知識之評量來找到學生主題內的學習癥結點，定位學生各主題的起點行為（詳如圖 2 與圖 3）。

　　而除了以主題式評量的架構診斷學生起點行為之外，落點評量的內容也與球隊訓練和比賽情境結合，將基本能力與生活脈絡之間進行關聯。例如在時間量計算的主題：

　　「現在是下午 1 點 25 分，待會在下午 3 點 10 分要開始比賽，請問距離比賽開始還有多久時間？」

　　上述題目為國小四年級時間量複名數加減的概念評量，其測驗題的脈絡即與比賽情境進行結合，一方面使學生能在過程中較投入評量的情境，同時也讓學生了解到知識學習的重要性並非與生活脈絡無關，進而重視相關學業知識的學習。經上述的「數學體檢」模式執行，研究團隊於 2018 年於四所「愛接棒」計畫資助學校（三所國小、一所國中）試辦落點評量後，並進一步在 2019 年將評量對象擴展至

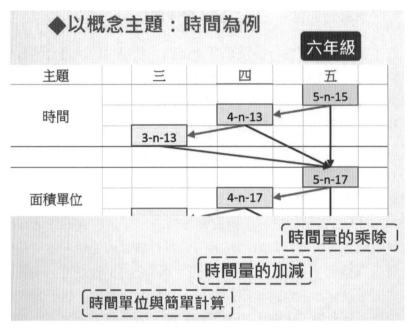

圖 2　數學落點評量評估模式（以時間概念為例）

數學科落點個別化分析表

學校	○○ 縣－○○ 國小
姓名	張 ○○
年級	六
評量時間	2020 年 9 月

主題	概念	年級			教材	教學影片	練習題	學具
		三	四	五				
整數	數概念	×	×	--	一萬以內的數	一萬以內的數	萬以內的數	--
整數加減	加法直式	○	×	--	大數加減	大數加法	大數加法	
	減法直式	○	○	--	--	--	--	
整數乘除	乘法直式	○	○	○	--	--	--	
	除法直式	○	○	○	--	--	--	
	除法列式	○	--		--	--	--	
整數	應用問題解題	○	×	×	兩步驟應用題 與 低式	兩步驟 應用問題	兩步驟 應用題	--

圖 3　學生個別化診斷分析表

所有「愛接棒」計畫資助學校之國小四年級及至國中三年級學生，108、109 學年度針對 26 校共 571 位、678 位學生進行診斷，診斷後並提供學生個別化診斷分析表予學校人員，作爲學校課輔訂定教學目標與安排教學活動之參照依據。

二　訂定教學目標──學生程度高異質性之因應

雖然在了解學生實際學習狀況上，可經由數學體檢協助評估並提供診斷分析表予學校課輔端安排後續教學活動，但陳淑麗（2008）亦在調查弱勢學生課輔現況研究當中提到，學生異質性太高爲課輔執行的主要問題。因此如何因應學生程度高異質化情況妥善安排各次教學內容及目標，也是如何藉課輔有效幫助學生學習的重要因素。

爲了因應上述教學安排的挑戰，同時因學校無法完全將課輔時間全數投入在癥結點的排除，仍需顧及學校現有進度的作業完成與學習。本研究團隊在介入方案提供學校端的教學建議當中，除了提供以學生個體爲單位的個別化診斷分析表之外，也進一步彙整學生整體情況，藉由本研究依據教育部（2016）之基本學習內容彙整而成的數學概念知識節點架構來對學校教材現有學習單元的解構，提供由學生年級爲單位，並以學生實際學習問題點搭配現有學習單元進度之「落點診斷班級分析表」。

以圖 4 爲例，其課輔班級診斷分析表左側區域係對單一年級在學期當中需習得的教學單元，其右則是在經過單元教學概念的解構後，找出其概念之先備知識有哪些，再帶入該年級球員在這些先備知識的學習情況，以彙整出這學期可能需補足的先備知識，進而安排課輔可共同教學的內容及時程。而以此模式參考安排教學內容及目標的優勢在於，在現有進度教學前可先在課輔時段預先就其先備知識提供教學協助與釐清迷思概念，若學生能在日間課程進度前先補足與其有關的先備知識，也能有效降低學生在現有進度學習的挫折感並提高其學習

自信。此外，藉由先備知識與現有進度的搭配，也可有效降低與現有進度關係較低的先備知識在教學後卻因學生吸收現有進度概念干擾而遺忘先備知識的情況。

中信愛接棒 - 那些年棒球教會我的事　1092 學期數學科落點診斷班級分析表（OO國小 五年級，版本 H）

單元順序	單元名稱(對應指標)	該單元先備知識			待協助人數	待協助名單(全部12人)	教學資源			
		年級	指標	主題			教材(師)	教材(生)	教學影片	練習題
1	分數(5-n-08)(5-n-09)	三	3-n-11	分數加減、認識分數	8	豐OO、沈OO、郭OO、李OO、鄭OO、張OO、李OO、莊OO	認識分數	認識分數	分數的概念與比較	認識分數
		四	4-n-07	整數相除之分數表示	7	豐OO、沈OO、鄭OO、郭OO、陳OO	整數相除的分數表示	整數相除的分數表示	整數相除的分數表示	整數相除之分數表示
		四	4-n-08	真分數、假分數與帶分數	6	鄭OO、郭OO、李OO、鄭OO、張OO、莊OO	帶分數、假分數轉換	帶分數、假分數轉換	分數的轉換	分數的轉換
2	長方體和正方體的體積(5-n-20 體)(5-n-19)	三	3-n-18	平方公分	2	鄭OO、鄭OO	面積單位-平方公分	面積單位-平方公分	平方公分	面積概念
		四	4-n-18	長方形與正方形的面積	9	豐OO、沈OO、鄭OO、張OO、郭OO、李OO、鄭OO、李OO、莊OO	長方形與正方形面積	長方形與正方形面積	四邊形周長與面積	圖形周長
		四	4-n-19	立方公分	4	郭OO、陳OO、鄭OO、李OO	「體積」的概念	「體積」的概念	體積的計算	認識體積
3	容積(5-n-21)	三	3-n-15	毫公升、公升	4	豐OO、鄭OO、陳OO、李OO	公升與毫公升	公升與毫公升	容量俗名與加減	容量單位

圖 4　落點診斷班級分析表

三 教學設計——活化學習的棒球課程與多元教學媒介

(一) 不同教學資源與學具操作的引入

由於教學活動需藉由相關素材及媒介來帶入數學概念的呈現方能操作，藉由例如資訊科技呈現等不同教學素材或媒介也能在數學科提供學習困難的學生一定的學習效益（陳佩秀，2018）。因此在介入方案提供予學校端的教學建議上，本研究也考量到提供不同呈現方式的教學資源與媒介，於 2019 年提供學生個別化診斷分析表的同時，也結合了包含教學影片、與棒球情境相關的練習題等，以供不同方式的教學活動使用。

而有鑑於數學教學當中融入具體表徵也能幫助學生在數學概念的理解（洪郁雯、楊德清，2006），以及了解到球隊課輔教師並非皆為一般師資培育訓練後之教師所擔任，有的可能是球隊本身的兼任教

練，有的可能是社區家長或是居住於鄰近地區的大學生，其在數學概念的理解與教法相對較不熟悉。因此本研究於 2020 年 9 月提供學生個別化診斷分析表的同時，更進一步加入了教育部基本學習內容教材，以及建議可搭配的教具等，希望藉由不同表徵的呈現或操作，來激發學生對於數學概念的不同思考面向。

(二) 邀請專業協助者定期到校

在進行前導研究了解學校球隊課輔執行情況後，發現部分學校位處偏鄉，課輔師資不易尋覓，通常僅有一位師資來帶領整個球隊約 20 至 30 人之課輔，課輔內容也多以完成現有學校進度的作業為主。因此在課輔的運行上，教學者無法顧及大部分學生的學習狀況，也無法在學生真正概念有誤的先備知識提供協助，再加上部分師資並未受過專業的教材教法訓練或學習扶助培訓，通常只能相對消極地完成部分作業內容，無法真正有效地針對學生的學習提供扶助。

有鑑於各校球隊上述所遭遇的執行困難，包括無法有效依程度分組教學、部分擔任課輔教師人員之教學知能尚有不足的問題。本研究自 2020 年 3 月起至 6 月止共邀請 4 位專家學者至北部、中部、南部及東部等 6 校進行 18 次定期到校協助，目的在於提供相關執行或教學建議，協助改善原本學校課輔端在執行上較為困難之處。2020 年 9 月起也延續此執行模式進行共 26 次定期到校協助。邀請之專家學者皆具擔任縣市數學輔導團成員等經驗，在國小數學的教材教法及學習扶助的執行上亦有許多協助課輔運作之心得。

而到校協助的過程中，協助者除了釐清課輔教學者在概念教學當中可能使學生產生誤解的教法，同時在教學內容當中也協助在原本的紙筆或板書教學之外，帶入部分的學具操作。一方面藉由學具操作的方式使學生提高參與課輔的動機，另一方面也在概念教學上帶入不同的媒介與表徵，使學生能以不同面向的思考來理解其數學概念。對於學校端課輔之運作，也共同提供了一些運作上的建議，包括將課輔班

級配置以分年級或分組的方式來運作等。

在共同提供建議的內容外，協助者也針對各個學校的狀況，來提供活化學校課輔運作之內容，包括直接安排一至兩節教學演示供學校課輔端參考、協調相關教師專業培訓到校供教師精進教學、於師資缺乏之學校協助媒合課輔師資等。

(三) 中信盃「棒球金頭腦」闖關活動設計

在棒球與數學結合的過程中，介入方案同時與中國信託慈善基金會合作，將知識層面的學習也帶入「愛接棒」計畫所規劃的活動當中。其中在「愛接棒」計畫資助學校的年度重要活動「中信盃全國棒球錦標賽」，便於賽後的夜間時段安排「棒球金頭腦」闖關活動，將知識的學習與表現也帶入球賽的環節中。

2019 中信盃青少棒球賽之棒球金頭腦活動，便有其中一個關卡設計為棒球九宮格與因數概念所結合之「因數球」關卡，學生以投棒球九宮格的方式投中因數個數較多的數字來計分，投中之後亦需說明其數的因數有哪些才能得分，為一棒球技巧與知識需並重才能取得獲勝之關卡。而 2020 中信盃所安排的金頭腦活動則是使用數學遊戲搭配棒球情境所設計，依其年級分為國中組及國小組各 4 題之題目，讓球員們使用加、減、乘、除等常見的數學運算方法理解情境題目進而解題，在每題有限的時間內藉由各球隊團隊合作內分為 4 小組循序進行闖關活動，以解題成功前進最多關卡者積分越高。主題包含乘除計算、長度單位換算及應用情境列式解題等內容（示意如圖 5）。

情境介紹：為了這一年一度的地區冠軍賽，教練要求球員從現在開始都要多練習
　　　　　節奏間歇跑與折返跑，以提升運動員的肌耐力與反應力，現在就來想
　　　　　一想怎麼規劃運動員的練習計畫吧！

下圖為哈哈棒球場內野，本壘至一壘、一壘至二壘、二壘至三壘、三壘至本壘，
皆相距 1830 公分。

第一階段的練習計畫以節奏間歇跑為主，每天要完成本壘至一壘，來回跑 3 趟，
請問總共跑了幾公尺幾公分？

（學習重點：一趟是來回 2 次；一位數乘以四位數，公分換算公尺）

圖 5　109 年度中信盃闖關情境題示意

四　方案成效評估

除了診斷球員學科程度並提供協助之外，學生學習成效檢核之面
向也是提供協助的重要環節，了解球員其學習成效的情況之後，便可
針對教學資源提供的適切性及後續介入提供更多參考。學習成效評估
則結合國家教育研究院測驗與評量組（Taiwan Assessment of Student
Achievement, TASA）合作進行成就評量測驗分析，主要以四年級數
學為檢測範圍，了解對象學生在全國數學的學習能力概況，來作為學
習成效的評估。本研究於 2019 年 10 月進行前測，後測則於 2020 年
5 月進行。對象學生之前後測成績透過等化對照全國常模方式，了解
受測者在全國學生當中的相對位置為何。

除了比較學生之程度作為學習成效評估，在測驗分析上可以藉

由學生得分百分比以及學生注意係數來評估受測學生的學習類型，包含 A（學習穩定）、A'（粗心大意）、B（努力不足）、B'（準備不足）、C（學力不足）、C'（學習異常）六種類型，並可參考學生學習類型，後續提供適合其學習類型之教學引導。

肆 那些年棒球可以「教」會我們的事

球隊學生可能因外出比賽缺課、學習時間因訓練受到擠壓的情況，導致每個學生在數學概念理解產生不同的癥結點。其癥結點並不只是單純產生在目前年級的知識學習上，亦有可能在過去學習的先備知識中產生迷思概念。以時間量的計算為例，學生對於時間量計算的錯誤，主要原因可能不是因複名數計算的錯誤，而是來自於先備知識中時間單位轉換的不熟悉。這樣的情況有可能影響到學生目前年級的學業知識學習情況，而且就算經由現有年級概念的反覆練習，也無法有效改善學生在其主題的學習狀況。

以前導研究可知，課輔實際多為不同程度之球隊學生需在同一時段進行，且可能為一位課輔師資需面對球隊所有學生的情況下，教學者較難單純為了單一學生之狀況訂定單次課輔時段的學習目標。此外，經實際至球隊課輔現場進行觀察與訪談後，也了解到學校課輔端無法完全針對學生概念癥結點的部分進行教學，而跳脫學生原本學校進度或作業完成的脈絡。

一 學校或課輔教學者對於課輔的支持攸關課輔計畫的成敗

本研究於前導研究初期了解球隊課輔現況時，因球隊在課後時間皆以訓練為主，且因少棒隊伍眾多而競爭激烈，部分球隊需以龐大的練習量及訓練時間來補足例如身形相對瘦小等劣勢，相對而言在課業輔導的時間就容易受到排擠。部分學校也有因為球隊學生時常外出比賽而較常缺課，學生課業進度落後也導致導師與球隊容易對立。例如

北部某 S 國小因訓練量龐大，學生也因缺課較多導致作業完成度低，班級導師在作業完成上不願給予彈性，擔任課輔教師的球隊教練也因無法兼顧訓練及課輔時間，表示較難另撥時間針對學習問題做課業輔導。針對學生學力提升的可能也抱持著消極態度，曾在協助者到校拜訪討論時表示：

「老師我們這邊真的跟一般都市的學生不一樣，沒有那麼好教的啦，您可以親自來教看看就知道了。」

但經由本研究之介入方案邀請專業協助者到校給予建議後，包括協助釐清教學迷思、帶入學具操作、建議有效分組教學以及實際在對象學校進行教學示範之後，課輔教師也習得以較為多元而有效率的教學法引導學生。陸續獲得成功經驗之後，整體而言，學校對於課輔安排都趨於較積極安排時間與擴展課輔對象，例如北部某 S 國小整體情況好轉後，同時擔任課輔教師的教練對於球員學業狀況也趨於積極，包括願意主動和導師端溝通作業彈性、較願意固定課輔時段，甚至表示願意將課輔的對象延伸至三年級：

「我們現在三年級也開始加入課輔，想說可以早點打基礎。」

以上對於課輔的執行支持皆有態度上的轉變，甚至對於球員學業的態度上，也開始轉變為較重視學生的學業發展，而不再把球技訓練列為唯一重點。

二 降低課輔人數有助於課輔成果

本研究於前導研究了解各校球隊課輔狀況時，發現有多所學校仍以一位課輔師資需對整個球隊或多個年級學生，例如北部某 S 國小

為一位教師對 35 位球隊學生、南部某 H 國中為一位教師通常需對兩個年級約 20 至 30 位學生等，原本師生比差距較大的情況也連帶使教師在教學上的負擔較大，同時教師也較無法顧及所有學生的情況，僅能被動解決學生作業完成的問題。

經由方案介入之教學建議及協助者建議應以程度或年段進行分班或分組教學後，雖然學校一開始需設法增加課輔師資而經歷一段過渡期，但在分組或分班降低師生比之懸殊差異後，也有效地減輕課輔教師的教學負擔。例如南部某 H 國中課輔教師在分班後即可進行單一年級的學生課輔，除了遭遇的概念釐清問題可聚焦在單一年段的範圍中，師生比降至約 1：15 的情況也使教師能更有餘裕輔導學生的課業。其他學校的部分課輔師生比亦降至 1：6 到 1：8 左右，也有效降低了課輔教師的負擔。

三 課輔學生經方案介入後之數學學力提升顯著

在方案成效評估的量化面向部分，本研究主要以成就評量測驗分析結果，也就是學生在數學科的學力提升來評估介入的成效。本研究於 2019 年 10 月及 2020 年 5 月針對所有「愛接棒」計畫資助之五到九年級約 520 位球員，進行數學成就評量測驗並與 TASA 合作進行測驗前後測比對分析，比對結果如表 3。

表 3 學生學習成效評估對照表（以 2019 年前後測比較為例）

數據\年級	前測 人數	前測 PR	後測 人數	後測 PR	學習類型（全體） A	學習類型（全體） B	學習類型（全體） C
九	66	34	66	38	28.8% → 21.2%	37.9% → 53%	33.3% → 25.8%
八	71	28	74	29	15.5% → 17.6%	43.7% → 47.3%	40.8% → 35.1%
七	63	33	60	32	28.6% → 26.7%	31.7% → 35%	39.7% → 38.3%
六	179	42	171	53	27.4% → 38%	41.9% → 43.9%	30.7% → 18.1%
五	144	27	143	37	13.2% → 19.6%	39.6% → 49%	47.2% → 31.5%

由各年級前後測資料比對及對照全國常模可知，國小階段（五、六年級）學生在 2019 年 10 月（108 學年度初期）之 PR 值爲 27 與 42。經過 108 學年度提供個別化教學建議與資源、中信盃結合學科闖關活動、專業協助者到校帶入不同教學媒介（學具）且提供建議後，後測（108 學年度末）其 PR 值提升到 37 與 53，兩者皆提升約 10 個百分點。由比較結果可知，五年級學生（完成小學四年級學習之程度）原本與全國常模相比，程度已從每百人中超過 26 人提升到每百人中超過 36 人；六年級學生與完成小學四年級學習之程度的全國常模相比，程度亦從每百人中超過 42 人提升到每百人中超過 53 人，代表對象學生經本研究相關介入與活化後，其數學學習成就與自身原本狀態（前測結果）相比皆有一定程度的提升。不過在國中階段（七到九年級），學生的學習成效提升最高僅有 4 個百分點，成長相對較爲有限。

　　另一方面在學生學習類型的改變，同樣可由前後測比對發現到國小階段（五、六年級）學生在 A 類（學習穩定、粗心大意）的比例皆有提升，例如五年級由 13.2% 提升至 19.6%（約增加 8 人）、六年級由 27.4% 提升至 38%（約增加 17 人）。同時在 C 類（學力不足、學習異常）比例的降低方面，五年級也從 47.2% 降低至 31.5%（約減少 21 人），六年級則從 30.7% 降低至 18.1%（約減少 20 人），代表也有部分的學生經提供協助後，學力與學習的類型也有獲得改善。不過，國中階段的學生學習類型比例改變相對而言較少，對於國中學生提供的效益尚有限。

四　課輔學生經方案介入後之非認知能力改變顯著

　　於第一期計畫之問卷資料蒐集與彙整後，便發現到球員生活環境、重要他人陪伴（教練）、出賽情況對於非認知能力與成長評估發展的重要性。此外，球員的學業雖然常容易被輕忽，但在各面向還是

認爲球員的學業或知識面是後續較值得關切的一塊。而於 107 年度開始，基金會陸續於「愛接棒」計畫中著重球員生活環境改善與重要他人的穩定（全職人力）之後，球員的各項能力發展，包括球員的遊玩、人際、生活能力等也有不錯的表現。

而至計畫執行中期，原本較有限的思考、服務能力等也經基金會對於相關思考活動的安排建構或是對於各校的提醒，於 109 年度思考與服務能力的狀況也開始略爲提升。此部分在非認知的評估與「愛接棒」計畫後續的資助調整上，於近年來妥善地搭配，使得球員各項能力發展上皆有表現。各項因不同背景而造成的能力差距，也在近年來逐漸縮小。

而在未來計畫執行的取向上，除持續蒐集每年有關非認知能力發展之研究資料外，後續對於非認知能力發展的介入面也將持續擬定相關的支持方案，使球員在遊玩、人際、生活及工作能力繼續獲得支持，思考及服務能力也能藉由後續的介入方案安排，而在未來獲得更加完整的支持；相關的問卷評估工具也會持續討論其適切性，因應之後實際的填答或發展脈絡等進行調整並趨於完善。

伍 結論與建議

研究者在大學階段參加了 4 年的棒球隊，負笈美國 UCLA 就讀博士班時也曾協助提供 NCAA 的學生運動員在選課、預習、分組討論與期末報告等學習支持管道，加上多次利用參加國際教育學術研討會的機會，順便參與美國與日本職業棒球賽賽事，深深爲棒球運動所著迷；不過，在深入理解國內的棒球生態後，也深深爲那些從小投入棒球運動的小球員擔心，若僅聚焦在棒球技術（也就是棒球基本功）的提升，而非學習基本能力的整體提升，對這群未來的「臺灣之光」而言是否是最佳的安排更值得深思。

職是之故，本研究先透過二十一世紀學習框架中「基礎知識」、「後設知識」以及「人文知識」（Kereluik, Mishra, Fahnoe, & Terry, 2013），結合六大心理能力與七大非認知能力，藉由中國信託慈善基金會與中正大學的合作規劃，一方面在課程設計上規劃如何透過棒球情境來協助數學學習，另一方面則在教學互動中營造情境如何透過數學學習讓棒球打得更好。具體而言，先經由 Cheng（2016）之「複診教學」概念為基礎了解學生學習起點，針對所有學生運動員進行「數學體檢」，再因應學生數學學習程度高異質性，量身訂做個別化的教學目標。第三步驟則基於 McVarish（2008）在其研究的原則，讓學生藉運用知識完成任務或競賽方式達成問題解決、溝通與表達之目的，同時輔以洪郁雯、楊德清（2006）以及陳佩秀（2018）對於教學活化的面向，聚焦在不同教學資源與學具操作的引入、邀請專業協助者定期到校及中信盃「棒球金頭腦」闖關活動設計等三大教學活動的介入。最後發現國小階段（五、六年級）學生在 2019 年 10 月所進行前測之 PR 值分別為 27 與 42，而後測（108 學年度末）之 PR 值則分別提升到 37 與 53，兩者皆提升約 10 個百分點；不過在國中階段（七到九年級），學生的學習成效提升最高僅有 4 個百分點，成長相對較為有限。雖本研究期間在提升學生「基礎知識」能力的目標上僅展現部分成效，但此結果仍提供一基石，使未來在支持學生知識面發展的活化上值得繼續邁進。

　　更值得注意的是，有關學生的六大心理能力及七大非認知能力的面向，由 106 年度開始蒐集資料至 109 年度止，球員在遊玩、人際以及生活能力上都有不錯的成長及表現。原本在 106、107 年度成長幅度較有限之思考及服務能力上，於 109 年度亦有略為提升之趨勢，表示在學生「人文知識」的發展亦提供某種程度的支持。未來亦可持續對較佳的能力面向提供協助，並進一步針對思考或服務能力等面向加入支持方案。

　　最後，在課輔實務執行的三大反思面向上，參照謝佩容（2006）

對於課輔轉變的探究，包括課輔計畫參與者的自覺、課輔計畫參與者間的角色衝突與妥協，以及課程結構及課輔過程的改變，研究者也針對 2019 年與 2020 年實施介入方案之 6 所學校狀況進行比較，可發現在學校支持上，學校願意安排固定時段課輔，較積極協助球員於中年級提供學習扶助；在課輔配置上亦開始以分組或分年級方式運作，師生比降至 1：6 至 1：15 左右；而在課程結構上，則較願意以落點分析結果與教學建議，對學生問題概念提供資源與教學，詳如下表 4。衷心期盼經由中國信託慈善基金會與中正大學的合作規劃下，透過棒球情境化的數學教學模組與棒球教育的非認知能力強調，勾勒出棒球與學校教育的美好邂逅，希望讓所有參與棒球運動的學生運動員都可以同時擁有「良好的身心素質」與「用頭腦打球」。

表 4　方案介入前後的運作改變

	協助前	協助後
學校支持	常與夜間訓練時間相互排擠，表示較難有時間進行課輔。	願意安排固定時段課輔，較積極協助球員於中年級提供學習扶助。
課輔配置	多以一位師資對全球隊學生比例運作，難顧及全部學生情況。	開始以分組或分年級方式運作，師生比降至 1：6 至 1：15 左右。
課程結構	以學校進度作業完成為主，較無針對學生問題概念提供協助。	參考落點分析結果與教學建議，對學生問題概念提供資源與教學。

參 考 文 獻

伍國霖（2017）。大專階段退役棒球運動員生涯轉換歷程之個案研究（未出版之碩士論文）。國立中正大學，嘉義縣。

朱文增、王宗吉（2007）。臺灣職業棒球球員職業聲望之調查研究。運動文化研究，**2**，27-63。

李佳芬、顏榮泉、顏晴榮（2013）。不同教學策略活化課程對國小三年級學童數學成就及其態度之影響。科學教育月刊，**360**，32-42。

邱皖珍（2007）。不同性別和教育階段體操選手期望價值信念及退出意圖之研究。大專體育學術專刊，**96** 年度，313-319。

侯采伶（2016）。用桌遊來翻轉學習——以國中數學質數為例。臺灣教育評論月刊，**5**，132-137。

洪郁雯、楊德清（2006）。具體表徵融入數學教學之探究。屏東教大科學教育，**23**，30-38。

教育部（2016）。補救教學基本學習內容【國民小學數學學習領域】。取自 https://priori.moe.gov.tw/download/basic/105-03- 國小數學核定版 .pdf

陳佩秀（2018）。資訊科技與提問教學策略對數學學習困難學童在數量關係單元解題表現之成效。臺北市立大學學報，**49**，53-78。

陳淑麗（2008）。國小弱勢學生課業輔導現況調查之研究。臺東大學教育學報，**19**(1)，1-32。

陳霈頡、楊德清（2005）。數學表徵應用在教學上的探究。科學教育研究與發展季刊，**40**，48-61。

黃崇儒、余雅婷、洪聰敏（2014）。檢視大學運動員的生涯轉換：生涯發展模式之觀點。大專體育學刊，**16**，192-201。

劉安倫（2004）。喚起弱勢學生學習之門～談低成就學生之補救教學。竹縣文教，**29**，48-51

鄭勝耀（2010）。國小弱勢學生參與課後輔導計畫轉變歷程之研究。載於國家教育研究院籌備處（主編），培育高素質現代國民與世界公民之教育規劃（頁 **30-53**）。臺北市：國家教育研究院籌備處。

鄭勝耀、James Jacob（2015）。美國《各州共同核心標準》之研究。教育研究月刊，**255**，5-19。

鄭勝耀、James Jacob（2018）。臺灣課後補救教學政策與社會公平之研究。載於周祝瑛、錫東岳、魯嬪文主編，華人教育模式：全球化視角（pp.65-83）。臺北市：心理出版社。

聯合報（2021）。東京奧運獎牌榜。https://udn.com/tokyo2020/award

謝佩容（2006）。以行動研究改善弱勢之家庭國小學童「課後輔導方案」執行的歷程（未出版之碩士論文）。國立成功大學，臺南市。

謝宜霖（2016）。運動國手生涯轉換歷程之研究（未出版之碩士論文）。中國文化大學，臺北市。

Cheng, S.-Y. (2016). A study on the educational policies on afterschool programs and educational equity in Taiwan. In C. Chou & J. Spangler (Eds.), *Chinese education models in a global age* (pp. 65-75). Singapore: Springer.

Glaser, R. L. (1962). Psychology and instructional technology . In R. L. Glaser (Ed.), *Training research and education* (pp. 559-578). Pittsburgh, PA: University of Pittsburgh Press.

McVarish, J. (2008). Addition afterschool mathematics programs: Helping students learn to think critically. In S. Hill (Ed.), *Afterschool matters: Creative programs that connect youth development and student achievement* (pp. 28-43). Thousand Oaks, CA: Corwin Press.

Otto, W., McMenemy, R. A., & Smith, R. J. (1973). *Corrective and remedial teaching.* Boston, MA: Houghton Mifflin.

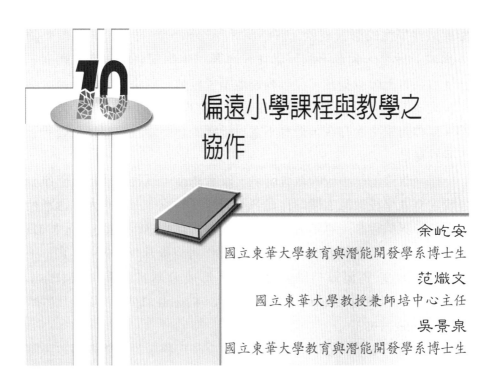

余屹安
國立東華大學教育與潛能開發學系博士生
范熾文
國立東華大學教授兼師培中心主任
吳景泉
國立東華大學教育與潛能開發學系博士生

壹 前言

　　依據教育部（2020）統計資料顯示，109 學年度（2020 年）偏遠地區國民中小學（含高中附設國中部）校數共計 1,093 校，占全國總數的 41.5%。隨著近年來的經濟發展，臺灣益發重視提供高品質與符合公平正義的教育環境，政府在偏遠地區學校投入大量經費與設備。但是，偏遠地區學校長期以來因為周邊學習環境不足及文化刺激少等特性，教學現場之差異性相對較高，且小班小校居多，學生人際互動及學習環境營造均有所影響（陳聖謨，2013）。偏遠小校同時還有家庭支持、健康服務、社會福利、學生處遇與其他非學校因素會

影響這些學生的學習成就（許添明、葉珍玲，2015）。誠如甄曉蘭（2007）所言，偏鄉不利因素往往影響學生學習意願與學習態度，在學力競爭上難以提升。改善偏遠地區學校教育環境，提升偏遠地區學校教育發展，才能達到教育機會均等之理想與社會公平正義之精神。學校因學生而存在，教育不應以偏鄉問題而犧牲偏鄉學子接受平等受教權益。

如何改善偏遠小校的教育困境，筆者認為可以透過「組織協作」達成。其實學校教師之間即存在著不同程度的協作，有些人是透過社會互動、同儕協調、專業合作、指導以及真實的協作（Riordan & Da Costa, 1996）。研究指出，學校組織協作可以提升學校效能（Éthier, 1989）；可以對組織結構賦權增能，形成分享式領導（Holland, 2002）；可以降低教師流動率（Cook & Friend, 1993）及提升教學品質（Inger, 1993）。

由上述可知，「組織協作」可以建立學校科層行政組織與教師專業組織之間的信任感及相互尊重，提升教師教學專業、學校組織效能及學生有效學習。因此，本文主旨探討偏遠小校如何透過「組織協作」進行課程發展與教學實踐，有效提升學校組織效能及學生學習成效。

貳 偏遠小校的現況描繪與困境

一 偏遠小校的現況描繪

「偏遠地區學校，指因交通、文化、生活機能、數位環境、社會經濟條件或其他因素，致有教育資源不足情形之公立高級中等以下學校」（偏遠地區學校教育發展條例，2017）。從地理位置上則又可分為交通不便、人口稀少的偏遠地區或者交通極度不便、人口極度稀少的特偏遠地區。受到地處偏遠的影響，偏鄉地區居民的學習動機、

文化刺激、社會風氣，相對比較薄弱且保守，而生活上的資源也比起都會區來得匱乏（吳清山、林天佑，2009）。偏遠小校所在社區，呈現產業沒落、缺乏工作機會以及其所衍生的單親、隔代教養、酗酒、家暴等問題。偏遠小校應面對偏遠地區的學生學習困境，提出有效的因應策略，讓每個孩子都能成為身心健康並且具有生產力的國民。在偏鄉地區，學校是個靈魂、希望、未來（詹志禹、吳璧純，2015）。偏鄉學校的經營確存在相當困境，學生數降減，家長教育選擇權，攸關學校存廢，走一步，算一步，始終為偏鄉小校揮之不去的夢魘。綜合學者（潘淑琦，2016；陳宜加，2016；何慧群、永井正武，2016；林天佑，2012；甄曉蘭，2007；鄭同僚，2006；兒童福利聯盟，2013）的研究敘寫偏遠小校困境。

二　偏遠小校的困境

　　偏鄉地區由於交通不便、謀生不易，青壯人口嚴重外流，隔代教養情形普遍，而人口外移使得偏遠小校人數日趨減少，學生間缺乏同儕刺激與學習競爭，更加速學生外流，在這樣惡性循環下，偏鄉孩子顯得更加弱勢，偏遠小校教育面臨的困境更為艱難。甄曉蘭（2007）的研究發現：偏遠小校的環境脈絡不佳，學生組成多處學力競爭劣勢；經費資源環境不穩，課程與教學改進方案的推展有限；人力資源環境不足，行政、教學皆沉重困頓；課程實踐環境不利，難以提供高品質學習機會與經驗，造成偏遠小校的教育機會不均等。以下，就我國偏遠小校教育的困境逐一說明：

(一) 就家庭功能而言

　　兒童福利聯盟於 2016 年針對臺灣學童城鄉差距的調查指出，其中包含一成三（13.3%）偏鄉孩子家中無穩定收入，比例是都市孩子的 1.5 倍；一成七（17.1%）偏鄉孩子是爸爸或媽媽不在身邊的留守兒童，比例是都市孩子的 1.6 倍；更有 20.6% 來自隔代教養家庭，是

都市孩子的 2.3 倍。爲數不少的偏鄉學童是生活在親職功能相對不穩定的家庭之中，偏鄉學童因家庭功能不彰，比較都市學童，有親職資源、學習資源與課外生活三方面的生活匱乏。這顯示有些偏鄉學童無法隨時且長期獲得父母親之養育與關注等親職資源，還需要照顧家庭生活，更缺乏學習的時間投入。

(二) 就學生學習而言

兒童福利聯盟（2013）針對臺灣偏鄉弱勢學童學習分析發現，「71.5% 偏鄉弱勢學童家中的教育資源不足，家庭學習資源的貧窮，以及因缺乏文化刺激的機會，僅半數偏鄉弱勢學童能答對基本學力題目，與優勢學童相差近三成，呈現學習能力的落後」等兩方面學習上的困窘。又因偏鄉地區交通不便、教師流動率高、學生人數少、家長社經條件不佳、家庭功能不彰等不利因素，造成偏鄉學童教育難以多元及積極（潘淑琦，2015），導致學童學習意願與基本能力低落（林天祐，2012）。

(三) 就社經條件而言

家扶基金會（2015）在不考慮兒童天生個人條件下，針對小康與貧困兩類型家庭照顧者，能提供的「照顧資源」、自身「經驗視野」以及「社會網絡」等支持，兒童所能獲取的資源條件差異調查，發現貧困家庭每月 5,000 元的教育費用，遠低於小康家庭 3.5 萬的教育費用。Coleman（1988）指出，社經條件較高的家長有能力對其孩子的學習進行輔導、解決疑問，並改進其學習方法與技巧，爲子女營造有利的學習環境，有助於提升子女未來教育取得及升學機會。反之，偏鄉學生家庭背景低落或資源落後，可能造成偏鄉孩子學習成效不良，臺灣社會經濟所得 M 型化，讓孩子在生活和學習上似乎呈現兩極化的發展，衝擊著偏遠小校教育。

(四) 就學校師資而言

教師不足、教師難聘、教師流動率高是臺灣偏鄉教育最嚴峻的三大問題（王彥喬，2014）。偏鄉小校的行政工作並不會因為學校規模小而減少，所有教師幾乎都必須兼任不同程度的行政工作（劉述懿、李延昌，2016；呂玟霖，2016）。工作負擔沉重、交通與生活不便利，更無法留住教師，讓偏鄉學校成為新訓中心（呂玟霖，2016），造成偏遠小校師資不穩定，產生「學習氛圍不確定」、「教學模式無以銜接」及「依附經驗影響人際關係發展」等學生學習阻礙（Ainsworth, 1991），影響偏遠小校的教育品質（林信志，2017）。又，偏鄉小學代理教師比例高達 50%，代理教師更需面臨生涯規劃、生計與期約考量，或離職另謀他就、重考與選擇較適學校服務（何慧群、永井正武，2016），更加深教師高流動率及不穩定性。

偏鄉留不住人才，多為交通、生活機能、教師生涯規劃等因素造成，失去優質教師來教導偏鄉的學童，他們的學習會和一般地區的學生越差越大。翻轉偏鄉學校的實踐者，首推教師，熱忱的教師是教學成功關鍵，應多思考如何培養優秀教師，並留住具教育熱忱的教師，是偏鄉教育的新路及偏鄉孩子的活路（吳寶珍，2016）。

(五) 就學校行政領導而言

甄曉蘭（2007）認為偏遠小校在有限的人力資源下，無法以專業考量職務分派，而以任務執行為分工依歸的行政領導困境，再加上教師流動率高，影響經驗傳承與精進；學校行政工作量不因學校規模小而遞減（劉述懿、李延昌，2016），造成偏鄉教師在行政與課務方面的負擔過重，兼任行政的意願薄弱（吳寶珍，2016）；偏遠小校校長流動率高（蔡宜恬，2012），造成學校政策執行及推動上之問題，校長在任期內的政策可能會因為調動的關係而中途停止或結束

（林天祐，2012）等種種不利因素，造成偏遠小校行政領導的困境，影響學校效能。

(六) 就教育資源分配而言

偏遠小校受少子化的影響，學生人數日益減少，而目前國中小的教育經費是依照學生人數補助，教育經費補助亦少（江嘉杰，2016）。雖然教育部每年投入上百億元經費，以及地方政府與民間機構的資金挹注，以縮短城鄉教育落差（陳麗珠，2008）。但是，城市常能得到較多關注與經費分配，弱勢學生的問題一直都未見減緩，城鄉教育水準的差異，是普遍而自然的現象（陳奎熹，2001）。自2001年實施《教育經費編列與管理法》，對教育現場帶來不少衝擊（陳麗珠、陳明印，2013）。為改善學校教學環境，學校逐漸負起自籌經費責任，爭取競爭型計畫，向民間團體、企業尋求贊助，偏遠小校行政事務更加繁忙（江嘉杰，2016）。

綜上所述，偏遠小校的困境，將影響學生學習成效。「學校」是社區的靈魂，是學生學習的場域，更是社區文化的中心，承擔著學生學習的管道和機會，以及扭轉弱勢學生原生家庭功能不足的角色（潘淑琦，2016）。因此，偏遠小校應積極面對困境，並檢視自身擁有的「小」校的優勢，有效重塑組織效能，提出課程發展與教學實踐策略，發揮協作的力量，提升學生學習成效，營造「小」而「美」的效能學校。

課程發展與教學專業提升——協作的偏遠小校

一 偏遠小校組織協作的重要

美國學者 Weick 認為學校是組織鬆散的結構，在學校教學系統中，各教師之間的教學自主的情形非常普遍，學校成員彼此保有相當

的自主性與獨立性，需關注許多值得深入的議題，才能發揮學校效能
（王如哲，1998）。而學校是學習的場所，一切以學生的學習、教
師的教學爲主軸，就此，學校的人、事、時、地、物都與學習有關，
學校的行政推動與教學事務，理論上應結合成爲一體，緊密運作。從
商業活動的研究發現，團隊協作運作可以有效提高工作的品質，組織
成員之間的分享更可提升組織的工作效率（Cook & Friend,1996）。
業界實務的經驗更證明藉由協作可以提高組織的效能和生產力，因而
促使美國教育界人士積極推展公立學校的協作管理模式。

　　于第（2017）在進行「香港、新加坡、泰國和臺灣地區大學教
師與館員協作文化之研究」，亦認爲一旦教師與圖書館員的協作文化
（collaborative culture）扎根於一個機構，圖書館員和教職員工可以
很容易地保持長期的協作關係，並成功地實現各種合作專案，創造
更好的發展和改革他們的機構。組織成員的協作可以促進組織的發
展，改善組織本身效能。Bush（2001）與 Sarria（1997）認爲教師在
協作的過程中，可以凝聚每位教師的意見，彼此激勵，一位教師的觀
點，可以激勵其他教師的想法，誘發多元觀點，增加解決問題之可能
性，產出創新、效能的成果。更可以促進教師專業知識發展（Burke,
2013; Egodawatte, McDougall, & Stoilescu, 2011; Nelson, 2009），
在進行教學準備歷程中進行有效的協作，獲得同儕的回饋，進行反
思並開發創新的教學技巧（Goddard, Goddard, & Tschannen-Moran,
2007）。Hallinger 與 Heck（2010）在進行協作領導對學校改進影
響的研究，認爲協作領導確實有助於學校的改進和學生的學習。
Gumuseli 與 Erylimaz（2011）對土耳其公立學校的研究中發現，土
耳其公立學校確實存有協作文化，且學校校長普遍使用集體和協作關
係來建立並發展學校協作文化，以提升學校效能。

　　承上可知，學校組織協作，可以建立學校科層行政組織與教師專
業組織之間的信任感及相互尊重，提升教師教學專業、學校組織效能
及學生有效學習。因此，「組織協作」可以有效提升學校組織效能及

學生學習成效，對於提升偏遠小校應可透過「組織協作」，有效提升學校組織效能及學生學習成效。

二　偏遠小校組織協作（collaborative）的內涵

　　首先釐清「協作」一詞的定義。合作的英文字彙有兩個，一個為collaborate，另一個為 cooperate，兩者皆為一起工作的意思，但是collaborate 較偏向於人力之間的協作，就其協作關係而言，是雙方在協作的過程中產生頻繁的互動及資源交換，亦即協作的雙方共同完成工作。cooperate 則是強調在硬體設備如機器的部分，雙方關係僅為雙方同意進行某一項工作，但工作完成的過程中，雙方各自分開完成自己的部分（Donham & Green, 2004），即在執行某些工作時，由甲方獲得乙方之同意以完成某項工作，而資源及專業人力的提供由甲方承擔，場地、通路則由乙方提供等（Hord, 1986）。也就是說，協作的模式需由進行過程、溝通方式、資源提供等方面的差異加以區分。本文所討論的協作，著重學校內部行政及教學人員之間的共同協作關係，即如何透過分享責任及積極共事，營造或重塑學校的協作氛圍，有效的提升學校組織效能及學生學習成就。

　　組織成員會協作，主要是組織成員了解自己的工作任務時，發現無法獨力完成，必須尋求與其他成員的協作（Weick, 1979），以直接（共同教學或課堂觀察）或間接（小組準備、行動計畫制定等）（Gable & Manning, 1997）不同的形式協作。間接協作被確定為橫向（同級或同學科教師）或垂直（不同級別的教師或學科）（Bergman, Calzada, LaPointe, Lee, & Sullivan, 1998）。也就是說，學校組織成員之間存在著不同程度的協作，有些人透過社會互動、與同儕協商、專業合作、指導以及最終協作，是從孤立到協作的連續過程（Riordan & Da Costa, 1996）；而另一些人則是透過對話、協助、想法共用，最後是共同教學、小組規劃、觀察、制定行動計畫、同儕

支持與指導。協作是通過組織共同的任務和責任，有規律性的經常與同事會面、對話和相互學習（Riordan & Da Costa, 1998）。

　　Gruenert（1998）以學校組織爲出發，指出家長／教師／學生的關係、領導力、教師間的協作互動、教師的教學、學校的使命、外部的支持、教師的專業發展、價值觀和信仰，以及決策機制等爲協作文化的內涵，並區分爲協作領導力、教師協作、教師專業發展、目標的一致性、教師的協作互動支持，以及學習夥伴關係六個構面。Rosen（2007）提出可以成功幫助組織內完成協作工作的 10 項元素，包括：(1) 信任；(2) 分享；(3) 目標；(4) 創新；(5) 環境；(6) 允許協作時所產生一些非預期的混沌情形；(7) 建設性的反對聲；(8) 溝通；(9) 社群；(10) 價值觀。Schill（2014）的研究指出，能代表組織協作文化的價值、態度、行爲及環境，並能影響和形塑組織協作文化的三大成分（價值、環境、現況）和 15 個因素（卓越度、獨立性、工作進展、組織授權、幽默感、領導力、和諧性、透明度、率直、信任、誠實、正直、眞實、承諾及尊重）。

　　綜合上述學者的研究，學校組織協作係指：「是一個人人有發言權，參與決策的組織，通過眾多的價值澄清、溝通，尋得共同的願景、目標，彼此互信、互賴，追求共同利益──教師專業發展、學生有效學習及效能學校，而共存共榮的歷程。」

肆　運用協作以提升偏遠小校課程發展與教學實踐的具體策略

　　Muronaga 與 Harada（1999）主張成功的協作建立在一個共享的願景、共同的目標，以及一個相互尊重和信任氛圍的基礎上。Gallegos 與 Wright（2000）提出協作的過程，有四個成功的關鍵因素：首先，彼此共同關注的議題進行協作；第二，組織成員必須願意

且有能力一起著手規劃並執行這個協作方案；第三，一起協作的態度會被特殊的喜好所影響；第四，需不斷的溝通與討論。

　　承上所述，可知成功的協作的關鍵因素是：「共享願景與共同目標」、「相互尊重與互信的組織氛圍」、「不斷溝通與討論的歷程」、「組織成員有意願、具備能力參與」。以下探討偏遠小校以「組織協作」提升學校效能及學生學習成效的協作歷程之具體策略：

一　校長扮演協作領導的角色

(一) 協作的學校領導者楷模示範

　　協作領導者需能夠形塑同心協力和相互合作的互信（吳清山、王令宜，2011；吳清山、林天祐，2011；Cameron & Archer, 2009）、彼此尊重的正向氛圍，運用有效的溝通技巧（吳清山、王令宜，2011；吳清山、林天祐，2011；Anderson et al., 2004），凝聚共識，形塑共同願景、共同目標，激勵學校組織成員個人學習、相互學習及持續學習（吳清山、王令宜，2011；吳清山、林天祐，2011；Telford, 1996），並透過不同群體的權力分享（吳清山、王令宜，2011；吳清山、林天祐，2011；Anderson et al., 2004；Cameron & Archer, 2009），為共享的願景努力（吳清山、林天祐，2011）。並且以身作則，具備良好人格特質，能負責盡責、關懷、清廉、善於人際溝通互動、敏察掌握關鍵，並以身作則，示範帶動學習，扮演一位有效能的校長（林明地，2002；Blase & Anderson, 1995）。

(二) 領導行政和教學之間的對話

　　學校領導者應考量協作對於教師專業自主的衝擊，積極和教師溝通，及在建立協作關係的同時，協助教師們能顧及彼此專業自主的維護。根據 Hargreaves（1994）的說法，教師和行政部門代表著學校內部不同的政治和觀點，教師常常完成不受歡迎的管理任務，導致出現

在行政控制以刺激合議制的協作。因此,教師領導者應扮演橋梁的角色,領導行政和教學之間的對話,讓學校行政人員能積極聆聽教師的聲音,了解教師的立場,以化解他們因協作所帶來的威脅而衍生的不安全感(Achinstein, 2002)。

對話允許個人對於學校事務的意見表達,但應避免個人主義的產生(Crowther, Kaagan, Ferguson, & Hann, 2002),不應成為謀求個人利益的手段,需以學校組織目標為核心,提出建設性的看法。因此,學校領導者應具備語言表達及協調衝突的人際關係技巧(Frost & Harris, 2003),化解因為行政教學雙方立場可能的歧異,以促進組織協作的形塑。學校領導者亦要帶領學校行政人員學會分享權力、資訊及知識,積極協助教師走出教室,並學會接受教師檢驗及監督的處理衝突能力及包容的態度。

(三) 學生學習為核心的共同願景

學校常見的現象是,學校願景未經組織成員全面性參與討論而無法具體落實,教師依然待在自己的教室王國之中的各行其政,實踐自己認同的教育理念(高又淑,2010)。因此,學校領導者應利用不同的活動讓教師相互了解,增加溝通的機會,尊重學校成員多元的聲音,共同討論,形塑提升學生學習成效的共同願景。學校領導者可以在教師晨會、教師學習社群,以「課堂教學」、「學生學習」與「學習評量」的主題,鼓勵教師表達自己的教育理念及課堂實踐,走出原本僅在自己教室王國。提升教師的信任感及彼此坦承,增強彼此的了解可以減少教師因差異所帶來的衝突,更可以促進組織協作,建立學校願景及共同的方針,提升學校的組織效能。

二　偏遠小校規模小而靈活，人員連結密切

(一) 小而美靈活調整

小校學生人數少，生師比高（教育部，2021），利於差異化及個別化教學。近年來，偏遠小校發展出因應的教育措施，混齡教學即是其中的一個方式（吳清山，2016；陳聖謨，2015）。混齡的課堂中，教師可以互相觀察，培養他們相互協作、相互學習的文化，並構建共同的教學信念和優勢。可以促進教師社群形成和協作教學文化，改善課堂教學和學生學習。即是，教師可以在課堂中協作，彼此分享、共同對話，提升課堂教學成效。

另外，像小校聯盟共聘專長巡迴教師，可以解決偏遠小校教師流動率高，藝文、資訊專長教師難尋的困境，鄰近偏遠小校以共聘專長巡迴教師的方式，不僅解決專長教師不易聘用的困境，還可以形成鄰近小校策略聯盟，校內的組織協作，延伸至跨校協作。以新北市為例，瑞芳區九份、瓜山及濂洞三所國小，即分別聘用資訊、音樂美勞藝文專長教師，解決難以專長聘用的困境，提升學生的學習品質，也在混齡教學教材研發的需要，成立教材研發跨校工作坊，協作增強偏遠小校的專業效能。

(二) 建立共同的時間

Collinson 與 Cook（2001）指出教師協作的五個障礙：沒有足夠的可自主決定時間分享、感到不知所措、沒有足夠的自主的時間學習、缺乏與同事的一般時間，以及缺乏指定的分享時間，都與缺乏時間有關。也就是說，如果教師在學校工作的時間中，有充裕的共同時間，且具有共同目標的彼此分享，可以增加教師之間的協作。

偏遠小校因為學校組織規模小，具靈活性容易調整，學校領導者應讓教師在任意時間自己學習，組織起來一起學習和分享。提供共同

規劃的時間，並將教師依興趣、友誼、科目及教室距離遠近分組，在會議中安排開放討論的時間，協助教師組織同儕互相觀摩的時間，或者透過正式會議，例如教師晨會、學習領域會議，以改進教學實踐爲目的（Strahan, 2003）。提供時間，並讓所有形式的會議目的與課堂實踐相關（Bronstein, 2013）。Little（1990）更指出教師可以一起討論教學和學習以及計畫課程的定期會議，會比每月舉行一次的正式會議更有效。

(三) 增加共同的空間

少子化的影響，多數學校因減班，擁有一些閒置空間，更可以設置學校成員共同的空間，例如，教師研究室，讓教師彼此於其間自主的會面，可以促進學校內部的協作（Stoll, Bolam, McMahon, Wallace, & Thomas, 2006）。學校裡，教室、部門辦公室和教職員辦公室是教師通常見面的空間（McGregor, 2003）。學校領導者應鼓勵教師能頻繁、密切的觀察彼此的教學歷程，並提供更多的共同空間，像打開教室進行公開觀課，教師從備課、公開課、議課的歷程中，自主的、專業的討論課堂教學與學生學習，可以確保有效的教師協作。

教師可以透過觀察同事與被同事觀察相互學習，建立共識（Roberts & Pruitt, 2003）。即是，教師在彼此觀察中，扮演彼此的導師，分享經驗、學習優點，提高教學技能和課堂管理（Roberts & Pruitt, 2003），對課堂教學與學生學習產生積極的影響。

三 形塑協作正向組織氛圍

(一) 彼此尊重互信正向同儕關係

如果教師彼此不信任，會擔心自己的決定、行爲，而不與同儕協作（Tschannen-Moran, 2001）。無壓力、自在的溝通是協作的重要元素，沒有信任，就無法有效的溝通（Baier,1986）。在促進協

作方面，信任和協作是相互操作的，可以互相依賴，互相提供養分（Tschannen-Moran, 2001）。簡言之，成員沒有信任關係，就難以協作。

　　小校易營造團體學習的文化，以成熟態度來支持工作需要，分享教學經驗，珍視教師的學習承諾，倡導、鼓勵組織成員相互扶持的學習氛圍（Evans, 2003），發展「互動專業主義」（interactive professionalism）的組織學習文化（林志成，2003；Fullan & Hargreaves, 1996）。也就是說，偏遠小校可以成為一個拉近組織成員之間距離的社群，形成一個關懷及包容他人（otherness）的社群，提供學校行政人員及教師具融合性（inclusive）的環境，而將教師彼此的夥伴關係延伸至整個學校社群（Lavié, 2006），形成尊重及信任、注重彼此的關聯性的正向同儕關係。

　　學校領導者必須鼓勵學校成員的對話和積極參與決策，因為對話不僅只是說話，而是專業學習（Southworth, 2009），可以讓教師建立彼此間的理想聯繫，同儕間試圖清晰、全面和具體的談論工作，協助解決教學的困境（Little, 1990）。對話，增加教師間、教師與學校的交流，因為教師在對話中分享彼此經驗，彼此互動中相互學習（Kruse, Louis, & Bryke ,1995）。但是，學校領導者應避免個人主義的產生（Crowther et al., 2002），淪為謀求個人私利的管道，在對話過程當中應尊重每一位教師個體性的需要及主張，但需以團隊的目標為核心提出建設性的建議。因此，學校領導者必須具備語言表達及協調衝突的人際關係的技巧（Frost & Harris, 2003），使對話的過程可以順利讓雙方的立場清楚客觀地傳達出來，達到組織的共同願景及工作的共同目標。

(二) 共同參與決策重組領導結構

　　重組學校領導結構應將領導分布於社會和情境脈絡中，在學校結構的設計上應增加教師們之間的互動及交流，並提供所有教師參與及

表現的機會（陳佩英、焦傳金，2009），透過廣泛參與、共同決策的過程，才能讓所有的參與者一起建構意義，而共同建構出來的意義，共同領導學校朝向一個共有的目標（Lambert, 2003）。

因此，學校必須改變其結構以提供促進教師知識分享的條件，包括提供共同規劃的時間，並將教師依興趣、友誼、科目及教室距離遠近分組，強化團隊結構的正面效應，在會議中安排開放討論的時間，協助教師組織同儕互相觀摩的時間，幫助教師評估他們希望從同儕學習到的知識為何，認同教師所分享的內容等等（Collinson & Cook, 2001; Edmonson, Fisher, Brown, Irby, Lunenburg, Creighton, Czaja, Merchant, & Christianson, 2001），讓不同領導者之間分享責任（Spillane, Halverson, & Diamond, 2004）。例如，教師領導者主要的任務在於教學領導的責任，協助執行有關於改善教學的計畫，行政人員則主要負責策略領導（strategic leadership）、建立願景、分配資源及建立網絡等（Crowther et al., 2002; York-Barr & Duke, 2004）。重組領導結構，讓組織成員明瞭自己的責任及確保其權力的實質性（Frost & Harris, 2003），朝向共同的目標努力。

(三) 建立教師對教學的積極態度

小校容易塑造較緊密的師生互動，學生能感受到教師的關懷照顧，頻繁師生人際互動氣氛，有效提升學生學業成就（侯務葵，2000；Crosnoe, Johnson, & Elder, 2004）。也就是說，小校緊密的師生互動，可以支持課堂上的有效氛圍，不僅提升學生學習成效，更可以產生教師對教學的積極態度。而且教師積極的教學態度，在教師協作歷程，發揮不可替代的作用（Smith, Wilson, & Corbett, 2009）。因此，學校領導者需尊重教師的專業性，發掘教師專業優良事蹟，提供演示、表揚的平台，讓每位教師在專業展現及楷模示範的歷程中，不斷地支持、強化教師對教學的積極態度與熱忱。

四　組織走出學校展現成效

　　學校組織成員必須彼此激勵，慶祝成功，是學校組織協作成功運作的重要元素（DuFour & Eaker,1998; Fullan, 2008; Gajda & Koliba, 2008）。學校領導者除平時彼此表揚課堂教學成效，還需要鼓勵組織成員帶著努力成果，參與教學卓越、特色學校、優良教師甄選等競賽，因為組織協作歷程中，一個親切的話語，具體的口頭讚美之話語，面對面的讚美是強大的，將帶來巨大的組織士氣激勵（DuFour & Eaker, 1998; Hallowell, 2005），發揮組織協作的力量，大幅提升學校組織成效。另從教師專業角色的建構來看，教師對自身專業角色的信念與期待，一部分取決於整體社會如何建構教師角色（Frost & Harris, 2003），學校領導者帶領教師們展現學生學習及學校組織效能，可以定位教師的專業角色，幫助教師反思自己在社會中的角色與地位（Beachum & Dentith, 2004），激勵學校組織士氣，強化協作，朝向以學生學習為先、教師專業發展為要的共同目標、願景努力。

伍　偏鄉小校課程與教學協作發展成果之案例分析

　　以新北市兩所偏遠小校（化名為九九國小、山山國小）為例，描繪偏遠小校發揮協作力量進行課程與教學發展，邁向卓越的學校效能，提升學生學習成效的成功歷程。茲以「九九國小」與「山山國小」偏遠小校為發展案例。

一　九九國小課程與教學協作發展案例說明

(一) 九九國小背景描繪

　　九九國小是一所偏遠小校，105 學年度學生數 24 人，且僅有 5 個班級，缺一年級，原在籍一年級新生皆遷籍至他校就讀，學生數在

少子化影響下急遽減少。全校 12 名老師（含兼行政職教師）在校年資在一年以下，九九國小校長亦是於 105 學年度遴選新上任的初任校長，學生國、英、數領域能力檢測成績皆低於新北市及該學區均標之下。九九國小呈現教師快速流動、學生流失及學生學習成效不佳的地理景觀。

(二) 九九國小課程與教學協作發展過程 —— 起心動念，以身作則，協作共好

1. 教師即專業信任專業

九九國小校長上任之際，是一名具有 18 年導師、4 年資訊教師及 7 年主任職場經歷的資深教育人員，堅信教師即是專業，讓學生多元展能，提升學生學習成效，讓學生快樂有效的學習是唯一的目標。九九國小校長認為他的首要工作是，只要教師能確認自身的專業意識，大家齊心致力以提升學生學習成效為組織成員共同信念，讓學生多元展能，應可以達成學生快樂有效的學習。

2. 提升學生學習成效為共同目標

105 學年度適逢 108 新課綱及新北市學生 50 人以下偏遠小校需推動混齡教學，學校必須進行課程與教學精進，確保學生學習成效。九九國小校長認為這是一個教育政策促動的學校課程與教學變革，邁向卓越的最佳契機，必須掌握。九九國小校長與行政團隊充分溝通後，於暑假備課時間，拋出 108 新課綱及混齡教學的政策執行，學校需有因應作為的議題，將學校團隊分成三組討論。結論大致是：「混齡教學對學生學習有何好處？為什麼要做？」「108 課綱就等書商的教科書就好，還要做什麼嗎？校訂課程就用原來學校的校本課程，就可以。」九九國小校長與行政團隊會後進行研議，主任普遍表示老師都不願意做，不知如何進行下一步。九九國小校長卻持著不同解讀，認為學校老師只是要對學生學習有好處的，就會做，亦認同 108 課綱校訂課程的必要性，只是尚未理解需轉化為素養導向的校訂課程。再

經過幾次的會議，在聚焦利於學生學習的目標，取得共識，利用週三下午時段，辦理「混齡教學」及「108課綱」系列性進修活動，充分了解兩個主題的內涵；並透過課務安排及導入社區達人及校外專業人士協助，讓週五下午共同時間，成立「教師專業學習社群」，開啟教師專業對話、共學及協作，且行政人員皆參與其間的歷程。歷程中，教師會表達對學校活動的意見，像活動太多影響正常課程、學生才藝發表會各班的表演活動準備時間不足、校訂課程戶外踏查的時間安排、混齡教學難以克服數學結構性強的單元安排，都是關注在學生學習的共同目標上，學校行政團隊傾聽教師團隊的意見，共同找尋共好的解決策略。像克服混齡教學課程安排的問題，九九國小老師引進數學領域專家，入校進行專家對話、研討，最後甚至主導區域六校108課綱低年級數學混齡教學教材工作坊，發展出一套低年級數學混齡教材與習作。教師也開始針對學生學習的困境，同儕對話，主動尋求像專家諮詢、教具採購等資源的協助。教師間、教學與行政間的邊界，在聚焦學生學習成效的共同目標中，漸漸弱化交融，教師在主題的探討中，擁有話語權，彼此尊重，共學共好。

3. 優化課堂教學支持，專注學生學習成效

九九國小在「優化課堂教學」中，積極參與競爭型計畫，參與「行動學習」、「科技輔助自學」、「混齡教學教室改善」及尋求社會資源，給師生優質的課堂環境，班班擁有兩臺65吋以上觸控網路電視、每位師生配置ipad行動載具。更在老師一同努力下，申請國教署夏日樂學專案計畫、暑期學習扶助計畫及企業捐款設置第三學期，建置「一個都不少」的學生學習支持系統。九九國小校長與學校教師討論與「學生學習」及「教師教學」相關的學校教學環境設施改善與設置，在教師晨會，在教師專業學習社群，在午餐共餐時間，在不定期的聚會中，尊重每位老師的建議，老師也開始讓課堂中的困境，進入教師專業學習社群中對話，分享經驗，提出解決對策。

4.專業展現重組領導結構

九九國小在教師晨會、教師專業學習社群時間，請教師分享課堂上的成功經驗，進行專業優質分享，九九國小校長也會分享自身教學職涯中的成功經驗，或者與同儕討論化解教學上疑難雜的經驗。在同儕前說明其成功經驗，是對教師自身的專業肯定，覺察自身在學校存在的尊重，學校領導結構在教師專業優質分享的過程中重組，成為學校組織領導的一員，共同參與學校決策。

(三) 九九國小課程與教學協作發展成果

自 105 學年度，九九國小強化教師即專業的教師意識，協作共好的專注於提升學生學習，展現優質的學校績效。自 107 學年度，學生國、英、數學習領域能力檢測均高於新北市均標；學生人數亦從 105 學年度 33 人，109 學年度已增為 43 人，贏得社區家長的信任與肯定。

最後，九九國小以成就「山城創業家」校訂課程參與 2021 年該市教學卓越競賽，榮獲特優佳績，九九國小團隊協作努力獲得肯定，更贏回身為教師的專業榮耀。

二 山山國小課程與教學協作發展成果

(一) 山山國小背景描繪

山山國小是一所偏遠山區學校，新北市教育局的原有計畫是在 95 學年度規劃廢除山山國小，但由於地方及家長極力反彈，學校得以繼續招生，但是附設幼兒園因招生不足，當年就沒有那麼幸運而廢園。101 學年度總學生數有 78 位，國、英、數領域能力檢測成績，待關心比率約占 12% 到 21% 不等，皆低於新北市及該學區均標之下，而學生人數每年都在減少當中。也由於人數每年減少，附近學區家長認為學生數少，老師比較照顧得到，紛紛將無法融入班級的孩子轉學上來，這讓成績低落的重擔更加沉重，因此讓山山國小呈現出面

臨廢校危機、學生成績普遍低落與學生人數逐年減少的循環困境。

(二) 山山國小課程與教學協作發展過程

課程與教學的發展是一所學校的重點工作，尤其是一所面臨廢校的偏遠學校更是一大挑戰，不過在山山國小歷任校長推動課程與教學的協作具體策略下，產生學校組織內部氛圍的變化、家長成員質的提升，以及學生學習成效的改變。茲就發展過程逐一描述如下：

1. 透過協作模式　爭取競爭型方案

參加競爭型課程與教學是最容易凝聚共同目標，因為校長運用團隊協作模式，以提升學生學習成效所辦理的專業成長研習、建構課程與教學的校本課程架構、討論公開教學的觀議課等機會，都是促成行政與教學之間的對話，教師有感行政的努力，可提振有教育熱忱的教師一同加入行列，讓學校呈現正向氛圍。例如，參加教育部教學卓越殊榮，課程規劃部分由行政人員各自分工寫出雛形，再由校長主持討論修訂配合 108 課綱的課程架構、方案、實施策略及學生學習能力。教學部分則運用週三進修由全校教師一起討論與修訂課程細節，配合各年段的課程目標與教學方案結合，再依據實際教學實施與時程調配等等，經過多次會議討論修訂，整個教學卓越計畫產生，過程中聚焦在課程教學目標與學習能力培養是否達成。

2. 組織靈活彈性　個個是計畫主持人

推動以課程與教學的協作模式，每一位行政人員都是架構撰寫人，也是課程計畫負責人，除了規劃課程內容外，亦需與任課教師協調、互動與討論教學內容與現況，並依照校訂課程規劃出學習目標、學習表現與學習內容、適性評量，最重要的是學習素養的檢核指標。過程中教師表達教學意見，如活動太多、教學時數不足、安全維護協調、人力、物力等支援，都需由主任居中協調，最後經過行政會議確認總計畫方案，幾次下來每個人都可以獨當一面，更打破組職層級，重組領導結構，個個都是計畫主持人。

3. 形塑正向氛圍　聚焦學生學習成效

參加競爭型課程與教學競賽，主要是競賽的主軸聚焦在學生學習與能力培養，希望透過外部評鑑力量，檢視課程規劃與教師教學成效，這是一個三贏的投資方案。像參加教學卓越評選，有教育局輔導校長、專家學者、課程教授及獲獎學校人員，進入學校協助檢視課程規劃優缺點，觀察教學過程以提升教學專業，評鑑學生學習成效與能力素養，有別於學校參加教學額外的競賽時，摒除活動與教學無關的藉口。行政與教師彼此透過尊重及信任，共同在教學領域中一起成長，營造正向氛圍。

4. 課程走向社區　處處是教學場域

學校因社區而存在，社區因學校而繁榮，山山國小的課程主軸就是社區的農產品，運用農產品特性發展出一系列課程，也因為農產品將社區、學校及學生學習課程牢牢繫在一起，教師將專業融入社區農產品之中，但需要耆老給予專業的佐證。社區的農產品透過教師創新研發，賦予農產品新的價值與重新定位。校長為參加競爭型競賽運用社區帶入課程與教學元素，重新將學校的專業、社區資源與學生學習融合在一起，社區處處是教學場域，符應 108 課綱所講學生的學習重點，融入在日常生活之中。

(三) 山山國小課程與教學協作發展成果

經過幾年的運用協作發展課程與教學模式，在山山國小內外部呈現出微妙的改變，學生在質與量都有顯著差異，量的提升在於學生人數呈現正成長，由 78 位學生成長至 116 位學生，而且集中在低年級，在未來幾年中學生數亦有往上飆升趨勢，這在偏遠學校是很難得的現象。在質的部分是這幾年，五年級學生參加新北市的能力檢測，數學科全部 100% 通過及精熟，沒有學生待關心；雖然國語與英語科沒有 100% 通過，但是待關心的人數由原來 2 至 3 人降為只剩下 1 人。

學校在歷任校長帶領下，參加課程與教學競爭型比賽，榮獲教育

部教學卓越金質獎、特色學校特優獎、標竿獎及攜手標竿獎和藝術教育貢獻獎等首獎。另外連續參加兩次新北市的校務評鑑，都榮獲三項優質通過的金質獎。山山國小在課程與教學發展上，發揮協作的力量，有效提升學生學習成效，成為一所高效能的特色學校。

陸 結論與省思

一 結論

(一) 校長扮演促進組織協作的關鍵角色

　　九九國小及山山國小兩校校長以身作則，強調「教師即專業」，「教師的意見即是專業建議」的分享權力領導風格，領導行政和教學充分的對話、溝通，讓學校教師享有權力參與、關懷、信任、受到支持的知覺（林明地，2002；Blase & Anderson, 1995）。展現尊重珍視學校組織成員及善於人際溝通互動的促進協作的領導行為（Fullan, 2008; Tschannen-Moran, 2000），積極參與教師學習社群，溝通協作計畫、活動推動，形塑「提升學生學習成效」的共同願景，進而召喚教師專業的意識，鼓勵教師參與管理校務運作及發展課程與教學，進而營造組織學習氛圍，以促進學校組織創新變革。

(二) 傾聽／尊重／接納化解組織衝突促進協作

　　兩校在推動 108 課綱、混齡教學課程發展及課堂實踐時，遭遇教師專業自主權及教師課堂教學遭遇干擾的主張，教師提出混齡教學不利學生學習及增加教師工作量，出現可能影響執行課程與教學效率的困境。Achinstein（2002）即指出在學校環境中促進協作，將挑戰教師「隱私、獨立及專業自主」的既定規範而導致衝突。兩校校長與行政團隊傾聽／尊重／接納教師的可能降低學生學習成效的疑慮，聚

焦學生學習與教師進行對話，以推動混齡教學增進學生學習成效及在不增加教師課程與教學發展工作量之下，進行多次、全面溝通，成功的化解衝突的擴大，成立混齡教學及 108 課綱課程與教學專業學習社群，聘請專家，彼此協作完成兩校校訂課程及打開課室課堂實踐。即是，兩校每次的溝通、對話，聚焦「教師即專業」、「提升學生學習」及傾聽／尊重／接納的協調衝突的人際關係技巧（Frost & Harris, 2003），促進學校組織協作，如 Achinstein（2002）指出透過接受和納入不同的觀點不僅可以鞏固社群，更可以將原本尚未進入社群的教師納入而擴大社群邊界。

(三) 形塑協作正向學校氛圍重組領導結構

兩校皆是偏遠小校，組織規模小，組織成員的連結是頻繁密切的，具有彼此支持工作需要的學校氛圍。加上兩校利用既有／創造共同時間，如教師晨會、教師專業學習社群時間，提供組織成員優質專業展現的平台，組織成員在彼此分享教學經驗及課堂實踐的過程中，培養教師珍視彼此專業看法及學習承諾的信任關係，建立兩校教師間的信任關係及信任學校的正向氛圍，有效改善學生學習（Tschannen-Moran, 2001）。

有效的將偏遠小校既有的緊密連結的學校氛圍，轉化為彼此尊重、信任、依賴的協作正向學校氛圍，成功的重組學校領導結構，個個都可以是專案領導者。兩校教師專業自信的、教師自主的、不擔憂的在會議中提出建言的，積極參與學校發展決策，並將教師在課堂中優質的教學實踐，帶出自己的「課堂王國」（Ke, 2000），與學校成員分享，彼此專業激勵，強化學校組織效能。兩校教師個個都可以是領導者的領導結構，鼓勵教師積極參與學校課程教學與發展、共同決策的過程，共同領導學校朝向提升學生學習成效的共同目標前進（Lambert, 2003）。

(四) 充分運用小校規模小人員連結密切

　　課堂教學通常是一種孤立的實踐，教師是「課堂王國」的國王或王后，教師間鮮少進行專業教學的對話，兩校利用偏遠小校組織規模小的靈活特性，成功的增加教師之間的連結，以提升學生學習爲目標進行協作、對話。例如，九九國小利用跨校共同議題（108 課綱低年級數學混齡教學課程研發）進行結盟、與鄰校共聘資訊、藝文巡迴教師，解決偏鄉難以專長授課的困境；山山國小則從積極參與競爭型課程與教學評比出發，透過外部評鑑力量促進團隊協作，共同檢視課程規劃與教師教學成效。兩校利用偏遠小校的特性，解決教師授課困境及增加教師協作的機會，積極形塑互信、相互依賴的組織協作氛圍，有效的在發展教師專業的歷程中，提升學生學習成效（Goddard, Goddard, & Tschannen-Moran, 2007）。兩校發揮協作的力量，有效提升學生國、英、數學習領域能力檢測成績，均能達到該市的市均標，學校人數皆逐年增加。

(五) 綜整學校成效參與競賽贏得學校團隊榮耀

　　兩校綜整學校團隊協作成效，系統化、脈絡化的盤點整合平時課程與教學團隊協作的歷程，將教師專業學習社群的課程發展、課堂實踐及學校活動成果，參與該市教學卓越競賽，皆取得特優的佳績，尤其山山國小更獲得教育部教學卓越金質獎的肯定。兩所學校成員贏得尊榮後，更強化學校組織成員「教師即專業」的信念及團隊協作的意願，積極的面對教學工作及課程與教學發展，陸續取得各項榮譽。即是兩校獲得佳績肯定其協作工作的成就，更強化教師協作的優質能力（DuFour & Eaker,1998; Fullan, 2008; Gajda & Koliba, 2008），持續提升學校課程與教學成效。

二　省思

　　學校組織團隊在協作歷程中，會有因個人主義或專業意見的不同，出現協作困境或衝突。面對困境、衝突的當下，教師社群的領導者，必須做到對教師的信任與尊重，將對話聚焦學校共同願景「提升學生學習」，請社群教師傾聽／尊重／同理不同的意見，共同理解意見背後的擔憂或遲疑，才可以避免衝突擴大，才可以再次的專業對話。因此，學校領導者，尤其是校長，從自身專業示範做起，以身作則，尊重每位教師的專業，召喚每位教師的專業意識，尊重彼此的看法；在學校常態的會議、教師專業學習社群的協作，聚焦於「學生學習」的對話、溝通，應可將偏遠小校的不利因素影響降到最低，化解或減低可能的衝突，發揮學校組織協作的力量，達到提升偏遠小校課程與教學發展的成效及有效的學生學習的學校願景。

　　偏遠小校雖然必須面對位處偏遠地區的種種不利因素，限制小校課程與教學成效，但是小校規模小，組織成員緊密連結，具有易形成學習社群、資源容易整合、形塑正向協作學校氛圍及重組學校領導結構的促進團隊協作的優勢，發揮學校協作的力量對抗偏遠地區不利因素，能提升學校效能，讓偏遠小校學生快樂有效的學習。

參考文獻

于第（2017）。香港、新加坡、泰國和臺灣地區大學教師與館員協作文化之研究（未出版博士論文）。國立臺灣師範大學，臺北市。

王如哲（1998）。教育行政學。臺北市：五南。

王彥喬（2014）。別再撒錢了！臺灣偏鄉教育的問題在「人」。風傳媒。取自：https://www.storm.mg/article/34165

江嘉杰（2016）。我國城鄉教育均衡發展之挑戰——偏遠地區國小校長的視域。

臺灣教育評論月刊，**5**(2)，21-25。

何慧群、永井正武（2016）。偏鄉小學教育：校長駐校與代理扶正。臺灣教育評論月刊，**5**(2)，12-20。

吳明清（2017）。有責無權，中小學校長難為？載於黃昆輝、江文雄、吳明清、郭生玉、黃政傑、周愚文（主編），當前臺灣重大教育問題的診斷與對策（頁118-119）。臺北市：五南。

吳清山（2016）。混齡教學。國家教育研究院教育脈動電子期刊，**8**，160-160。

吳清山、王令宜（2011）。協作領導的意涵及其在教育上的應用。教育行政研究，**1**(2)，1-29。

吳清山、林天祐（2009）。教育名詞：偏鄉教育。教育資料與研究雙月刊，**90**，177-178。

吳清山、林天祐（2011）。協作領導。教育研究月刊，**210**，117-118。

吳寶珍（2016）。為偏鄉小校培育優秀教師。師友月刊，**584**，20-25。

呂玟霖（2016）。淺談偏鄉學校教師人力的困境與突破。臺灣教育評論月刊，**5**(2)，26-28。

兒童福利聯盟（2013）。臺灣偏鄉弱勢學童學習貧窮分析報告。臺北市：兒童福利聯盟文教基金會。取自 https://www.children.org.tw/news/advocacy_detail/974

林天祐（2012）。偏鄉學校的師資課題。臺灣教育評論月刊，**1**(3)，25-26。

林志成（2003）。形塑專業取向的教師組織文化。竹縣文教，**28**，52-55。

林明地（2002）。學校領導：理念與校長生涯發展。臺北市：高等教育。

林信志（2017）。各國改善偏鄉師資策略之啟示。臺灣教育評論月刊，**6**(9)，113-117。

侯務葵（2000）。教師學群成長——小班小校實作與課程統整。教育研究月刊，**79**，68-74。

家扶基金會（2015，12月2日）。M型化社會讓窮孩子翻不了身。家扶基金會。取自 https://www.ccf.org.tw/?action=news1&class_id=3&did=199。

高又淑（2010）。教師於營造學校合作文化中的領導角色。教育科學期刊，**9**(1)，145-163。

偏遠地區學校教育發展條例（民106年12月6日）。

教育部（2021）。國民中小學校概況統計 **109** 學年度。臺北市：教育部。取自：https://stats.moe.gov.tw/files/ebook/basic/109/109basic.pdf

許添明、葉珍玲（2015）。城鄉學生學習落差現況、成因及政策建議。臺東大學教育學報，**26**(2)，63-91。

郭靜姿、何榮桂（2014）。翻轉吧教學！臺灣教育，**686**，9-15。

陳木金（2004）。校長專業套裝知識的解構與校長現場經驗知識讀復活。第六次教育論壇──從後現代看校長專業能力。國立教育資料館。

陳佩英、焦傳金（2009）。分散式領導與專業學習社群之建構：一所高中教學創新計畫的個案研究。教育科學研究期刊，**54**(1)，55-86。

陳宜加（2016，12月19日）。最大夢想是出國玩，每4位窮孩子就有3位來自偏鄉。中時電子報。取自 https://www.chinatimes.com/realtimenews/20161219004324-260405?chdtv。

陳奎憙（2001）。教育社會學導論。臺北市：師大書苑。

陳聖謨（2013）。偏鄉學校發展議題與研究。臺北市：華騰。

陳聖謨（2015）。偏鄉迷你小學推展混齡教學的理路與出路。論文發表於國立嘉義大學舉辦之「2015年海峽兩岸中小學教師教育與課程改革」學術研討會，嘉義縣。

陳麗珠（2008）。弱勢學生照顧政策之檢討與改進。教育研究月刊，**172**，5-16。

陳麗珠、陳明印（2013）。我國教育財政政策之變革與展望。臺灣教育，**681**，2-12。

傳愛偏鄉讓孩子更好（2016，12月19）。2016年「臺灣學童城鄉差距」調查報告發表記者會。傳愛偏鄉讓孩子更好。取自 https://i.children.org.tw/news/index/14

詹志禹、吳璧純（2015）。偏鄉教育創新發展。教育研究月刊，**258**，29-41。

甄曉蘭（2007）。偏遠國中教育機會不均等問題與相關教育政策初探。教育研究集刊，**53**(3)，1-35。

劉述懿、李延昌（2016）。給偏鄉孩子穩定優質師資。臺灣教育評論月刊，**5**(9)，126-130。

潘淑琦（2015）。以教師專業學習社群的組織學習方式來提升教學品質之研究：以一所特偏迷你小校為例。南臺灣教育學術研討會。高雄市教育局。

潘淑琦（2016）。從實踐經驗中開拓偏鄉教育之路：以初任校長為例。2016年「點亮新世代教育」學術研討會暨第35屆課程與教學論壇。國立嘉義大學教育學系暨研究所。

蔡宜恬（2012）。回應偏鄉教育的師資課題。臺灣教育評論月刊，**1**(8)，44-45。

鄭同僚（2006）。公立高級中學教師兼任行政人員離職問題分析臺北市爲例。研習資訊，**23**(6)，7-18。

謝文全（2002）。學校行政。臺北市：五南。

Achinstein, B. (2002). Conflict amid community: The micropolitics of teacher collaboration. *Teachers College Record, 104*(3), 421-455.

Ainsworth, M. D. S. (1991). Attachments and other affectional bonds across the life cycle. In C. M. Parkes, J. Stevenson-Hinde, & P. Marris (Eds.), *Attachment across the life cycle* (pp. 33-51). London: Routledge.

Anderson-Butcher, D., Lawson, H., Bean, J., Boone, B., & Kwiatkowski,A.(2004). *Implementation guide: The Ohio Community Collaboration Model (OCCM) for school improvement*. Columbus, OH: The Ohio Department of Education.

Baier, A. (1986) "Trust and Antitrust", *Ethics, 96*(2), pp. 231-260.

Beachum, F., & Dentith, A. M. (2004). Teacher leaders creating cultures of school renewal and transformation. *The Educational Forum, 68* (3), 276-286.

Bergman, D., Calzada, L., LaPointe, N., Lee, A., & Sullivan, L. (1998). *Vertical alignment and collaboration.* Texas, T. X.: A & M University, Corpus Christi/ Kingsville Joint Doctoral Program in Educational Leadership. (ERIC Document Reproduction Service No. ED421472)

Blase, J., & Anderson, G. (1995). *The micropolitics of educational leadership: From control to empowerment*. London: Cassell.

Bronstein, A. S. (2013). Teacher collaboration in the age of teaching standards: the study of a small, suburban school district. a dissertation in Educational and Organizational Leadership Presented to the Faculties of the University of Pennsylvania in Partial Fulfillment of the Requirements for the Degree of Doctor of Education.

Burke, B. M. (2013). Experiential professional development: A model for meaningful and long-lasting change in classrooms. *Journal of Experiential Education, 36*(3), 247-263. https://doi.org/10.1177/1053825913489103

Bush, Gail. (2001). *The development of a theoretical framework of educator collaboration*. UMI Dissertation Services.

Cameron, A., & Archer, D. (2009). *Collaborative leadership: How to succeed in an interconnected world*. Oxford, England: Butterworth Heinemann.

Coleman, J. S. (1988). Social capital in the creation of human capital. *American Journal of Sociology, 94*(Supplement), 95-120.

Collinson, V., & Cook, T. F. (2001). "I don't have enough time: Teachers" interpretations of time as a key to learning and school change", *Journal of Educational Administration, 39*(3), 266-281.

Cook, L., & Friend, M. (1993). *Educational leadership for teacher collaboration.* (ERIC Document Reproduction Service No. ED372540)

Cook, L., & Friend, M.(1996). *Co-Teaching: Guidelines for Creating Effective Practices, Focus on Exceptional Children, 28*(3).

Crosnoe, R., Johnson. M. K., & Elder, G. H. (2004). School size and the interpersonal side of education: An examination of race/ethnicity and organizational context. *Social Science Quarterly, 85*(5), 1259-1274.

Crowther, F., Kaagan, S. S., Ferguson, M., & Hann, L. (2002). *Developing teacher leaders: How teacher leadership enhances school success.* California: Crowin Press.

Donham, J., & Green, C. W. (2004). Perspectives on ... developing a culture of collaboration: Librarian as consultant. *Journal of Academic Librarianship, 30*(4), 314-321. doi:10.1016/j.acalib.2004.04.005

DuFour, R., & Eaker, R. (1998). *Professional learning communities at work: Best practices for enhancing student achievement.* Bloomington, ID: Solution Tree.

Edmonson, S., Fisher, A., Brown, G., Irby, B., Lunenburg, F., Creighton, T., Czaja, M., Merchant, J., & Christianson, J. (2001). *Creating a collaborative culture.* (ERIC Document Reproduction Service No. ED470755).

Egodawatte, G., Mcdougall, D., & Stoilescu, D. (2011). The effects of teacher collaboration in Grade 9 Applied Mathematics. *Educational Research for Policy and Practice, 10*, 189-209.https://doi.org/10.1007/s10671-011-9104-y

Éthier, G. (1989). *Managing excellence in education.* Québec, Canada: Presses de l'Université du Québec.

Evans, P. M. (2003). A principal's dilemmas: Theory and reality of school redesign. *Phi Delta Kappan, 84*(6), 424-436.

Frost, D., & Harris, A. (2003). Teacher leadership: Towards a research agenda.*Cambridge Journal of Education, 33*(3), 479-498.

Fullan, M. (2008). *The six secrets of change: What the best leaders do to help their organizations survive and thrive.* San Francisco, CA: Jossey-Bass.

Fullan, M., & Hargreaves, A. (1996). *What's worth fighting for in your school?* New York: Teachers College Press.

Gable, R. A., & Manning, L. M. (1997). The role of teacher collaboration in school reform. *Childhood Education, 73*(4), 219-223.

Gajda, R., & Koliba, C. J. (2008). Evaluating and Improving the Quality of Teacher Collaboration: A Field-Tested Framework for Secondary School Leaders. *NASSP Bulletin, 92*(2), 133-153. https://doi.org/10.1177/0192636508320990

Gallegos, B., & Wright, T. (2000). Collaborations in the field: Examples from a survey. In D. Raspa & D. Ward (Eds.), *The collaboration imperative: Librarians and faculty working together in the information universe* (pp. 97-113). Chicago, IL: ACRL.

Gallegos, B., & Wright, T. (2000). Collaborations in the field: Examples from a survey. In D. Raspa & D. Ward (Eds.), *The collaboration imperative: Librarians and faculty working together in the information universe* (pp. 97-113). Chicago, IL: ACRL.

Goddard, Y. L., Goddard, R. D., & Tschannen-Moran, M. (2007). A theoretical and empirical investigation of teacher collaboration for school improvement and student achievement in public elementary schools. *Teachers College Record, 109*, 877-896.

Grimm, L. G., & Yarnold, P. R. (1995). *Reading and understanding multivariate statistics.* Washington, D. C.: American Psychological Association.

Gruenert, S. (1998). *Development of a school culture survey.* Unpublished doctoral dissertation,University of Missouri-Columbia, MO.

Gumuseli, A. I., & Eryilmaz, A. (2011). Tie measurement of collaborative school culture (CSC) on Turkish Schools. *New Horizons in Education, 59*(2), 13-26. Retrieved from https://fjles.eric. ed.gov/fulltext/EJ955530.pdf

Hallinger, P., & Heck, R. (2010). Collaborative leadership and school improvement: Understanding the impact on school capacity and student learning. *School Leadership and Management, 30*(2), 95-110.

Hallowell, E. (2005). Overloaded circuits why smart people underperform. *Harvard Business Review, 83*(1), 54-62.

Hargreaves, A. (1994). *Changing Teachers, Changing Times: Teachers' Work and Culture in the Postmodern Age*. London: Cassell.

Holland, N. E. (2002, February). Small schools making big changes: The importance of professional communities in school reform. Paper presented at *the Annual Meeting of the National Association of African American Studies, the National Association of Hispanic and Latino Studies, the National Association of Native American Studies, and the International Association of Asian Studies*. Houston, T. X.. (ERIC Document Reproduction Service No. ED477413)

Hord, S. (1986). "A synthesis of research on organizational collaboration", *Educational Leadership, 43*(5), pp. 22-26.

Inger, M. (1993). Teacher collaboration in secondary schools. *Center Focus, 2*(1-4). (ERIC Document Reproduction Service No. ED364733)

Ke, Q.-Y. (2000). Overcome isolation: Improving instruction through collaboration. *Hanling Culture and Education Magazine, 2*.

Kruse, S. D., Louis, K. S., & Bryk, A. (1995). "An emerging framework for analyzing school-based professional community" in Louis K. S. & Kruse S. D. (Eds) *Professionalism and Community: Perspectives on Reforming Urban Schools*. Thousand Oaks, CA: Corwin, pp. 23-42.

Lambert, L. (2003). *Leadership capacity for school improvement.* Alexandria, VA: ASCD.

Lavié, J. M. (2006). Academic discourses on school-based teacher collaboration: Revisiting the arguments. *Educational Administration Quarterly, 42*(5), 773-805.

Little, J.W. (1990). Teachers as colleagues. in Lieberman A. (Eds). *Schools as Collaborative Cultures: Creating the Future Now.* London: Falmer, pp. 170-198.

McGregor, J. (2003). Making Spaces: Teacher workplace topologies. *Pedagogy, Culture & Society, 11*(3), pp. 353-378.

Muronaga, K., & Harada, V. (1999). Building teacher partnerships:http://joemls.tku.edu. twThe art of collaboration. *Teacher Librarian, 27*(1), 9-14.

Nelson, T. H. (2009). Teachers' collaborative inquiry and professional growth: Should we be optimistic? *Science Education, 93*(3), 548-580. https://doi.org/10.1002/sce.20302

Riordan, G. P., & Da Costa, J. L. (1996). Self-initiated high school teacher collaboration. Paper presented at *the Annual Meeting of the American Educational Research*

Association. New York.

Roberts, S. M., & Pruitt E. Z. (2003). *Schools as Professional Learning Communities: Collaborative Activities and Strategies for Professional Development.* Thousand Oaks, CA: Corwin.

Rosen, E. (2007). *The culture of collaboration: Maximizing time, talent and tools to create value in the global economy.* San Francisco, CA: Red Ape.

Sarria, Aline. (1997). *Instructional change through collaboration and reflection.* UMI Dissertation Services.

Smith, D., Wilson, B., & Corbett, D. (2009). Moving beyond talk., *Educational Leadership, 66*(5), pp. 20-25.

Southworth, G (2009). Learning-centred leadership., in Davies, B. *The Essentials of School Leadership.* Los Angeles: Sage, pp. 91-111.

Spillane, J. P., Halverson, R., & Diamond, J. B. (2004). Towards a theory of leadership practice: A distributed perspective. *Journal of Curriculum Studies, 36*(1), 3-34.

Stoll, L., Bolam, R., McMahon, A., Wallace, M., & Thomas, S. (2006). Professional learning communities: A review of the literature., *Journal of Educational Change, 7*(4), pp. 221-258.

Strahan, D. (2003). Promoting a collaborative professional culture in three elementary schools that have beaten the odds., *The Elementary School Journal, 104*(2), pp. 127-146.

Telford, H. (1996). *Transforming schools through collaborative leadership.* London, England: The Falmer.

Tschannen-Moran, M. (2001). Collaboration and the need for trust. *Journal of Educational Administration, 39*(4), pp. 308-331.

Weick, K. E. (1979). *The social psychology of organizing.* Reading, MA: Addison-Wesley.

York-Barr, J., & Duke, K. (2004). What do we know about teacher leadership? Findings from two decades of scholarship. *Review of Educational Research, 74*(3), 255-316.

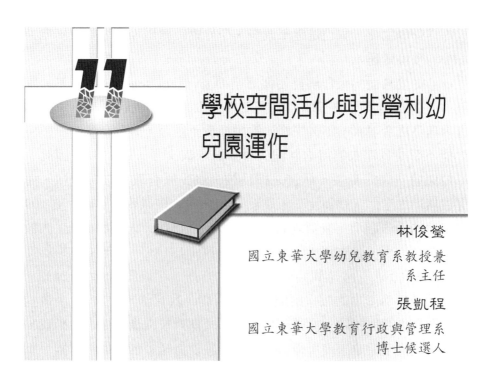

學校空間活化與非營利幼兒園運作

林俊瑩

國立東華大學幼兒教育系教授兼
系主任

張凱程

國立東華大學教育行政與管理系
博士候選人

壹 學校空間活化的社會背景

　　臺灣從 1980 年代後半以降，歷經科技產業的突飛猛進與全球化浪潮的衝擊，不論在政治、經濟、文化、教育等諸多方面，均面臨著不小的挑戰（林爵士、王瑞斌，2016）。而學校作為國家最重要的教育場域，所受到影響甚深，當前學校的經營更無法再用傳統管理思維與方式來因應時代的快速變遷，因此近來在教育場域的變革也是相當明顯的。除了上述產業與全球化的影響外，更重要的問題是在面臨少子女化現象，學生人數大幅減少，因而產生的學校裁併、教師超額以及餘裕空間閒置等眾多難題（鍾敏菁，2018），更直接影響到學

校的經營與生存，並也是近來政府、學界與教育現場苦思對策、戮力解決的政策議題。

　　若從校園面向來理解餘裕閒置空間（vacant school space）的定義，其係指因其學校空間與設施使用人數減少，規劃設計與使用不當、建築法令限制、年久失修、維護經費不足等，導致有多餘、使用效能不彰或長期未運用之狀況（林志成、盧文平，2017）。因此，學校閒置空間的產生，簡言之即為校舍喪失原有教育之功能性，而閒置無用的空間（林爵士、王瑞斌，2016）。根據教育部統計處109學年度的報告顯示，臺灣地區從95學年度至109學年度間學生人數逐年明顯減少，公立國小的班級數由6萬1,251班，減至109學年度的4萬9,750班，14年間共減少1萬1,501班，平均每年減少821班，這些因減班而產生的教室便成了閒置空間（教育部，2021a）。這些校園閒置空間增加後，從幾個角度來看，都對校園產生重大的影響，例如，閒置空間雖未使用但仍需進行維護及修繕，費用仍然可觀，不符合經濟效益；鮮少使用的空間對學生及教職員不免帶來危險，而有安全上的疑慮；閒置空間也可能成為蚊子館，堆放雜物或空閒不用，空間仍會日漸損壞，也不符合永續經營的原則（蕭文婷，2019）。

　　為了回應社會外在大環境之變遷，以及有效解決臺灣地區各縣市學校校舍所存在餘裕及閒置空間的現實難題，教育部於2017年修正發布《公立國民中學及國民小學校園（舍）空間多元活化注意事項》，其實施內容包括「文教公益為先」、「校園（舍）安全為要」、「資訊公開透明」、「簽訂行政契約」、「兼顧多元需求」、「社區參與對話」、「落實永續發展」等七大原則（教育部，2017a）。另一方面，該注意事項中更明確地揭示校園（舍）空間活化用途應為幼兒園、實驗教育、社會教育、社會福利設施等十二項（鍾德馨，2020），以期運用多元方式，尋求學校存在的永續價值與新生命力，同時更彰顯出臺灣政府對解決閒置校舍的多面向思考。

　　當中，學校空間活化（activation and reuse of vacant space）係

指透過再利用既有的閒置校園空間與設施等教育公共財，充分發揮校園空間價值，配合在地特色資源與人文特質，並依據各縣市、各學校特殊條件與需求，規劃多樣性的教育功能，使之再生新生命之歷程。簡言之，校園空間的再利用，是希望學校透過對空間現狀的突破來重燃生機，繼續擔負起孕育國家人才的角色（林志成、盧文平，2017；鍾敏菁，2018），因而教育部推動的「活化校園空間總體規劃方案」（教育部，2017a），可謂呼應社會需求的鮮明表徵，並體現我國多元、創新與活力的教育新價值（陳佳鋐，2019；鍾德馨，2020）。

　　以下先就少子女化的影響、社區意識的興起，以及學校組織變革的風潮等三方面加以說明，以深究學校空間活化的社會背景脈絡之發展。

一　少子女化的影響

　　晚近，低生育是許多國家面臨的重大危機，少子女化現象儼然成為一個需要被高度正視的國安問題，如何有效的解決低生育所造成的負面影響更成為許多國家急待解決的課題。在探討低生育的影響因素中，不得不讓人注意到年輕世代普遍晚婚、不婚，生育第一胎年齡延後，願意生養第二與第三胎的人數減少等重要人口變化趨勢（黃志隆，2012；Khan, 2020）。同時，婚育價值的改變、嬰幼兒照顧成本的增加、女性教育程度的提高及勞動參與的增加、家庭與個人職涯規劃的衝突，都是造成低生育率的重要關鍵（楊慧滿、陳宇嘉，2020；Rigg, Schmied, Peters, & Dahlen, 2017; Yakita, 2018）。若檢視新近的出生率調查報告，當可發現我國的出生人口從 2012 年的 22 萬人，已降至 2017 年 19.3 萬人，至 2020 年出生的新生兒更只剩下 16 萬 5,249 人（內政部，2021）；若由此推之，國小入學新生恐在 2025 年內將銳減近 10 萬人，對國家發展的危害是不容被忽視的。不過，同樣值得重視的議題是，在少子女化趨勢的影響下，也促使各縣

市國民中小學新生入學人數有相當幅度的遞減，許多學校因此出現空餘教室閒置與校園角落荒蕪的情況，尤其在偏遠地區或離島的小型學校，學生人數銳減更是相形來得嚴重，學校普遍都面臨到整併或裁撤的困境（張文權、范熾文，2015）。因此，這也意味著學校的辦學經營型態亦應隨之改變，學校建築與設施等閒置空間多元運用、有效活化，也成為政府單位與學校經營者亟需克服的現實問題。

二 社區意識的興起

基於地方「社區意識」抬頭，「學校社區化、社區學校化」的概念也不斷地被提出，學校與社區之間遂形成密不可分的共同體（林志鈞、吳淑敏、李欣如，2017）。尤其我國於 2019 年提出「國民中小學結合社區永續發展計畫」，主要目的是為了促進社區經營與發展，呼應全球永續發展目標，並以此目標建構具有地方特色的學校本位課程（謝沛妤，2021），此誠如社會重建主義的先鋒者 G. S. Counts 所提出的概念，認為學校必須成為建立文明的中心，而不只是成為沉思文明的地方（Apple, 2018）。基於此，因為學校存在於社區，學生也來自於社區，教育工作自不能獨立於社區之外，學校應積極扮演社會變革的推手，與社區建立有機的關係，將特色留在社區，並永續經營，共創學校及社區雙贏局面（張文權、范熾文，2015）。換句話說，學校的閒置空間應透過適當的規劃與經營，充分有效再利用，且應更加重視家長、學生與社區人士的意見，形成親密的夥伴關係，如能充分結合原有空間、地方產業及當地自然暨人文特色等，發揮活絡空間效益，將可延續當地經濟及文化命脈，開創社區嶄新面貌。

三 學校組織變革的風潮

提升學校效能、追求更精緻的教育，一直都是世界各國教育努力的重點（蔡金田、吳品儒，2017）。尤其各界都紛紛致力於學

校效能與學校改革的研究工作，冀望能發展出系統的方法或策略，而其目標則是以建立新型態學校為理想的藍圖（張文權、范熾文，2015；Brundrett & Rhodes, 2011; Turnipseed & Darling-Hammond, 2015）。另外，當前學校本位管理的思潮運動相當發達，讓學校在預算運用、課程教學及校園環境設施上有更多的自主空間，同時也賦予學校有更多的權責，以創造出良好的績效（張文權、范熾文、陳成宏，2017）。在此背景下，對於校園內的餘裕閒置空間，有效能的學校與其管理團隊也應更能透過校園空間活化策略，化危機為轉機，將閒置空間搖身一變，成為學校可加以創新規劃的空間，並能產生對個人、學校或社會的顯著利益。

要言之，隨著時代的物換星移，少子女化、社區意識抬頭以及學校組織變革議題的探究及解決已刻不容緩，其對我國邁向學校活用成效之重要性不可言喻，更會直接影響永續發展理念的落實。依此看來，若要提升國家的競爭力，學校宜加強推動校園空間活化與治理的工作，並在符合教育功能與目的之前提下，尋求學校存在的永續價值（鍾德馨，2020）。

其中，為了配合行政院「擴大幼兒教保公共化計畫」中優質平價、普及近便的教保理念，所設立的非營利幼兒園就相當明顯的體現其與國內少子女化相關對策的連結，同時又能有效緩解家長對教保服務需求供給不足的難題（教育部等，2019）。因此，在充分發揮教育公共財的政策理念下，非營利幼兒園之設立遂成為政府在學校餘裕空間活化最常使用的解決之道（陳佳鉉，2019）。據此，以下本文以非營利幼兒園為對象，探討這種新型態幼兒園在校園餘裕空間活化中，規劃安排與治理的樣態，希望透過非營利幼兒園的運作機制，提供後續學校空間活化治理實務之具體建議。以下先探究非營利幼兒園的政策意涵；其次，探討非營利幼兒園與政府公私跨域治理的模式分析；另外，檢視非營利幼兒園空間活化的跨域治理挑戰；最後，提出非營利幼兒園對學校空間活化的啟示。

臺灣非營利幼兒園的政策意涵

「非營利組織」一詞，從字面來理解，即為「不以營利為目的之組織」（Helmig, Ingerfurth, & Pinz, 2014; Roch & Sai, 2015）。其中，非營利組織的構成包含下列六項特性，分別是：正式化（Formal）、私人的（Private）、不從事盈餘分配（Non-profit-distributing）、自主管理（Self-governing）、自願服務（Voluntary）與公益屬性（Public of Attribute）（林淑馨，2016）。而非營利幼兒園是臺灣地區非營利組織跨足教育領域、展現公私協力關係的具體例證，其他例子像以公私協力關係開辦的學生課外國小課後照顧班（陳盈宏，2017）、公私協力模式推動學校的課後補救教學（林瑞榮、劉健慧、楊智穎，2011）、以公私協力方式治理社區大學（魏季李，2015）等，再再都說明非營利組織與政府部門公私協力，共同推動教育服務的現象已是愈見普遍，而非營利組織在其他領域的發展與應用例子更為豐富，就不再一一贅述。

整體言之，非營利幼兒園係指由公部門提供閒置空間，或是私人團體自覓符合規定的教育環境與設施，再經由政府以公開招標的方式，評選出專業經營團隊並以成本價格提供教保服務，有別於公私立幼兒園的營運方式（翁崇文，2015）。而非營利幼兒園的政策使命，或者是政策目標，即在協助家長育兒及建構家長安心就業、促進幼兒健康成長，與推廣優質平價及弱勢優先的教保服務（教育部，2017b）。此項政策大致包含以下四種核心價值（教育部，2018）：

一　平等尊重

落實平等尊重，無歧視的教保理念，強調幼兒、家長及教保服務人員間平等自主的互動，進而形塑出互相分享學習的情境，裨益於精緻卓越教育的政策內涵，催化教育政策創新的可能性。

二　專業整合

根據《非營利幼兒園實施辦法》（全國法規資料庫，2017），非營利幼兒園的人員編制，除教保服務人員外，依規定可以聘任學前特殊教育教師、社會工作人員、護理人員、職員、廚工人員等若干人。由跨專業領域之各類人員的投入，相互合作，致力於提升教保品質專業的整合。

三　社區互動

非營利幼兒園績效考核指標之一為協力服務，包括幼兒園與在地社區互動、分享資源及協同合作，為社區內有學齡前幼兒的家庭，提供育兒相關資源的連結與交流，以期整合與運用社區資源，融入幼兒園課程活動中，與社區夥伴互助，培養幼兒認同自己的社會文化。

四　公私協力

由政府提供國中小有剩餘閒置的教室，撥付經費，再經由公開的程序，由公益法人進駐經營，經由公私部門資源共享、協力合作，建立夥伴關係，體現落實公私部門之間的合作與互動關係。

上述價值內涵具有以下兩點重要意義：

一　為臺灣教育與托育問題提供更多樣化的選擇方案

早先的幼兒園大致只有公幼及私幼兩種選項，其中，公立幼兒園雖然有價格平民化的優勢，但在占比未過半，招生名額較為有限，且在優先收托弱勢家庭幼兒之政策下，不免有僧多粥少、許多家庭不得其門而入的窘境（教育部，2017b），很難更積極的回應現代就業家庭的育兒需求；另外，私立幼兒園雖然能較彈性且有效的配合家長需求，但明顯較高的收費，大幅提高了家庭經濟負擔，自然妨礙了許多

家長做此教育選擇的可能性（黃怡靜、林俊瑩、吳新傑，2016）。因此，非營利幼兒園政策的催生與運作，以平價優質為目標，當可適度解決上述對現有公私立幼兒園服務供給不足的限制，且在平等尊重的前提下，可優先照顧弱勢家庭，並能確保非營利幼兒園教保服務人員的合理勞動權益，致力於提升教保品質專業的整合。

二　成為政府在學校餘裕與閒置空間活化上相當合適的政策工具

配合行政院「擴大幼兒教保公共化計畫」及前瞻基礎建設，所設立非營利幼兒園，相當顯現學校餘裕空間活化的有效運用，其設立不但可減少解決現代家庭對於教保服務需求大幅增加的問題（教育部，2018），並可充分發揮校園空間價值，來創造學校存在的新生命力（徐秀鈴、孫國華，2018），應是政府當前學校餘裕與閒置空間活化上很適合的政策工具，並可達成家庭、學校與社區共好的三贏目標。

參　非營利幼兒園與政府公私跨域治理的模式分析

隨著公民意識益加抬頭，民眾對政府在公共服務提供上的適足性檢視也是同步提高，且更有意識主張在公共服務面向上要能深度共同參與（林淑馨，2016）。於此同時，基於政府通常並沒有能力完全滿足人民的需求，因之借助民間單位的力量也已成為不可或缺的服務供給過程，而公部門也非常清楚地理解到必須透過合作的過程，才能提升公部門之運作效能，從而達成提供優質服務品質的目標（施又瑀，2018）。政府為達成提升公共服務的品質，並推動非營利組織參與政府的公共服務，因此，公私部門跨域治理的策略為重要發展途徑，而由於非營利組織在執行層次上的業務整合能力具有優勢，並且有私部門更大的彈性與多元之特性，可更立即的、有效率的滿足民眾

需求，並於跨域事務之政策規劃與執行效益的提升具有很高的優勢
（魏季李，2015），可補公部門效率不足、彈性不夠的限制。同理，
臺灣地區非營利幼兒園的源起與發軔，除了期望能解決閒置校舍空間
之問題外，某種程度上也希望藉由非營利幼兒園與政府的合作協力，
提供符合需求、有責信保障之教保服務，來填補政府的能力不足，立
意也十分良善，並且汲取非營利幼兒園可更高程度滿足民眾需求之優
點，適時填補公部門所提供優質教保服務之不足，運作以來也深受民
眾之歡迎。

　　緊接著，本文以跨域治理的觀點分析，在有效活化國家公共資產
的角度下，針對非營利幼兒園運作的現況來做探析，以下就跨域治理
的意涵，以及跨域治理中政府與非營利幼兒園之模式分析進行探討。
首先，跨域治理（cross boundary governance）意指針對兩個或兩個
以上的不同部門、團體或行政區，因彼此之間的業務、功能與疆界相
接及重疊，部門間的界線逐漸模糊，導致權責不明、無人管理與跨部
門合作協調困難的問題發生時，藉由公部門、私部門與非營利組織
的結合，透過協力方式，有助於解決棘手難以處理的問題（國家文
官學院，2019）。簡言之，跨域治理就是一種以同心協力和互助合
作方式而形成的跨越組織、跨越區域以及跨越部門的治理模式（鍾
德馨，2020）。而以非營利幼兒園來說，在利用公部門之校園閒置
空間而設立園所時，往往必須結合地政機關、教育機關、地方政府、
私人組織等共同協力處理，並就各權責分工來辦理與合作（劉芸英，
2015），是跨域治理很典型的例子，其最終的目標就是希望使得各
種民眾公共服務需求能被順利充分的滿足。

　　另外，有關於非營利幼兒園與政府公私跨域治理的模式運作，也
可依據公共政策管理的過程論（public policy process）來剖析。一般
而言，政府針對公共問題的行動程序包括政策議題設定、政策分析與
規劃、政策合法化、政策執行、政策評估及政策回饋等六個功能性步
驟（Hill & Varone, 2021）。本文依行政學上計畫、執行與考核三階

段論之觀點，可將前三個步驟統整為「政策規劃」，將政策回饋納入評估當中，綜合以「政策規劃、執行與評估」三階段作為政策管理的程序性內涵（Bouckaert, Peters, & Verhoest, 2010）。以下茲透過政策管理的三階段程序，針對非營利幼兒園在學校空間活化上跨域治理之模式進行分析。

一 政策規劃階段

在非營利幼兒園融入校園餘裕空間活化的政策規劃上，可從非營利幼兒園設立的背景來探討。首先，在時代的變遷之下，經濟的壓力、女性意識抬頭，強調男女平權的現今，為滿足家庭生活環境與經濟需求，雙薪家庭幾乎成為主流。依據行政院主計總處 2018 年勞動力參與率調查結果顯示，女性有配偶或是同居的狀態中，勞動力參與率已近五成，而其中育有未滿 6 歲子女者更達近七成（行政院主計總處，2019），顯示臺灣已婚婦女參與勞動的比例並不低，因此，自然加深了許多家庭對家中幼兒及早托育照顧服務之需求（林信廷、王舒芸，2015；教育部，2017a）。況且，有許多研究更證實及早在家庭及托育照顧等環境提供良好的支援和保護，對個人往後的發展與適應具有很重要的正向效果（Hotz & Wiswall, 2019; Hu, Wu, Winsler, Fan, & Song, 2020; Wang, Allen, Lee, & Hsieh, 2015），也就揭示提早接觸高品質的幼兒教育與保育的重要性（黃怡靜等人，2016；Hawkinson, Griffen, Dong, & Maynard, 2013），因此，政府在優質、平價、公共化教保服務選項，與校園空間活化之上，非營利幼兒園政策的推動也就成為很重要的施政方向。

由於既有公立幼兒園普遍存在符應家長就業需求較為緩慢的問題，徒增在職家長需另行安置孩子的困擾與壓力（李淑如、張凱程、林俊瑩，2021），且公立幼兒園供給量不足，也常為大眾所詬病（教育部，2017a）。而私立幼兒園雖較彈性且有效的配合家長需求，但較高的收費、過度市場導向而忽略幼教專業脈動及品質提升，同樣引

發不小的爭議，都促成各界對政府能夠積極推展「幼兒教保服務公共
化」，以改進前述困境，並提供家長平價、優質的友善托育環境的期
盼。

在上述描述的政策環境下，政府為了減輕家長的經濟負擔，提供
價格合理、品質有保障的教保服務，因此提出「擴大幼兒教保公共化
計畫」，於 106 年至 109 年合計投入約 62 億元經費，規劃以增設非
營利幼兒園為主及公立幼兒園為輔的方式，協助各地方政府增設公共
化幼兒園，提供家長更多平價、優質之教保服務，協助家庭育兒（教
育部，2019）。

另一方面，為因應少子女化浪潮，政府積極回應社會對於學校空
間整合運用之期待，教育部於 2017 年修正發布《公立國民中學及國
民小學校園（舍）空間多元活化注意事項》，也揭示學校空間活化需
符應政府重大之政策（教育部，2017a）；因此，既可達成擴大幼兒
教保公共化之目的，又可活化學校空間，非營利幼兒園也就成為在校
園空間活化規劃之首選（鍾德馨，2020），同時也被期待解決現有
幼兒教保服務無法滿足民眾的難題（陳佳鈜，2019）。

其中，值得注意的是，非營利幼兒園在取得學校餘裕與閒置空間
的規劃上，主要是由學校方面定期或依教育局要求檢視空間情形，並
將餘裕空間登載資料庫（鍾德馨，2020）；基於公共教保需求，由
幼兒園經營者將各項經營條件載於服務建議書參與投標，或是備妥經
營計畫書向直轄市、縣（市）政府申請辦理（曾筱茹，2019）；當
中，非營利幼兒園的經營不以利潤為優先考量，提供民眾更平價的服
務（全國法規資料庫，2017）；而各項投標事項，包含教保條件與
人員勞動品質等，經審議評選通過，形成需被遵守的契約規範（陳
佳鈜，2019）。要言之，非營利幼兒園在學校餘裕空間活化的規劃
上，除了需在符合法規限制的前提下確認空間活化方向符合學校教育
性質外，更需要兼顧教育主管機關利用餘裕空間、擴大公共化教保服
務量能之政策合宜性。

二　政策執行階段

其次，在政策執行階段，政府為了對非營利幼兒園經營品質進行管控，因此舉凡幼兒園財務管理、課程安排、人員聘用等方面都訂有嚴謹的規範。例如，根據《非營利幼兒園實施辦法》第 23 條的規定，政府單位每學年必須到園檢查一次。其檢查分四個項目，分別為人事管理、財務管理、教保服務及衛生管理和緊急事件處理（曾筱茹，2019）。

另外，非營利幼兒園也必須每學年接受績效考評，其檢查分為六個項目，分別為學年度預算執行情形、招生幼兒情形、招生條件不利幼兒情形、家長滿意情形、履約情形及各次檢查符合法令規定情形（全國法規資料庫，2017）。同時，非營利幼兒園也需要接受縣市政府委由會計師進行園所查核，並於資訊網站公告內容為：前學年度會計師簽證之決算報告、資產負債表（平衡表）、收支餘絀表（損益表）、當學年度收支編列明細表、其他經直轄市、縣（市）主管機關指定之報表（蔣姿儀，2018）。最後，為了提升教保服務人員的勞動品質，在非營利實施辦法中也有明確規定，其勞動條件依《勞動基準法》及其相關法令之規定辦理，並按時接受政府的考核監督（教育部，2017b）。總之，政府透過定期的監督考核及評鑑，來確保非營利幼兒園能達成提供優質幼兒教保服務的目標，更加彰顯兒童照顧權利的意涵。

三　政策評估階段

最後，政策評估階段主要關注於非營利幼兒園是否有達成一定的增設量能。根據教育部統計處（2021b）統計資料顯示，非營利幼兒園已從 106 學年度 77 所至 109 學年度提升為 232 所，幼生人數也從 7,863 人提升至 25,244 人，再再顯示非營利幼兒園在近年來服務率上升，就讀人數也穩定成長，可見家長對於非營利幼兒園有很高的接受

度。此外，非營利幼兒園也要針對參與活化空間利用之使用者與學校端的滿意程度進行調查，其內容主要包含如下數端：學年度預算執行情形、招收幼兒情形、收托不利條件幼兒情形、家長滿意情形、教保服務人員勞動條件、各次檢查符合法令規定情形等（全國法規資料庫，2017），並依此來對幼兒園的辦學績效做通盤檢視。

若檢視相關非營利幼兒園政策實施滿意度之證據，也顯示家長們對於非營利幼兒園設立在國小內，其有寬敞的戶外活動空間供幼兒活動的評價較好，且對其教學公共空間完善也有高滿意度（吳鈺晴，2020；游美雯、林國楨，2019；蔣姿儀，2018；劉芸英，2015）；另外，施又瑀（2018）與鍾德馨（2020）進行相關文獻分析後，也指出在國中、國小的閒置空間增加設立非營利幼兒園，可相當符應幼托整合之目標，且對於學校的永續發展與空間活化是具有正面效益的。

肆 非營利幼兒園空間活化的跨域治理挑戰

非營利幼兒園是晚近臺灣幼兒教育的重大公共政策，此種新型態幼兒園的目標意欲達成家長、幼兒與教保服務人員、幼兒園經營者之所有政策利害關係人，與政府皆贏的目標，政策之美意，無庸置疑。不過，根據既有非營利組織的相關研究與報告顯示，公私協力之運作與實施，仍不免產生許多的問題（魏季李，2015；Trætteberg & Fladmoe, 2020）。以此推之，非營利幼兒園與學校空間活化的跨域治理，也可能會遇到不少問題，尤其政府與非營利幼兒園經營者之間存有契約委託服務的輸送關係，在這種契約委任關係下，非營利幼兒園的發展不免會受到某種程度的限制，讓此政策效果產生一定的侷限性。這些問題包括可能涉及到非營利幼兒園的財源的穩定性、自主性與創新性因政府監控措施而受限、因評選、競標與對教保服務

人員薪資規定可能降低提供服務的品質、或經營成本高而失去市場競爭力、經營權受評選及競標取得與否之影響而有較大的風險。而就臺灣上路實施時間仍不算長的非營利幼兒園政策而言，目前相關研究並不算豐富。其中，就發表於期刊的論文與報告而言，主要是政策內涵的介紹，或是可能的效益及產生問題的觀點論述，而非實證性的研究成果（如施又瑀，2018；陳佳鉉，2019；陳佳菁，2019；曾筱茹，2019；游美雯、林國楨，2019；溫富榮、黃郁潔，2019；蔣姿儀，2018；歐姿秀、陳淑琦、李淑惠，2016；鍾德馨，2020），在提供證據予教育政策參考的功能上會稍打折扣（張炳煌，2013）。不過，這些論述在非營利幼兒園政策甫上路之際，具有相當的政策參考價值。以下對目前非營利幼兒園在學校空間活化發展的限制與問題進行檢視。

一　場地取得實屬不易，園舍建置未能主導

從既有研究報告中揭示非營利幼兒園在場地取得上相當不易（曾筱茹，2019；溫富榮、黃郁潔，2019；劉芸英，2015；劉淑娟，2017；歐姿秀等人，2016）。首先，曾筱茹（2019）指出許多學校土地產權為私人所有，學校每年還需繳交租金，而非營利幼兒園依規定必須有幼兒園用途之使用執照才能設立，此可能會影響建置非營利幼兒園的立案期程。其次，溫富榮與黃郁潔（2019）也指出非營利幼兒園在場地選擇上較無主控權，大多從小學的空間來討論與規劃，往往較無法完全按照幼兒專業教保所需要的空間及設備進行設計。劉芸英（2015）、劉淑娟（2017）與歐姿秀等人（2016）的研究也大致得到類似的結果。

二　突發責任歸屬不明，場地界定模糊不清

在相關研究報告中，也可發現非營利幼兒園與既有學校在制

度磨合上還有待提升（周宇輝，2013；施又瑀，2018；鍾德馨，2020）。例如，周宇輝（2013）指陳在學校突發事故的責任歸屬上，有可能產生非營利幼兒園與國小機關權責不明的問題。鍾德馨（2020）亦認為非營利幼兒園與學校在餘裕空間上的界定標準模糊不清，可能容易在突發狀況產生時，產生責任歸屬上的爭端。

三　教學型態迥然不同，生活作息互為干擾

不少研究也指出，環境干擾同樣是造成非營利幼兒園與學校在空間管理上的一大難題（李光耀，2018；陳佳鋐，2019；曾筱茹，2019）。其中，曾筱茹（2019）指出國小部與幼兒園的教學型態明顯不同，易產生彼此干擾情形。陳佳鋐（2019）也指出由於幼兒園學童初就學易有分離焦慮情形，嚎啕大哭無可避免，幼兒過度啼哭有時會影響到國小學童上課的情緒。李光耀（2018）更進一步指出這樣的情形通常會造成雙方的關係容易產生對立、緊繃的態勢。

四　校園場地需求重疊，出入動線管制艱鉅

相關研究也指出非營利幼兒園與學校兩端在動線管制及空間需求的衝突層出不窮（翁崇文，2015；溫富榮、黃郁潔，2019；鍾德馨，2020）。首先，鍾德馨（2020）指出非營利幼兒園的設立與國小在校園相同場地空間上有需求衝突，例如在使用操場的時間常有重疊情形。繼而，翁崇文（2015）指出非營利幼兒園多半設立於國小校舍，校園進出入人員複雜，幼生的安全堪慮。溫富榮與黃郁潔（2019）以南投縣的非營利幼兒園為對象的研究，也都有相同的發現。

五　本位主義相處不易，立場偏執恐難合作

檢視相關研究，也可發現學校人員對空間活化的認同與順服，同樣是造成非營利幼兒園在設置時有所偏限的重要因素（陳佳鋐，

2019；陳佳菁，2019；曾筱茹，2019）。首先，根據陳佳鋐（2019）的研究指出，非營利幼兒園經營團隊為縣（市）政府依《政府採購法》進行統一招標，學校需待得標後才知未來將於校內經營之社團法人，而學校多維護其機關自身利益，也可能造成相處不容易。曾筱茹（2019）則是指出，縣市政府多選擇國小閒置或空餘教室來配合非營利幼兒園的設置，但這種想法一開始在校園中卻引起很大的反彈，尤其國小原有的使用空間將受到干擾，所以一開始雙方的關係是對立，使得彼此溝通是緊繃的。最後，陳佳菁（2019）也指出，現場的公私單位雖同為教育界，但服務對象的差異，人員因而產生不同的立場需求，而這些困境都需要逐步克服才能達到公私協力的目的。

六　運作經營誘因不足，經費運作欠缺彈性

　　由相關研究結果也不難發現到，面對非營利幼兒園的入校，學校方面的動機誘因不足與收入未能自主運用，也是影響非營利幼兒園在學校空間活化治理上有所侷限之重要因素（施又瑀，2018；曾筱茹，2019；溫富榮、黃郁潔，2019；鍾德馨，2020）。例如，鍾德馨（2020）發現餘裕空間活化的學校多半為小型學校，教職員編制不足，空間活化過程增加行政負荷，且未能提供有效激勵誘因，致使學校人員不願配合。更甚者，施又瑀（2018）也指出，學校單位在其協助空間活化收入之經費欠缺彈性，學校本身無法自主使用，這種情形也會使得負責協調人員對校園空間活化的不順服，可能會採取不作為、消極、應付了事。

伍　非營利幼兒園政策對學校空間活化的啟示

　　非營利幼兒園政策在教育跨域管理之推動，以「學校餘裕空間活化」元素引入多元教育資源，讓非營利幼兒園有低成本、短時間可取

得及符合需求的場域空間可運用，相當彰顯國家積極對於學校空間整合運用的目的。不過，從上述的探討中可發現，非營利幼兒園之實施時仍有力有未逮的侷限性。本節茲以非營利幼兒園在學校空間活化的相關啟示，分述如下。

一 規劃校舍專業協商，成立專案整合運作

若要非營利幼兒園的建置得以符合幼兒的需求，學校與非營利經營團隊之間的密切配合應是最為重要的作為。例如，學校在進行非營利幼兒園工程發包及設備採購前，應先會同設計、監造單位與非營利幼兒園未來經營團隊進行對談，交流協商，確實滿足其需求，以避免日後爭端（曾筱茹，2019）。另外，因學校餘裕空間活化之跨界使用，涉及權管單位多，溝通整合較為不易，為提升行政效率、加速合作單位間之聯繫，宜由教育局處主政成立專案小組，進行意見整合及協調（施又瑀，2018；陳佳菁，2019）。如此一來，可以充分解決非營利幼兒園初期場地設置不易的問題，更可替教保品質、各項安全做最好的把關。

二 妥善規劃專用區域，盤點空間建置平台

設立於學校內的非營利幼兒園，因生活作息及教學型態與國小稍顯不同，進而衍生出包括門禁管制困難、活動空間稍難以配合等問題。因此，建議國小及非營利幼兒園在符合法規下，可適當的將部分教學空間錯開，例如讓國小教室與幼兒園同棟分樓也是可考量之方式。另外，國小端也可透過對校園空間的全面性盤點，讓學校的空間資源可以相互流動（翁崇文，2015）。可以善用場地租借管道或網路平台，來解決雙方在安排與調整場地設備之使用事宜。

三　鼓勵交流營造信任，引進資源共創雙贏

學校是一個開放的有機體，必須透過輸入、轉化、輸出以及回饋等過程，不斷地與社區或是校內的共同體相互調適（張文權、范熾文，2015）。因此，建議非營利幼兒園可以與國小互相參與彼此辦理的活動，除了能增加雙方的互動外，也能了解不同領域的教學過程及學生特質，提升雙方的理解及認同。另外，國小端亦可善用教育部針對活化績優學校提供的場地租借獎勵金（教育部，2017a），與非營利幼兒園互補長短，相輔相成，應可減低兩者的磨合與衝突困擾。

四　提高學校參與誘因，鬆綁經費自主運用

俗話說：「巧婦難為無米之炊」，希望學校空間活化過程得以更順暢的同時，除了降低學校行政人員工作負荷外，提供足夠且有效的激勵誘因也至關重要（鍾德馨，2020）。尤其學校是目前餘裕空間的主要提供者，也是決定媒合成功與否至為關鍵的主要行動者之一。因此，為促使學校確實盤點並提供餘裕空間之誘因，政府部門應可更適度地給予學校自行運用餘裕空間及獎勵金的經費自主權，藉以提升非營利幼兒園在學校空間建置之效率。

綜觀來說，政府導入非營利幼兒園跨域治理的目的是要節省經費、資源共享和增加效能，不過，一項政策的推動很少是完善而不用調整的，尤其非營利幼兒園的經營方式較為特殊，如大眾對此政策不信任，則可能在政策施行過程中會產生不小的阻力。因此，要讓非營利幼兒園能達成學校空間活用活化的目的，其中更重要的是要讓所有政策利害關係人都對此政策方向有足夠的信任，而政策推動者更應把校園空間活化之設計藍圖與機制說清楚，為所有政策利害關係人所熟知，應是目前非營利幼兒園政策如何有效達成學校空間活化的當務之急。

參考文獻

內政部（2021）。總出生率及出生數。擷取自 http://www.ris.gov.tw/app/portal/346。

全國法規資料庫（2017）。非營利幼兒園實施辦法。擷取自 http://law.moj.gov.tw/News/news_detail.aspx?SearchRange=G&msgid=131501&k1=%E9%9D%9E%E7%87%9F%E5%88%A9%E5%B9%BC%E5%85%92　%E5%9C%92%E5%AF%A6%E6%96%BD%E8%BE%A6%E6%B3%95。

行政院（2019）。勞動力參與率調查結果。擷取自 https://www.dgbas.gov.tw/ct.asp?xItem=43024&ctNode=3102。

吳鈺晴（2020）。家長選擇非營利幼兒園之調查與分析研究——以高雄市地區為例（未出版之碩士論文）。國立嘉義大學，嘉義縣。

李光耀（2018）。更好的選擇？非營利幼兒園在非都會區行銷策略與公私協力模式（未出版之碩士論文）。國立暨南大學，南投縣。

李淑如、張凱程、林俊瑩（2021）。臺灣幼兒公私幼就學經驗的差異與對學習表現的影響機制。慈濟大學教育研究學刊，**17**，103-133。

林志成、盧文平（2017）。Foucault 規訓理念在校園空間治理上之應用析論。學校行政月刊，**111**，1　22。

林志鈞、吳淑敏、李欣如（2017）。學校協力發展特色型態、社區意識、社區資源價值認知對教師社區參與之研究。育達科大學報，**44**，173-204。

林信廷、王舒芸（2015）。公私協力托嬰中心的成就與限制：兒童照顧政策理念的檢視。臺灣社會福利學刊，**12**(2)，15-55。

林淑馨（2016）。臺灣非營利組織與地方政府協力的實證分析：以六縣市為例。政治科學論叢，**69**，103-148。

林瑞榮、劉健慧、楊智穎（2011）。公私協力模式推動課後補救教學之探究——以播撒希望種子課輔計畫為例。教育研究學報，**45**(1)，25-43。

林爵士、王瑞斌（2016）。校園閒置空間再利用之研究——以高雄市旗山區舊鼓山國小為例。教育行政論壇，**8**(2)，75-94。

周宇輝（2013）。校園空間活化的規劃與執行。學校體育，**136**，6-14。

施又瑀（2018）。公私協力模式推動非營利幼兒園之探究。臺灣教育評論月刊，**7**(7)，20-28。

徐秀鈴、孫國華（2018）。少子化現象對國民教育的衝擊與因應。臺灣教育評論月刊，**7**(2)，75-79。

陳佳鋐（2019）。國小非營利幼兒園實務建置問題與因應策略。臺灣教育評論月刊，**8**(5)，5-8。

陳佳菁（2019）。從自身經驗談～非營不可～。臺灣教育評論月刊，**8**(5)，1-4。

陳盈宏（2017）。國小課後照顧班公私協力治理議題之探討。教育行政論壇，**9**(1)，96-115。

翁崇文（2015）。非營利幼兒園經營問題與改善作爲。師友月刊，**579**，44-48。

國家文官學院（2019）。**108** 年度薦任公務人員晉升簡任官等訓練課程材——核心職能（上）。臺北市：國家文官學院。

張文權、范熾文（2015）。促進教師專業發展的新取向——績效責任領導。載於吳清基、黃嘉莉（主編），師資培育法 **20** 年的回顧與前瞻（pp. 223-252）。臺北市：中華民國師範教育學會。

張文權、范熾文、陳成宏（2017）。國民中學校長績效責任領導困境與策略之研究：質性分析取徑。教育科學研究期刊，**62**(3)，57-93。

張炳煌（2013）。證據本位教育政策的發展與論爭。教育研究月刊，**234**，5-16。

黃志隆（2012）。臺灣家庭政策的形成：家計承擔與兒童照顧的整合。人文及社會科學集刊，**24**(3)，331-366。

黃怡靜、林俊瑩、吳新傑（2016）。幼兒弱勢補助與學習表現落差——積極差別待遇政策成效的檢視。教育與多元文化研究，**14**，213-251。

教育部（2017a）。公立國民中學及國民小學校園（舍）空間多元活化注意事項。擷取自 http://ssdelt.nhps.tp.edu.tw/index.php?action=msg_detail&cid=2&id=8。

教育部（2017b）。教育部國民及學前教育署補助辦理非營利幼兒園作業要點。擷取自 http://edu.law.moe.gov.tw/LawContent.aspx?id=GL001159。

教育部（2018）。全國教保資訊網：非營利幼兒園宣導簡報。擷取自 http://www.ece.moe.edu.tw/?p=6740。

教育部、衛生福利部、勞動部、內政部、財政部、經濟部、科技部、交通部、人事行政總處、國家發展委員會（2019）。我國少子女化對策計畫（**107** 年 **-111** 年）。臺北市：作者。

教育部（2021a）。國民小學班級數——依平均每班學生數調查。擷取自 https://stats.moe.gov.tw/result.aspx?qno=NgA1ADEA0。

教育部（2021b）。**109** 學年度各縣市學前教育概況調查。擷取自 https://stats.moe.gov.tw/statedu/chart.aspx?pvalue=。

曾筱茹（2019）。非營利幼兒園經營之探究——以南投縣爲例。臺灣教育評論月刊，**8**(5)，20-24。

游美雯、林國楨（2019）。**轉彎遇見驚喜**——淺談柏拉圖的教育觀與非營利幼兒園的教育。臺灣教育評論月刊，**8**(5)，25-34。

溫富榮、黃郁潔（2019）。南投縣非營利幼兒園運作之探析。臺灣教育評論月刊，**8**(5)，15-19。

楊慧滿、陳宇嘉（2020）。生命的協商：東南亞女性婚姻移民之生育決策與實踐。社會發展研究學刊，**26**，43-73。

蔣姿儀（2018）。從教保服務人員與家長之觀點談非營利幼兒園。臺灣教育評論月刊，**7**(7)，4-12。

劉芸英（2015）。非營利幼兒園政策執行之評估——以台北市、新北市為例（未出版之碩士論文）。國立政治大學，臺北市。

劉淑娟（2017）。非營利幼兒園創新經營策略之研究——以桃園市某非營利幼兒園為例（未出版之碩士論文）。私立元智大學，桃園市。

歐姿秀、陳淑琦、李淑惠（2016）。非營利幼兒園應有的核心價值。國教新知，**60**(4)，49-58。

謝沛妤（2021）。學生環境認同之探討——以社區永續發展計畫學校特色課程為例（未出版之碩士論文）。國立臺灣師範大學，臺北市。

魏季李（2015）。非營利福利機構與政府的服務契約委託過程的決策與影響研究：以臺灣兒童暨家庭扶助基金會爲例。社會政策與社會工作學刊，**19**(2)，109-144。

蕭文婷（2019）。國民小學校園閒置空間再利用之研究——以台中市三所學校為例（未出版之碩士論文）。私立靜宜大學，臺中市。

鍾敏菁（2018）。國民中小學活化校園指標建構之研究。中等教育，**69**(3)，96。

鍾德馨（2020）。臺北市學校餘裕空間活化政策問題與因應策略：以跨域管理觀點分析。學校行政，**127**，188-207。

蔡金田、吳品儒（2017）。少子化衝擊下國民小學社區互動模式與經營策略之研究：以南投縣國民小學爲例。教育行政論壇，**9**(2)，81-106。

Apple, M. W. (2018). Critical curriculum studies and the concrete problems of curriculum policy and practice. *Journal of Curriculum Studies, 50*(6), 685-690.

Brundrett, M., & Rhodes, C. (2011). *Leadership for quality and accountability in education*. New York, NY: Routledge.

Bouckaert, G., Peters, B. G., & Verhoest, K. (2010). Coordination: What is it and why should we have it? *In the Coordination of Public Sector Organizations* (pp. 13-33). Palgrave Macmillan, London.

Hawkinson, L., Griffen, A. S., Dong, N., & Maynard, R. A. (2013). The relationship between child care subsidies and children's cognitive development. *Early Childhood Research Quarterly, 28*(2), 388-404.

Helmig, B., Ingerfurth, S., & Pinz, A. (2014). Success and failure of nonprofit organizations: Theoretical foundations, empirical evidence, and future research. *Voluntas, 25*, 1509-1538.

Hill, M., & Varone, F. (2021). *The public policy process*. Routledge.

Hotz, V. J., & Wiswall, M. (2019). Child care and child care policy: Existing policies, their effects, and reforms. *The ANNALS of the American Academy of Political and Social Science, 686*(1), 310-338.

Hu, B. Y., Wu, H., Winsler, A., Fan, X., & Song, Z. (2020). Parent migration and rural preschool children's early academic and social skill trajectories in China: Are 'left-behind' children really left behind? *Early Childhood Research Quarterly, 51*, 317-328.

Khan, M. S. (2020). Paid family leave and children health outcomes in OECD countries. *Children and Youth Services Review, 116*, 105-259

Rigg, E. C., Schmied, V., Peters, K., & Dahlen, H. G. (2017). Why do women choose an unregulated birth worker to birth at home in Australia: A qualitative study. *BMC Pregnancy and Childbirth, 17*(1), 1-14.

Roch, C. H., & Sai, N. (2015). Nonprofit, for-profit, or stand-alone? How management organizations influence the working conditions in charter schools. *Social Science Quarterly, 96*(5), 1380-1395.

Trætteberg, H. S., & Fladmoe, A. (2020). Quality differences of public, for-profit and nonprofit providers in Scandinavian welfare? User satisfaction in kindergartens. *VOLUNTAS: International Journal of Voluntary and Nonprofit Organizations, 31*(1),

153-167.

Turnipseed, S., & Darling-Hammond, L. (2015). Accountability is more than a test score. *Education Policy Analysis Archives, 23*(11), 1-8.

Yakita, A. (2018). Fertility and education decisions and child-care policy effects in a Nash-bargaining family model. *Journal of Population Economics, 31*, 1177-1201.

Wang, S., Allen, R. J., Lee, J. R., & Hsieh, C. E. (2015). Evaluating the developmental trajectory of the episodic buffer component of working memory and its relation to word recognition in children. *Journal of Experimental Child Psychology, 133*, 16-28.

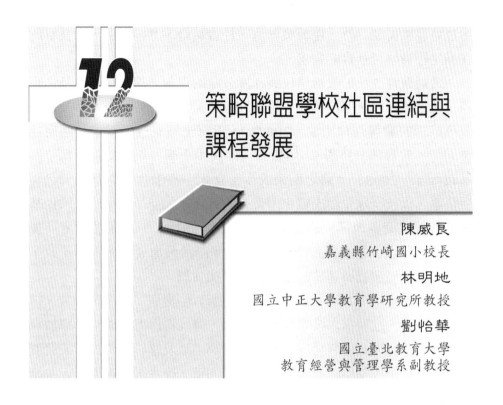

策略聯盟學校社區連結與課程發展

陳威良
嘉義縣竹崎國小校長

林明地
國立中正大學教育學研究所教授

劉怡華
國立臺北教育大學
教育經營與管理學系副教授

壹 前言

　　自民國 85 年發布《教育改革總諮議報告書》及 88 年訂定《教育基本法》以來，家長與社區參與學校逐漸法制化，「學校社區化」也成為教育改革的重要趨勢（林明地，2002；舒緒緯，2001）。《教育基本法》第 8 條第 4 款規定：「學校應在各級政府依法監督下，配合社區發展需要，提供良好學習環境。」同法第 12 條提及：「國家應建立現代化之教育制度，力求學校及各類教育機構之普及，並應注重學校教育、家庭教育及社會教育之結合與平衡發展，推動終身教育，以滿足國民及社會需要。」由上述立法要旨來看，學校教育除配

合社區發展需要之外，還要與家庭、社會結合，共同發展，而其目的在滿足終身學習社會的需求。

透過教育改革，改善學校與社區分離的現象，讓學校參與社區事務，也讓社區參與學校事務，重建社區意識，是學校永續發展及教育改革成功的關鍵（林明地，2002）。爲符應國家發展需求及回應社會期待，教育部於民國 92 年公布《國民中小學九年一貫課程綱要》（教育部，2008）。隨之而來的少子女化、高齡化、網路及資訊發展快速，以及全球化與國際化所帶來的轉變，加速了《十二年國民基本教育課程綱要總綱》的推動（教育部，2014）。這兩項教育（課程）改革除代表著臺灣近 20 年來中小學階段最重要的教育改革政策外，對於學校與社區連結的重要性也更加強調。

《國民中小學九年一貫課程綱要總綱》中提到：各學習領域，得依學生性向、社區需求及學校發展特色，彈性提供選修課程；學校課程發展委員會成員應包含家長及社區代表；以及學校本位課程的發展應充分考量學校條件、社區特性、家長期望、學生需要等因素，並結合全體教師及社區資源等（教育部，2008）。除了在課程發展時考慮社區條件及需求並讓社區參與之外，在《十二年國民基本教育課程綱要總綱》中，更進一步將培養社區意識、關心社區列爲「涵育公民責任」的課程目標內涵，同時也是國民小學及國民中學的階段學習重點之一；社區服務學習納入了普通高中的校訂必修課程；此外，更將社區列爲教學資源，並建議主管機關與學校應建立專業支持系統，鼓勵及支持教師整合與運用該資源（教育部，2014）。透過政策的擬定與規範，促使學校與社區連結，並整合社區資源，以建立符合社區發展與學習的課程。

上述兩項教育政策揭示了學校與社區連結的趨勢，相關研究則指出社區連結的重要性。對學校而言，社區連結可凝聚社區向心力，獲致支持與資源，提升教育品質並適應外在環境的變化；對社區而言，學校若扮演主動積極角色，成爲社區的學習中心，更能促進社區

營造；對整體社會而言，社區連結更具有促進教育普及、實現終身學習社會理想的積極意義（吳俊憲，2008；吳清山，1999；林明地2002；舒緒緯，2001）。

現階段中小學校長與社區互動頻繁，學校活動也經常可見社區人士出席或引進社區資源。然而，社區參與並非只是形式上的參與或資源的相互支持，如能在課程與教學、學生學習與輔導上有更多的互動與合作，才更能體現真實的夥伴關係建立（鄭來長，2015）。但研究者以學校、社區關係為關鍵字搜尋國內外期刊，發現為數不多的學校與社區關係研究中（部分是以公共關係為題），多是由學校經營、社區資源運用、互動模式進行探討（如：林明地，2000；Black & Maria, 2017; FitzGerald & Quiñones, 2019），較少涉及課程發展，而由策略聯盟學校課程發展的角度探討學校—社區連結的研究則更為稀少。鄭燕祥（2006）也指出，雖然促進家長及社區參與和合作在亞太地區國家已是教育改革的新趨勢，但在實務上仍然少有研究能為學校與社區連結之實踐提供有效的建議。本研究聚焦於剖析一個以國中為首，聯合鄰近國小組成的學區策略聯盟學校，如何與社區連結以進行課程發展。具體而言，本文主要描繪策略聯盟學校在社區連結與課程發展過程中所歷經的階段，以及發展的樣貌，期能為學校—社區參與及學校課程發展的實踐有所貢獻。

貳 學校—社區連結與策略聯盟學校課程發展

本段先描述學校與社區關係的重要理念，其次描述學校—社區連結與策略聯盟學校的運作模式、策略及領導者的角色踐行，最後回顧學校—社區連結與策略聯盟學校課程發展的相關研究。

一　學校─社區連結的理念

　　學校與社區（含家庭）建立連結甚而夥伴關係，進行教育互動與合作，有助於學生的學習並促進彼此的發展。美國學者 Epstein 提出六種學校─家長／社區連結或參與型態廣為研究採用。這六種型態如下（鄭來長，2015；Epstein, 2001; Sheldon et al., 2010）：

　　1. 教養（parenting）：協助家庭為學生建立支持性的家庭環境。

　　2. 溝通（communicating）：建立雙向交流管道，以推動教育方案，促進學生學習。

　　3. 志工服務（volunteering）：招募及組織家長志工，提供學校及家庭協助。

　　4. 在家學習參與（learning at home）：針對家庭提供有關如何協助學生在家完成功課及相關的學習材料。

　　5. 參與決定（decision-making）：讓不同背景的家長皆有代表參與學校決定的機會。

　　6. 與社區合作（collaborating with the community）：將社區資源及服務與學生的學習經驗整合，以強化學校的教育計畫。

　　學校─社區夥伴關係的建立可以獲致學生、家長、學校三方面的成果。學生的成果包含擁有課程、課外活動方面豐富的知識與技能，以及對社區的歸屬感；家長的成果有在地資源的使用及技能的提升，獲取家庭服務；而學校方面的成果則有社區知識與資源促成的課程與教學改進，以及提升學校整體表現。

二　策略聯盟學校與社區連結的運作模式、策略及領導者的角色踐行

　　林振春（1998）由社區資源運用的觀點提出學校─社區連結漸進發展的運作模式，首先是 (1) 互為可運用的資源，包含社區及學校資源的分類、建檔、開發與運用，以達成某些方案計畫目標；其次是

(2) 互爲服務的對象，包含：了解彼此需求、評估所需資源、共同討論解決方案、結合資源以執行解決方案、評估成效；再進階到 (3) 共同工作的夥伴，包含：建立聯繫溝通管道、確認共同關注的問題、組成工作小組以研擬方案、分工合作並共享資源以解決問題、定期聚會以平等相互尊重的原則進行交流與整合，提升效率。而雙方如具有共識，更可進展到生命共同體階段。蔡金田與吳品儒（2017）則將學校與社區互動模式分爲建立溝通管道、資源共享、彼此參與以及合作夥伴關係。林明地（2002）則認爲夥伴關係模式較適合學校與社區關係的發展，而互爲資源或資源共享則可被包含在夥伴關係模式之內。

　　在社區連結與學校策略聯盟的策略方面，林明地（2002）指出，面對環境壓力，學校可以採取增加與環境之關聯，以調適環境變化的策略。這些策略包含：非正式的合作、訂定契約合作、選舉代表參與組織運作、組織聯盟，以及組織重建。在加拿大，北灣大學（Nipissing University）的 FACES 計畫（Family and Community Engagement Strategy）是一個社區機構與學校發展夥伴關係的案例。FACES 計畫的成功案例顯示，良好的多機構夥伴關係特徵包含：發展共同的目標與集體行動，建立以信任關係爲基礎的網絡；共享知識與經驗；願意堅持並共同診斷並解決問題，以及由不同的合作夥伴身上學習（Black & Maria, 2017）。此外，美國學者 Hayakawa 與 Reynolds（2016）由執行學前至三年級的兒童家長中心計畫（Child-Parent Center Preschool to Third Grade（CPC P-3）Program）的多年經驗中發現，促進學生學習及家長參與的六項關鍵要素有：(1) 有效的學習經驗：確保兒童在早期童年能掌握語言和識字、數學、科學和社會情緒發展；(2) 循序組織的課程與教學實踐，讓孩子在均衡、活動爲基礎的學習中多面向發展；(3) 家長參與：由家長擔任的資源教師和學校社區代表提供綜合服務，包括多方面的活動和與家人互動的機會；(4) 協作領導團隊：包含擔任資源教師的家長、學校社區代

表、課程協調者和家長協調者組成的領導團隊；(5) 連續性和穩定性：透過位於同一地點或附近的中心，由學前到學齡階段，提供家庭於兒童具連續性、穩定性的服務；以及 (6) 專業發展體系：整合課堂和實際應用以提供支持的在職專業發展。而 Kimner（2020）則指出在 COVID-19 疫情下，所有學校應轉型為社區學校，學校可以採取的重要策略有：(1) 以家庭和學生關係為中心；(2) 對教師及學生提供整合的支持；(3) 協作的領導和實踐；以及 (4) 以學生為中心的學習。以上研究文獻為目前社區連結與策略聯盟學校夥伴關係的發展方向。

最後，在學校─社區連結的過程中，隨之而來的社區政治及權力結構、平衡多元利益、教師意願、社區支持度等問題，均對學校領導產生許多挑戰（吳俊憲，2008；鄭燕祥，2006）。學校領導者承擔了建立並維繫學校社區關係的角色與責任。其重要的角色任務包含：傾聽、委婉地處理各種關係、創造有意義的專業活動、採取開放政策、認可及慶祝學校家庭的成就、透過媒體及出版物讓利害關係人了解學校（Boudreaux, 2017）。FitzGerald 和 Quiñones（2019）研究美國東北部 Pennsylvania 的一所社區型國小校長在社區夥伴關係上的領導實踐，包含：(1) 培養對學生學業成就更多面向的了解；(2) 促進彼此民主對話和具建設性的分歧意見；(3) 建立和維持彼此信任關係；(4) 協商互惠以發展創新。

綜合上述，策略聯盟學校與社區連結的主要運作模式有互為資源、互相服務與工作夥伴；主要策略包含：組織聯盟、以學生學習為中心的共同目標、團隊協作與領導、建立信任關係網絡、共享知識與經驗，以及相互學習。領導者的角色踐行則包含：傾聽、協調與對話、發展信任關係、了解及認可多元學習成就。

三　策略聯盟學校社區連結與課程發展

自九年一貫課程改革以來，學校與社區連結有不少推動的實例。這些實例多是以單一學校的角度出發，將社區文化作為學生學習的內

容，社區成爲課程實施的場域及資源，並引進社區人力協助學校本位課程的發展。例如，余安邦（2005）在當時的臺北縣多所公立國小推動「社區有教室」方案，透過整合學校課程與社區文化、開發社區資源促進親師合作，以進行學校本位課程的設計與實施。

范信賢、尤淑慧（2009）及林奕成（2011）的研究提及了學校與社區在課程發展中的互動歷程。范信賢、尤淑慧（2009）描繪了兩個學校與社區協力連結以發展課程的個案學校與社區的課程協作。學校與社區是以重視孩子學習爲出發點，在邊想邊做的過程中發現彼此的需求及資源，並將社區資源帶進學校場域，或將學習場域擴展至社區，在互動及參與的過程中培養出「相挺」與「互助」的情感，透過資源共享與功勞共享，建立「爲公而行」的信任關係，並創造「擴散新行動」的可能性，感動更多學校與社區成員採取行動。林奕成（2011）分析一所個案學校本位課程與社區文化交融經驗。交融初期，學校與社區兩者關係是相互漠視，彼此毫無交集。其次，藉由校長的引領，學校教師開始了解社區文化，增進了教師與社區的互動。在第三階段，學校教師與社區人士開始針對學校本位課程設計與發展產生發想、衝突與磨合，最後則發展爲社區文化融入學校本位課程，社區意識開始生根，並透過課程永續經營，以求學生學習品質。

何昕家、林慧年、張子超（2019）訪談 14 所在 2015 年推動偏鄉國民中小學特色遊學的學校發現，學校與社區間的合作著重於學校教育的特色與社區產業連結。由社區觀點而言，學校教育與社區產業連結的三項重要元素有：跨域文化、深根脈絡及生態土地等三項。由學校觀點而言，推動的策略則包含：互爲資源策略、互爲服務對象策略，以及互爲合作夥伴策略。

最後，學校─社區連結與策略聯盟學校課程發展研究方面，九年一貫時期雖有校群的夥伴關係，如以校際交流與活動辦理爲主的臺北市湖山國小學校群組（張更海，2002）；甚至是整合國中、高中及大專院校垂直式的策略聯盟，如東吳大學、大直高中、士林高商、至

善國中組成的雙溪學園（王美霞，2002），但仍較少提及學校—社區連結與策略聯盟學校課程發展。

綜合上述，相關研究多以單一學校角度出發，探討學校課程與社區資源、文化的連結，描繪其樣貌、歷程或策略，少有以策略聯盟學校的角度探討社區連結與課程發展之研究。在強調學校與社區連結的十二年國教課程改革脈絡下，本研究主題有其意義及重要性。

參 研究方法

本研究採個案研究法（Yin, 2018），探究一個案學區策略聯盟學校課程發展中學校—社區連結的樣貌。以下依據研究目的，針對研究參與者、資料蒐集與分析、研究限制，說明如下。

一 研究個案背景

本研究選擇嘉義縣 107 年度起配合學區國中參與教育部「教育行動區」試辦計畫的策略聯盟學校為個案，探究其在課程發展過程中與社區連結的歷程。本研究個案之策略聯盟學校位於嘉義縣一個以農業為主的鄉，學校類型均屬非山非市。參與的學區國中規模約 20 班，而 4 所國小規模為 6 至 12 班，因地理位置鄰近嘉義市，學區長期以來面臨學生流失的問題。由於課程發展為該學區策略聯盟學校合作的主軸之一，而學區策略聯盟學校在課程發展過程中，與學區的鄉公所有許多的連結與互動，符合本研究立意，故以參與教育行動區的學校及社區作為研究個案。

二 研究對象、資料蒐集與分析

本研究資料蒐集期間為 2021 年 8 月，以訪談方式進行。為探究策略聯盟學校與社區連結前後的發展歷程，受訪者的選擇採立意抽

樣，擇取個案學區策略聯盟學校中服務年資較久，且在發展過程中參
與課程及教育行動區計畫規劃與執行的成員：一位國中主任、三位國
小主任，以及兩位社區人士進行訪談。訪談綱要包含：策略聯盟學校
與社區連結的發展歷程、關鍵人物及其角色、發展歷程中與社區資源
的連結、對學生學習的助益、遭遇的困難，以及策略聯盟學校與社區
之間的關係。訪談時間每位約為 30 至 60 分鐘。部分受訪人員於訪談
後補充書面意見亦一併納入分析。受訪者基本資料如表 1：

表 1　受訪者基本資料

代號	職務	教學或工作年資	該單位年資	現職年資	備註
A	國中教務主任	20	20	4	學區國中／補充書面意見
B	國小學務主任	31	28	23	學區中心國小
C	國小教務主任	30	16	16	補充書面意見
D	國小教導主任	29	13	7	補充書面意見
E	鄉長	24	9	7	曾經擔任代課教師
F	公所主任祕書	25	7	2	

　　為提高研究信實度，本研究進行「評分者／編碼者間信度」
（inter-rater/inter-coder reliability）、「成員檢核」（member
checking）以及「同儕探詢」（peer debriefing），研究員將蒐集之
訪談資料，進行編碼、分析、交互比對及探詢，以檢視研究發現是否
一致、不同或相互矛盾之處。研究執行均依照行為與社會科學研究倫
理規範，如徵得受訪者知情同意，蒐集之資料於本文均以化名呈現。

三　研究限制

　　受限於時間及人力以及全球疫情影響，在學校受訪個案的選取
上，本文作者們僅針對主要參與教育行動區計畫且年資較久、並具教

學經驗的關鍵成員。而訪談過程中提及的其他關鍵人物（如學區國中校長），未能如期參與訪談，另因疫情影響無法進行觀察資料的蒐集，可能影響資料分析結果的解讀及運用。此外，社區所包含的定義極廣，本研究所指涉的社區，雖然也包含了學校與所在學區的連結與運用，但主要仍以鄉公所為主，即以鄉公所代表社區，並聚焦於討論策略聯盟學校與鄉公所在學校課程發展中的互動歷程。

肆 策略聯盟學校課程發展與社區連結的樣貌與特色

策略聯盟學校課程發展與社區連結的樣貌，依其與社區夥伴關係發展成熟階段之不同，大致可以分為第一階段：行禮如儀的互動、第二階段：相互試探中了解彼此，以及第三階段：共同工作的夥伴。以下分別就三階段描述策略聯盟學校課程發展與社區連結的樣貌，並摘要在描繪過程中的發現，以呈現其所展現的特色。

一 第一階段：行禮如儀的互動

第一階段的學校與社區，雖然彼此都位在同一個區域，但僅止於知道彼此。正類似於林奕成（2011）的發現：初期學校與社區兩者關係是漠視而無交集的。A主任提到，學校與社區之間的聯繫較少，會產生連結的點多是例行性的活動，例如校慶、畢業典禮、頒獎學金等，互動的方式也多是有活動相互通知及形式化的參與（如派人出席）。B主任也認為，彼此雖然認識，但感覺比較像是認識的陌生人，見了面也只是相敬如賓：

> 我覺得學校跟社區一開始比較像是「陌生人」，我們生活在同一個空間，可是實際上他們做他們的，我們做我們的。（A主任）
> 學校有活動就會通知公所，他們就會派人來，彼此的連結性不高。（D主任）

第一階段除了學校與社區之間的互動聯繫較少之外，學校之間的策略聯盟也尚未成形，因此，學校與學校之間的互動聯繫也較少，學校彼此之間的關係比較像是各自爲政的路人（B主任），國中和國小之間的關係甚至是緊張的。受訪的國中主任提到：

　　一開始我覺得國中和國小的關係有點緊張，不只是陌生人，我覺得甚至有點像敵人，國中一直在抱怨國小，你怎麼把學生教成這個樣子？（A主任）

　　在學校與社區資源的連結上，鄉公所每年會提供獎學金和贊助教師節禮金（A主任），或是被動的接受學校的申請再提供補助（D主任）。受訪的鄉長也提到：

　　以往公所都是被動的接受學校的申請比較多，看學校有什麼需求，提計畫跟我們申請，我們再補助學校。（E鄉長）

　　雖然第一階段學校與學校、學校與社區之間的互動和連結較少，也較爲形式化，但是少部分學校間仍有些許連結，而學校和社區除了行禮如儀的互動之外，也已經有洽借場地、辦理水資源計畫的合作經驗。受訪的國中主任表示，學區中心的國小在百年校慶時邀請國中生以校友的身分回去表演及擔任志工，後來的幾所國小也陸續會在校慶的時候安排國中生回學校擔任志工。而學區國中和學區中心國小兩校也向公所洽借場地辦理藝文聯展：

　　我剛來（擔任鄉長）的時候公所雖然和學校沒有那麼多的聯繫，但其實還是有一部分和學校有連結。譬如說當時的藝文聯展是由學區國中和○○國小兩個學校合作。再來就是水資源活動和鄉內國小的合作。（E鄉長）

水資源計畫是第一階段學校和鄉公所合作的亮點，受訪的主任祕書 F（當時為農業課長）提到，當時的鄉長認為水質保護區的經費每次都是做工程，希望經費有更好的運用方式，不要一直做擋土牆和道路。於是他探詢了幾位學區國小的校長的合作意願，才有了後來的水資源教育深耕計畫：

就是希望從做擋土牆和道路的錢，拿來做教育宣導，也就是從硬體轉為軟體，那個計畫就是這樣開始的。⋯⋯當時是鎖定國小六年級的畢業生，當成是他們畢業前的一個畢業旅行，同時也認識、體驗地方的露營區。（主任祕書 F）

因為我們有這樣的想法，但是牽涉到學生要過夜，我擔心學校有壓力和老師意願的問題，不知道學校能不能配合。所以後來找了學區內三所規模較大學校的校長，取得大家的共識。（主任祕書 F）

二　第二階段：相互試探中了解彼此

第二階段由於少子女化的浪潮開始衝擊到國中，使國中面臨減班與招生的壓力，促使學區國中申請辦理教育部以學區國中為首進行整合的「教育行動區試辦計畫」。同時，國家教育政策的重大變革——十二年國教政策與新課綱也即將正式上路。縣政府教育處為了因應新課綱的實施，也希望國中小一起合作，鄉內學校的聯盟與合作也因此越來越頻繁：

107 學年度的時候，教育處為了要因應 108 課綱，就要求國中端主辦十八鄉鎮策略聯盟，以國中為當地的盟主學校，邀請附近的學區國小到學校來進行新課綱的研習。（A 主任）

其實國中面臨到招生的問題，希望鄉內的學校更認識學區國中，才會開始行動區的合作案。（B 主任）

除了前第一階段繼續執行的水資源教育計畫外，運用社區的文化館辦理的「藝起童樂藝文聯展」是策略聯盟學校執行「教育行動區試辦計畫」中課程發展的一部分，也是此第二階段與社區連結的重要計畫項目。「藝起童樂藝文聯展」是由鄉公所召集，全鄉 11 所國中小共同參與的藝文展覽活動（A 主任）。這項計畫是前第一階段中，學區國中與學區中心國小兩校合辦藝文聯展的延伸。鄉公所基於水資源計畫與各校合作的經驗，以及學區國中和學區中心國小辦理藝文聯展的基礎，主動探詢並召集了鄉內的國中小，促成了這項每年於鄉公所文化館辦理的聯展活動：

我發現藝文聯展只有兩所學校比較單薄一點⋯⋯那一年來，我參與了鄉內所有學校的活動，發現校長其實都滿積極的。我詢問他們能不能一起進來（參加藝文聯展），他們也都沒有反對，後來⋯⋯就有了第一屆的「藝起童樂藝文聯展」活動，把十一所國中小一起拉進來。（E 鄉長）

透過活動的辦理，社區與學校之間的連結程度與默契，在試探與合作的過程中不斷提高。B 主任提到，剛開始合作時因為還不太熟悉，常會擔心這樣做的適切性，或考量對方是否能配合？後來感受到社區濃厚的人情味，很重視學校的需求，有時配合的程度甚至超過學校的需求。而除了在活動的合作外，學校與社區之間也開始會透過社群媒體關心彼此的動態，除更加地了解彼此，學校也對社區連結有更正面看法：

現在社群媒體很發達，策略聯盟之後，我發現鄉長會追蹤我們的臉書，我們也會追蹤鄉長的臉書，所以鄉長會知道我們做什麼，我們也會知道鄉長想要往哪個方向。（A 主任）

開始和社區有更多的互動之後就會覺得，原來你（自己學校、社

區及其他國中小）還不錯嘛！（B主任）

除了策略聯盟學校與社區的連結之外，此第二階段學校與學校之間也因為「教育行動區試辦計畫」的執行而有更多的連結與合作計畫的經驗。而這些連結與合作也都與鄉公所及社區的產業文化有關，包含與「教育行動區試辦計畫」內的課程有關，如藝文見學之旅、在地文化產業課程、舞蹈展演等。

到行動區策略聯盟之後，因為有藝文見學之旅、藝文聯展以及動態的舞蹈展演，合作的對象都是公所，互動就比較頻繁。（D主任）

在行動區策略聯盟的階段，有在地文化產業課程發表，剛好可以結合鄉公所的需要。（B主任）

三 第三階段：共同工作的夥伴

由於前第二階段的「教育行動區試辦計畫」已經結束，但是計畫執行所帶來的效益，使得縣政府教育處邀請學區國中提案申請成立「○○教育資源中心」，並將參與的學校由原來的教育行動區試辦計畫的一所國中、四所國小，擴大為鄉內國中小。而鄉公所也主動向鄉民代表會提案，編列250萬的預算協助鄉內學校執行外師英語協同教學計畫。再加上第一與第二階段繼續執行的水資源教育計畫與藝起童樂藝文聯展，策略聯盟學校與社區的連結更加深化。此第三階段鄉公所主動探詢，並選擇英語教學作為重點提供協助，是基於平衡城鄉資源差距以及配合國家政策前瞻思考的想法：

○○鄉離嘉義市很近，可是我發現縣和市的資源差太多了，透過縮短城鄉的差距，我也希望優秀的孩子可以留在家鄉受教育。（E鄉

長）

　　我跟學區中心國小的校長聊天，談到有這樣的需求，剛好當時總統也宣示未來要推動雙語國家的政策，才有後來第三階段的英語教學。（F主任祕書）

　　除了英語教學之外，教育資源中心計畫的執行，也加深了學校課程發展與社區連結的程度。在第二階段已將社區文化產業融入各校的校訂課程，透過資源中心的計畫與鄉公所產生更多的互動與連結。由於學校對社區資源有更多的了解，也知道哪裡有資源和專長的人力，這些資源與專業不但成為學校成員工作上的夥伴，甚至還有「想從你那裡挖到寶」（B主任）的想法。如A主任提到：

　　在走讀○○的課程裡面，我們有安排一個鄉公所的課程。……鄉公所的課員根據小朋友的一個特性，介紹○○的觀光，讓孩子看到不一樣的○○鄉。（A主任）

　　比如說我想要帶孩子去○○農場認識木耳，可是我不認識○○農場的主人，……C主任就幫我介紹！……後來農場主人還提供木耳！烹煮的部分……又跟我介紹餐廳和麵包店。這些都是在地的資源，可是我們都不認識。透過活動之後，他們就會知道學校在做什麼事情，也知道學校端需要幫忙，而他們可以幫忙什麼。（A主任）

　　在此第三階段，學校內部成員對鄉公所的看法有所改變，認為鄉公所會採取主動，甚至是資源的提供者和協助者的角色（D主任），而對於社區連結也普遍抱持正面的態度。

　　學校同事覺得，如果我們多跟社區做連結的話，我們會更認識更了解整個社區，社區也會更了解學校。（A主任）

在策略聯盟學校之間，師生也因為這樣的課程而有更多的交流，學生學習到不同學校學區的特色，擴大了對○○鄉的認識；教師也看到不同學校校訂課程發展的特色，開闊了自己的教育視野。甚至英語科教師間有共同選書、共同命題等相互支援的機制（D 主任）。而策略聯盟學校的主任在社區連結的過程當中建立了合作的默契，對自己所執行的計畫內容感到自豪，校際之間也成為彼此的資源。

後來到資源中心的時候，就會變成各校會分享不同的點，學生也會親自參與、體驗不同學區的在地文化產業特色，彼此交流分享。（C 主任）

主任之間合作的感覺是很好的，我們從不認識到認識，一起解決困難，……不能說計畫很成功，但是我覺得這是……以後可以跟人家多說幾句話的一件事情。（A 主任）

透過這個歷程大家共同奮戰……激盪出很多解決方案，後來就有革命情感了。（C 主任）

為了因應外部環境的變化及政策的要求，策略聯盟學校與社區連結，基於既有的合作基礎，在試探與合作中尋找彼此共同的需求點，也透過計畫的執行增進彼此的了解，累積彼此的默契，由行禮如儀的互動、相互試探中了解彼此，到共同工作的夥伴，也促進了策略聯盟學校的課程發展，對學生的學習產生助益。此一發展的歷程也與林振春（1998）提出漸進發展的運作模式部分相符。茲將策略聯盟學校與社區連結發展階段整理如表 2：

表 2　策略聯盟學校與社區連結發展階段

發展階段	行禮如儀的互動	相互試探中了解彼此	共同工作的夥伴
外部環境及政策	・少子女化	・十二年國教課綱	・雙語政策

發展階段	行禮如儀的互動	相互試探中了解彼此	共同工作的夥伴
主要合作計畫	• 水資源 • 兩校藝文聯展	• 水資源 • 藝起童樂藝文聯展 • 教育行動區	• 水資源 • 藝起童樂藝文聯展 • 教育資源中心 • 外師英語協同教學
學校—社區的連結	• 形式化的互動（出席活動及典禮） • 認識的陌生人	• 連結增加且較深入 • 對社區的印象轉變 • 彼此較為熟悉	• 學校及社區成為彼此的資源及工作夥伴
學校—學校的連結	• 各自發展連結少 • 學區國中與學區中心國小有部分連結	• 嘗試合作方案 • 連結增加及擴大（社區文化產業課程、校訂課程研習、國際志工）	• 有革命情感的夥伴 • 延續既有的計畫 • 聯盟國小擴大為 8 所

四　學校—社區連結與策略聯盟學校課程發展的特色

從上述學校—社區連結與策略聯盟學校課程發展不同階段的樣貌分析，可以發現一些屬於不同階段或是貫穿各個階段的特色出現，這些特色記錄了學校與社區彼此連結發展的例證。

(一) 少子女化、十二年國教新課綱及雙語國家的政策，促發了學校與社區連結的契機與需求

十二年國教新課綱重視校訂課程的發展，也希望在發展過程中能結合社區的資源。這樣的政策驅使縣政府要求學區國中與學區國小聯合辦理新課綱的研習。這行政作為進一步促成了學校以與社區合作、校際策略聯盟的發展來因應環境的變化（林明地，2002）。也因為校訂課程發展過程當中，社區資源是重要的面向，因此，學校也開始思考如何在校訂課程實施的過程中與社區連結。當社區連結的元素進入學校課程後，學校就會主動接觸社區，學校與社區連結則「水到渠成」。

策略聯盟之後因為（社區資源）放到學校課程裡面了，一定要執行，所以就會每年都會和社區有互動，執行完了就會想要修正，明年再來一次，每年就會不一樣。這樣的情形學校就會比較主動接觸社區。（B 主任）

同樣的，當策略聯盟學校與社區連結發展到第三階段的時候，國家宣示的雙語政策促發了學校的需求，也成為與社區合作外師英語協同教學計畫的推力。

剛好當時總統也宣示未來要推動雙語國家的政策，才有後來的外師英語教學計畫。（F 主任祕書）

(二) 權責的區分、對學校教育不了解以及效益較難展現，在初期影響了社區與學校教育參與及連結

由社區的角度思考，可以發現第一階段社區與學校較為陌生、被動，有三個主要的成因。其一，就行政上的權責劃分而言，國民教育是屬於地方政府的權責，更基層的地方首長或社區機構便不會認為學校教育是必須主動參與的；其二，學校教育有一定的專業性，社區不夠了解也無法掌握；其三，教育資源的投入必須長時間才能看到效果，地方鄉鎮市的首長也比較不會長期積極投入資源。

一般鄉鎮首長對學校教育比較不會有太多想法，……因為學校直屬於縣政府，……我們沒有太多決策權，……比較多是被動的……受邀去參與學校的活動。（E 鄉長）

主要是因為會覺得教育是專業的，我們沒有辦法掌控，還有就是教育不會馬上在一、兩年看到成效，可能要十年之後。可是十年之後這位首長已經卸任了。（E 鄉長）

(三) 策略聯盟學校與社區連結的課程發展歷程中，地方首長及校長扮演理念倡導、探詢、協調及支持的關鍵角色

FitzGerald 與 Quiñones（2019）提到，領導者建立學區成員對學生學業成就表現具更寬廣的觀念，並能協商互惠以促進學校與社區的連結與創新。而領導者願意傾聽、採取開放的政策，也促成了正向的社區與學校關係（Boudreaux, 2017）。當策略聯盟學校和社區要從行禮如儀的互動，有更進一步的連結時，地方首長及學區國中校長對於教育的理念及長遠眼光，促使他們進一步探詢學區學校的意願，促成了教育行動區的策略聯盟及全鄉的藝文聯展：

> 那一年來我跑了所有的學校參與他們的活動，發現學校校長其實都滿積極的，我問他們能不能一起進來（參加藝文聯展），他們也都沒有反對，……慢慢地就有了第一屆的「藝起童樂」聯展，把十一所國中小一起拉進來。（E 鄉長）
>
> 當時的學區國中和○○國小兩位校長有開闊的視野和比較有遠見的想法，邀請學區國小參加教育行動區的計畫，把大家的凝聚力帶出來。（D 主任）

在連結的過程中，具有遠見卓識的領導者，擁有不同的知識、技能和與社區環境相關的經驗，扮演協調的角色亦至關重要（Black & Maria, 2017）。學校策略聯盟和社區連結在實際執行的過程中，需要動用到許多的人員、場館、設備，難免會遭遇衝突、困難。此時，地方首長的規劃與協調便是關鍵之一，進而促成鄉公所團隊的投入，而學區國中校長則扮演了協調、支持聯繫社區的關鍵角色。

從藝文聯展到目前的外師英語教學課程計畫，都要動員相當多的人力和經費資源，需要鄉長這樣的領導人物去進行規劃，促成公所的

團隊一起協助。……因為合作的案子很多，前後任的學區國中校長都扮演了很重要的協調、分工並和社區聯繫的角色。（C 主任）

校長們會告訴我可能會遇到什麼困難。可是我覺得會讓人家安心的是，校長會告訴我們可以提供什麼樣的協助。（A 主任）

然而，策略聯盟學校與社區的連結畢竟是雙向的，從活動的配合走向課程的協作，鄉長和行動區的幾位校長是關鍵人物（C 主任）。Hayakawa 與 Reynolds（2016）及 Kimner（2020）均指出，協作領導團隊是促進雙方參與的關鍵要素及策略。訪談發現研究個案的社區或學校，都覺得對方的配合才是重要的關鍵。這也顯示了雙方在試探與連結的過程中，逐漸建立共同為教育致力的夥伴關係。

掌握地方人力、物力及財力資源的鄉長是其中重要的啟動者。（D 主任）

學校的校長是非常重要的角色，光是公所有想法，學校沒有辦法配合也無法成功。其實我覺得公所也相當重要，兩邊要互相配合，缺一不可。（E 鄉長）

(四) 學校及社區成員的態度由質疑、觀望，轉為認同、支持，進而主動學習、思考、規劃

Black 與 Maria（2017）指出，由不同的合作夥伴身上學習，是學校與多個社區機構建立良好關係的特徵之一。策略聯盟學校課程發展與社區連結的過程中，學校與社區成員的態度也逐漸產生改變。這樣的轉變一部分來自於學校與社區互動過程中所得到的回饋，一部分來自於學校與學校交流過程中的學習。無論學校或社區成員，由於對計畫內容的不熟悉及工作負擔的增加，剛開始互動與連結時，難免有較多的質疑與擔心：

一開始同事們對這件事情是比較質疑的。（A主任）

剛開始的時候……總認為多一事不如少一事……。（B主任）

剛開始還未連結的時候，會有一些想法和疑問，就是說去社區會不會遭遇困難和可行性的問題。（C主任）

一開始當然會累，公務人員還是比較保守，多一事不如少一事……。（F主任祕書）

但是當校際與學校─社區之間開始連結互動之後，學校成員經過校際的互動之後，比較不會關起門來認為自己是最好的（B主任），也從社區實際的支持與回饋當中，發現社區連結其實沒有想像中的困難，並認為讓學生認識自己的社區是一件有意義的事。而鄉公所的成員也從和學校連結中獲得回饋，除了更順利推動業務之外，也肯定與學校連結的價值。學校及社區也發展出共同的目標與集體行動（Black & Maria, 2017），皆認為社區連結是有意義的事情，進而採取行動。

現在同事會覺得說，如果我們多跟社區做連結的話，我們會更認識更了解整個社區，社區也會更了解學校。（A主任）

實際去做之後發現，其實社區的人對孩子們要和社區做這些活動是很支持的，後來受到的回饋和想法是，從事這些活動其實還滿有意義的，也讓孩子更了解自己生長的社區。……老師們也會覺得確實聯盟的運作會比各校自己單打獨鬥來得好。（C主任）

（承辦同仁）跟學校互動很不錯，認識很多老師、主任、校長，無形中他們就會更積極的投入，肯定自己做的事情。（F主任祕書）

甚至當校與校、校與社區之間的連結已經成為常態，融入例行的校訂課程與活動之中，學校成員更傾向於主動學習，進一步思考、規劃未來的行動。這樣的學習與思考，對於學校的課程發展及更進一步

的社區連結均有助益。

　　如果以後校訂課程每年都要做的話，不能一直依賴外部的人力和資源。……學校老師們也應該要能夠操作了。……大家的態度也會慢慢轉變，老師們大多是持正面肯定的看法。（D主任）

　　近幾年來因為社區連結已經轉變成比較有系統及持續性的執行……所以學校執行過之後就會開始思考明年要怎麼做，甚至還會有一些更好的點子……。（B主任）

(五) 社區由被動受邀的旁觀者、協助者，轉變為主動探詢的支持者與共同規劃者

　　剛開始社區是被動地在學校辦理活動時受邀參加，大多也只是派人出席旁觀，少部分是接受學校的申請提供補助，彼此之間的互動聯繫較少。

　　剛開始是公式化的單位互動和往來，比如說校慶發個帖子。（C主任）

　　在初期的時候，公所被動的角色比較多，大部分都是學校主動提出有什麼需求，公所來協助和配合。（D主任）

　　基於在水資源計畫的合作經驗，鄉公所在辦理藝起童樂藝文聯展時，扮演了主動探詢及統籌規劃角色。在促成英語外師協同教學計畫中，也是由鄉公所主動探詢學校的需求之後，進一步召集學校討論，並編列預算協助計畫的執行。而部分學校校訂課程的執行也與鄉公所管轄的場館有密切的合作。

　　我問他們能不能一起進來（參加藝文聯展），他們也都沒有反

對，……慢慢地就有了第一屆的「藝起童樂」聯展，把十一所國中小一起拉進來。（E鄉長）

後來（規劃英語外師協同教學），因為跟學區的中心國小校長探詢，我們知道學校的需求，以公所的資源來補充學校資源的不足，這樣的效用才會大。（E鄉長）

客家文化會館也是公所管理的，每年會跟客委會申請補助經費協助學校發展客家獅、客語搭嘴鼓，或是活動時也會邀請我們參加，提供孩子展現的舞台。（D主任）

(六) 各階段互動累積的默契及信任，是下一個階段連結建立與維繫的基礎

FACES 的研究指出信任關係在發展多機構連結的夥伴關係中扮演重要角色，不同機構間信任關係的建立會產生擴散效應，促成彼此為共謀學生最大利益而共同致力（Black & Maria, 2017）。FitzGerald 與 Quiñones（2019）也指出領導者建立和維持信任關係的重要性。此一重要性在策略聯盟學校與社區之間的連結也可發現。受訪的 A 主任表示，策略聯盟合作過的案子（例如教育行動區），除了校際間因為計畫執行的需要聯繫之外，另學區國小主任們私底下也會彼此互相聯繫，建立信任。如此信任為主的互動發展從行動區一直延續到現在的教育資源中心，其他受訪者也有類似的看法：

因為有水資源的合作經驗，後來的藝文聯展也是這樣成形的。……越辦越大，變成是全鄉的活動，也越來越精緻，公所就願意投入更多的資源。（F主任祕書）

和學校配合的案件或計畫越多，大家的默契就越好。到了第三階段要推動外師英語教學的時候就很好推。（F主任祕書）

　　此外，在各個階段所推動的計畫內容發想上，也與前一階段所執行的計畫內容有關。受訪的 B 主任表示，國中小與鄉公所、社區的合作大約 7 年前就開始，由學區國中校長及學區中心國小校長發起兩校商借鄉公所文化館辦理藝文聯展，經過 2、3 年的努力，鄉公所覺得這樣有意義的活動可以擴展至鄉內所有學校，於是開始主導規劃，後來成為每年辦理的全鄉國中小藝文聯展。而到了第三階段的英語外師協同教學計畫也有類似情形：

　　公所補助英語外師的 250 萬計畫其實是看到行動區的國際志工和英語外師協同教學計畫，覺得這樣的做法不錯，所以就編列預算，擴展到全鄉的學校。（B 主任）

(七) 基於彼此共同需求及公共教育利益為前提的社區連結，促進策略聯盟學校與社區連結發展

　　「為公而行」的共識較能創造「擴散新行動」的可能性（范信賢、尤淑慧，2009：104），也是學校—社區連結在建立以學生為學習中心的重要策略（Kimner, 2020）。因此，若策略聯盟和社區的連結是基於彼此共同需求及公共利益，成功率較高。B 主任指出，藝文聯展是基於學校的需求，要讓小朋友的作品有展現的舞台，讓大家看得到；而鄉公所的需求是活化○○文化館和頒發獎學金。這些需求皆以學生為學習中心出發，透過學校—社區連結正向發展，不但資源整合共享，功勞也共享（范信賢、尤淑慧，2009）。受訪的 A 主任也提到：

　　我們成教班的阿嬤也有作品展出，她們都覺得與有榮焉，……她看到自己的作品跟孫子的放在一起，……會覺得我們鄉公所好棒，我們的學校也好棒。（A 主任）

最近我們每年辦展覽都會邀請學區國中把他們得獎的花燈送過來展出，這樣不但我們的活動很熱鬧，學校也可以讓家長看到孩子的作品，家長才會看到學校好的一面，也更願意把孩子留在○○鄉。（E鄉長）

　　在執行外師英語協同教學計畫的時候，策略聯盟學校與社區再次在孩子的教育上找到了需求的共同點：學校和社區都希望能夠提供更好的教育品質，讓孩子能夠留在自己的家鄉就學。也因此有了學校與社區資源的共同投入與相互連結：

　　鄉長一直在強調，這是我們○○的孩子，如果我們教育我們○○的孩子，讓他願意認識○○，那他以後就會愛○○。（A主任）

　　其實 250 萬蓋個擋土牆一下子就沒了，可是投注在教育上，卻可以協助全鄉的國中小學生一整年的英語學習都有更好的資源，如果有這樣的想法，就會覺得這筆錢花得很值得。（F主任祕書）

(八) 以課程發展及學生學習爲前提的策略聯盟，使學校互蒙其利

　　發展共同目標與集體行動是建立多機構夥伴關係的其一重要項目（Black & Maria, 2017）。在策略聯盟學校間，因應十二年國教新課綱而生的課程發展需求，成爲了聯盟的共同目標與集體行動。受訪的B主任提到，策略聯盟學校一開始定位進行課程發展是正確的，因爲這正是新課綱要發展的方向。學校和老師也認同這個方向，雖然多數老師初步不了解課程發展的作爲，但因爲有發展共識，所以策略聯盟在辦理校際研習和討論的時候，大家的參與都很熱烈。

　　後來學校策略聯盟所規劃的方向和內容，像新課綱的研討、各校產業文化的本位課程撰寫，都是大家所需要的，慢慢的就覺得與他校

策略聯盟還不錯……。（B 主任）

(九) 策略聯盟學校與社區連結有助於課程發展及學生學習

　　策略聯盟學校為因應新課綱的校訂課程的發展，其主題內容多與社區有關，社區連結也因此顯得格外重要。受訪的 C 主任表示，剛開始和社區的連結較少，後來因為行動區要做在地文化產業課程的發表，就會主動關注社區到底有哪些產業。而 C 主任的學校在國小四年級階段也發展了一個美力社區的課程，其中一個「福在社區蔓延中」的活動，就是讓學生了解社區的產業，也進行社區關懷，社區成為學校課程實施的場域和資源，也是學校關懷服務的對象。而 B 主任也有同樣的觀察：

　　其實學校和社區本來就有連結了，但是為了要做校訂課程，所以就要更深入的了解東西在哪裡、人在哪裡。例如村長、種植木瓜、木耳的達人……，就會有更多的連結。（B 主任）

　　共享知識與經驗、由不同的合作夥伴身上學習，是多機構夥伴關係成功的另一重要特徵（Black & Maria, 2017）。同樣的，策略聯盟學校間的互動，也出現了這項特徵並促進了課程發展和學生學習的成效。C 主任認為，對課程發展的幫助來自校際交流時，教師透過跨校的相互觀摩、分享、學習及互動，看到不同的課程，激發他們對課程的想像，進而使校訂課程更加豐富、完善，也直接產生對學生學習的幫助。在學生學習經驗方面，B 主任認為，學生參與實際的校際交流活動，並且有實際的互動經驗，對鄉內的人事物有直接和更多的了解。受訪的主任和鄉長提到：

　　透過各種靜、動態活動的進行，學生會看到不同學校學生特色、

作品的特色、擅長的技能，甚至會激起學生不服輸的精神，激發潛能。（B主任）

　　剛開始的聯展其實還滿單調的，但是幾年下來豐富性就越來越高，各校也會有較量的心態，看到別的學校的作品就會覺得自己的好像太潦草了，所以一年比一年更棒。（E鄉長）

　　在走讀○○的部分，因為學生會跨校交流不同的在地產業課程，學生的學習經驗擴大，不會侷限在自己的學校課程。（C主任）

(十) 策略聯盟學校與社區連結的課程與活動，能促進社區的發展

　　正如同受訪的鄉長及主任所說，教育的投入需要較長的時間才能看到效果。但是由於社區投入了許多資源支持策略聯盟學校的課程與活動，讓社區成員看到鄉公所對教育的重視，也看到學生學習成效的一面。而其他鄉鎮市的校長知道○○鄉對教育的投入與重視，也可能吸引更多有志於學校─社區連結的校長或社區資源投入，進而促進社區與學校課程的發展。

　　其實公所和學校合作，我們辦的這些活動比較熱鬧，同時也可以幫助學校行銷，而且讓孩子有更多展現的舞台。（E鄉長）

　　有一個其他鄉鎮的代表會主席跟我說，○○鄉為什麼這麼好，每年畢業生都可以參加兩天一夜的營隊。也有校長聽到○○鄉重視教育，還提供經費給學校聘外師……，有心的校長就會表達想要到○○來服務。（F主任祕書）

　　除了對於學校課程發展及學生學習的幫助之外，就社區的角度來看，更希望學校與社區連結能為社區未來的發展培育人才。E鄉長表示，鄉公所和學校的連結不管是水資源、藝文聯展或是後來的外師英語協同教學，都是跨校的活動和計畫，鼓勵鄉內的學校互相交流不

同的想法和作為，希望透過這樣的連結，不斷提升鄉內的學校教育，培育未來的人才。然而，教育的效果仍然需要時間的醞釀與耐心的等待。

　　因為在互動的過程中，我們發現不只可以提升學生的能力，如果我們可以把更多的資源投注在這一塊，提升教育的效果，因為這些孩子都是○○的學子，未來就是○○鄉的人才，我覺得這樣的投資很有價值。（E鄉長）

　　透過體驗林場的露營區認識鄉內的農場和在地文化產業，讓孩子更了解地方。……九年前參與計畫的孩子現在已經21歲了……當年種下的苗現在已經長大了。（F主任祕書）

伍　結論

　　從少子女化的衝擊，到十二年國教新課綱，以及國家雙語政策的實施，國民教育所面臨的環境不斷的變動。這些變動促成了個案學區學校以該校社區形成策略聯盟的方式進行，與學校所在的社區產生更多的連結與互動。在建立連結關係的過程中，社區及學校的成員和領導者，能對教育進行對話、建立更全面、前瞻的想法，並以課程發展、學生學習與社區發展為前提，透過溝通教育理念、探詢彼此需求，從初期發展的形式化的互動中，找出具有教育意義及互利互惠的共識，促成了策略聯盟學校與社區連結的課程發展與延續。而連結觸發了更多行動的機會，也促發更多的連結。各階段學校—社區連結互動過程中所累積的信任與默契，使得學校與社區能更進一步建立穩固、信賴的互動關係。由「熟悉的陌生人」行禮如儀的互動，到「共同工作的夥伴」關係。無論是學校或社區，只要願意「自發」的採取行動，在雙方「互動」的過程中有機會產生溝通、合作與共識，共同

致力於提升整體社區及學校教育的品質，達成學校與社區「共好」的
最終目的，促進終身學習社會理想的實現。

參 考 文 獻

王美霞（2002）。社區與學校互動剪影。載於林至善（主編），學校與社區關係
　　初探（頁96-99）。臺北市：東吳大學課外活動組。

何昕家、林慧年、張子超（2019）。學校與社區的合作經驗之探討：以偏鄉國民
　　中小學特色遊學為例。台灣社區工作與社區研究學刊，9(1)，127-164。

余安邦（2005）。社區有教室的批判性實踐：當學校課程與在地文化相遇。臺北
　　市：遠流。

吳俊憲（2008）。建立學校社區夥伴關係：途徑與挑戰。國教之友，59(2)，16-22。

吳清山（1999）。教育基本法的基本精神與重要內涵。學校行政，2，28-41。

林明地（2002）。學校與社區關係。臺北市：五南。

林奕成（2002）。學校與社區關係發展歷程研究：從學校本位課程與社區文化交
　　融經驗分析。教育行政論壇，3(2)，89-117。

林振春（1998）。社區營造的教育策略。臺北市：師大書苑。

范信賢、尤淑慧（2009）。跨越藩籬：學校與社區協力連結的案例研究。課程與
　　教學，12(4)，89-111。

張更海（2002）。大手牽小手，快樂向前行：淺談湖山國小推展學校群組與伙伴
　　關係。載於林至善（主編），學校與社區關係初探（頁104-107）。臺北市：
　　東吳大學課外活動組。

教育部（2008）。國民中小學九年一貫課程綱要總綱。臺北市：教育部。

教育部（2014）。十二年國民基本教育課程綱要總綱。臺北市：教育部。

舒緒緯（2001）。教育基本法與學校發展。屏東師院學報，14，153-178。

蔡金田、吳品儒（2017）。少子女化衝擊下國民小學社區互動模式與經營策略之
　　研究：以南投縣國民小學為例。教育行政論壇，9(2)，81-106。

鄭來長（2015）。美國夥伴關係學校全國網絡（NNPS）對我國學校經營之啟示。
　　學校行政雙月刊，96，90-117。

鄭燕祥（2006）。教育範式轉變：效能保證。臺北市：高等教育。

Black, G. L., & Maria, C. W. (2017). Exploring elements of community networks: Family and community engagement strategy project as an innovative multi-agency partnership. *Educational Planning*, *24*(4), 7-25.

Boudreaux, M. K. (2017). An analysis of urban school leaders' role in community support and involvement. *School Leadership Review*, *12*(1), 16-28.

Epstein, J. L. (2001). *School, family, and community partnerships: Preparing educators and improving schools*. Westview Press.

FitzGerald, A. M., & Quiñones, S. (2019). Working in and with community: Leading for partnerships in a community school. *Leadership and Policy in Schools*, *18*(4), 511-532.

Hayakawa, M., & Reynolds, A. (2016). Strategies for scaling up: Promoting parent involvement through family-school-community partnerships. *Voices in Urban Education*, *44*, 45-52.

Kimner, H. (2020). Community schools: A COVID-19 recovery strategy. *Policy Analysis for California Education, PACE*.

Sheldon, S. B., Epstein, J. L., & Galindo, C. L. (2010). Not just numbers: Creating a partnership climate to improve math proficiency in schools. *Leadership and Policy in Schools*, *9*(1), 27-48.

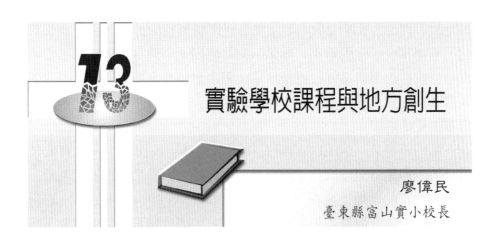

實驗學校課程與地方創生

廖偉民

臺東縣富山實小校長

　　國家發展委員會（2018）公布我國人口推估報告顯示，在 2019 年總人口數達到最高峰，但是 2020 年人口增加率開始轉為負成長（-1.8‰），統計如此相關下滑趨勢推估到 2065 年，總人口數僅剩 1,735 萬人，人口減少幅度超過四分之一。如此現象伴隨而來的危機，除了大環境少子化的嚴重發生外，我國更已在 2018 年進入了高齡社會，且預估即將於 2025 年進入超高齡社會（國家發展委員會，2021）。面對這樣的人口減少的國家安全狀況，在偏鄉許多社區部落，因為人口大量流失，經濟蕭條敗落，也直接間接都影響到教育現場，許多學校因為少子化或無子化導致學生數大量減少而面臨裁併校的危機，使得學校紛紛尋求教育創新的可能，期待利用創新的做法翻轉學校、甚至社區部落。

　　教育部在 2014 年 11 月公布實驗教育三法，其中《學校型態實驗教育實施條例》（以下稱公辦公營實驗學校）公布之後，讓公辦公營的實驗學校可以在體制、課程和教學上創造最大的彈性，以實踐其

特定教育理念。而自 2014 年以來部分實驗學校的出現，卻是跟都市化、偏鄉和少子化脫離不了關係。究其原因，這些實驗學校除了希望創造學校特色因素之外，更是希望能藉由實驗教育的大旗能吸引認同其實驗特定教育理念的家長，將學生帶來就讀，以弭平少子化帶來可能裁併校的危機。

鄭同僚等人（2013）的研究指出，偏鄉小校面臨少子化有裁校的危機，但是這個危機也可能會是一個轉機，因為學校面對困境時，可能在教育的創新上會更有發展。Dougherty（2014）則指出，經營一所學校必須在辦學特色上能夠展現亮點，如此家長和學生才會認同學校，這是許多偏鄉學校或是面臨少子化裁併校危機學校在處於這樣的窘境時，會採取創新辦學的轉型思考，而申請辦理實驗教育也是翻轉目前教育困境的其一策略。高運曲（2017）指出，辦理公辦公營的實驗教育體制確實是有助於偏鄉小校進行辦學和理念的轉型發展。

2020 年根據教育部對於實驗學校的數量統計，自 2015 年全臺灣有 8 所公辦公營實驗學校，至 2020 年增至 90 所（教育部，2021），5 年之間公辦公營實驗學校數量出現逐年大幅上升的趨勢，而依據公辦公營實驗學校特定的教育理念，以學校為範圍，從事教育理念之實踐，就學校制度、行政運作、組織型態、設備設施、校長資格與產生方式、教職員工之資格與進用方式、課程教學、學生入學、學習成就評量、學生事務及輔導、社區及家長參與等事項，學校進行整合性的實驗（教育部，2018）。如此的創新教育給予改變的彈性，有助於學校特色經營的發展，讓學校徹底從體質上進行翻轉，擺脫傳統體制內的束縛與枷鎖。

在 2020 年辦理公辦公營實驗的 90 所學校中，包含有屬於原住民族實驗教育學校 32 所（教育部，2021）與其他特定理念的實驗學校。依據親子天下（2020）對臺灣的實驗教育現況調查指出，實驗教育的類別，包含有蒙特梭利、華德福、民主學校、科技創新、混齡教育、國際教育、生態教育、探索體驗教育及原住民學校。其中後三

種類型因應在地族群文化的保存與需要性，或具有在地自然生態與人文的特殊性，開發該校的實驗教育主題課程及辦理相關教學活動。其中實驗課程的內容及主軸與在地的關聯性高，充分利用在地的特殊性，建構特定理念的方向與目標，並且與在地社區部落合作，由學校與社區部落共同執行課程開發與教學。這個合作的現象更是出現在原住民族的公辦公營實驗學校，因為許多部落的學校中，絕大多數的教師都非原住民，對於該族的文化、背景或語言都無法融入與理解，自然而然無法勝任在地課程的開發與教學，於是便需要仰賴社區部落的耆老與居民，提供課程內容的諮詢，或擔任文化課程的講授，或協助辦理活動，由社區提供學校人力，進行協同教學。

教育部（2018）公布的《學校型態實驗教育實施條例》第 26 條第 2 項：「實驗教育得與在地社區或組織合作，結合地方產業、地方創生活化教學」，業已說明實驗教育學校係以地方特色及在地資源為實驗教育課程主題，例如，嘉義縣豐山實驗教育學校將石鼓盤地區的黑糖文化納入學校課程，以及宜蘭縣東澳國民小學與部落合作，於飛魚季研發製作飛魚炒辣椒、飛魚乾等地方產品。上述實驗教育學校與在地社區或組織合作，結合地方產業、地方創生活化教學之精神，並以在地自然及人文資源為辦學理念之做法，達成地方創生之目標。

教育是國家總體發展的重要環節，公辦公營實驗學校因具有更多彈性的調整課堂數、教學模式和課程內容的操作，故較一般學校更容易結合在地特色與教學活動，且一旦學校特定教育理念受到肯定，亦會發揮磁吸作用，助長人口移動聚集，此為未來發展地方社區的可貴資產及地方創生之基礎。

貳 地方創生內涵

王榆琮（2018）指出，增田寬也、富山和彥在《地方消滅論》一書中聲稱「全日本的人口將持續流向東京，已經接近全日本總人口

的三成在日本東京了」。這個城市跟世界其他國家的大型都市一樣，都是大量吸納了偏鄉居民，而產生人口過度集中化的都市化現象，再加上全球普遍性少子化的衝擊，偏鄉的人口大量減少與年齡老化的速度十分駭人，偏鄉滅村的威脅日趨嚴重。林婉婷（2019）指出，在 2013 年日本前總務大臣增田寬也提出了「地方消滅論」論點後，日本「人口減少」與「人口過度集中」的問題引起了廣大的注意與迴響，興起了一股議題聲浪。而為了解決這個新興問題，日本安倍晉三政府於 2014 年開始推動「地方創生」計畫，這個計畫最大目標便是希望能將人口均勻分散在全日本各地，也希望能夠利用地方創生計畫減緩鄉村地區人口流失的狀況、創造地方居民的就業機會、解決偏鄉人口減少及都市人口過度集中的問題、發展地方經濟及刺激地方人口回流。

臺灣發展類型與日本相符，地方創生的相關政策設計也與日本地方創生政策的精神及內涵具有相當程度的相似性。行政院國家發展委員會（2021）指出，面對臺灣總人口減少、人口過度集中大都市及城鄉發展失衡等問題，行政院成立「地方創生會報」，由中央、地方及關心地方創生領域的民間產業負責人與學者專家組成，國發會負責統籌及協調整合相關資源，落實推動地方創生工作。而行政院也在 2018 年兩度召開「地方創生會報」，宣示 2019 年為臺灣地方創生元年，定位地方創生為國家安全戰略層級的國家政策，將透過地方創生復興地方產業、增加就業人口，促進人口回流，並以維持未來總人口數不低於 2,000 萬人為願景，逐步促進島內移民及配合首都圈減壓，減緩整體社會少子化、高齡化、人口集中都市化與城鄉發展失衡等問題，達成「均衡臺灣」目標。

郭怡棻（2018）指出，當人口數開始減少的時候，如何經營地方就會成為一個新的尖端領域。而不論是政府或民間，所有的人都必須共同思考如何在人口減少的前提下，建立起經營地方的新方法、新體制、新學問。我們知道無可避免在大環境的演化下所帶來的各種問

題，諸如少子化、高齡化、都市化等。這些現象都足以反映人口問題發生在偏鄉地區的常態。因此，2019 年臺灣推動的地方創生，便是希望透過策略實施，為偏鄉地區注入發展活水，而其中最急迫的問題，便是在於如何透過教育進行人力資源的復振，與地方社區合作發展偏鄉地區。

林秀姿（2018）指出，想要完成地方創生，唯一能依靠的是「在地覺醒」，在地人對自己的家鄉感到光榮，便會留下來創業，並且推動各種友善土地，以及友善當地企業的理念。

蘇士東（2021）指出，「地方創生」要發展的方向，不是一般共通性大量化與同質化的產業，「地方創生」所努力的是發展獨特性，「因地制宜」是地方創生的特性，也是永續經營的核心理念。另外，在地資源的活化與永續經營必須倚賴在地的人才，因為他們最了解自己土地的特色與需求。而如何讓在地人才留鄉或返鄉，強調在地人才的主體性，是「地方創生」最重要的努力目標。

臺灣長期以來一直努力推動的社區營造可說是地方創生的早期雛形。社區營造是藉由社區發展，凝聚社區居民的意識，喚起了其對社區公眾事務的關注，而隨著社區營造的發展，融入了多元文化特色的元素，社區居民開始了自發性的參與，取得社區獨特的生命力，造就地方的認同感與光榮感。這與地方創生最主要的共同點在於強調在地性、自發性與社區集體行動，不過地方創生政策則更聚焦於人口與產業問題的解決，透過重新尋找外部資源、創造新發展元素，吸引移居的產業型態，讓地方翻轉或免於殞落消失。

臺灣曾經歷經幾個地方發展過程，從以往推展的社區總體營造、農村再生計畫、地方特色產業輔導計畫及創造城鄉新風貌計畫等等，這些發展地方的政策雖然與地方創生政策相似，但是「地方創生國家戰略計畫」也指出了過往地方發展忽略的人口失衡及產業轉型的問題。而地方創生政策的主要目的則是希望鄉村人口可以回流，可以改善目前地方的人口及產業困境。

地方創生與教育的關聯

　　偏鄉地區的人口老化與少子化是一個全球無法阻擋的趨勢，這種情形對臺灣的影響巨大，所產生的實際衝擊包括幾個面向：人口結構改變、偏鄉地區產業弱化、地方社區人文凋零、學校教育品質不佳等等問題。但面對如此日漸凋敝的社區，在地學校能做些什麼？又能改變什麼？是值得我們探究和深思的問題。

　　在日本有為數眾多的家長為了孩子就學學區的問題而選擇搬離居住的家鄉，因此近年來在日本有關地方創生的提案內容大多會跟教育或托育有著密切相關性。日本神奈川縣前小田原城北工業高中校長永田俊彥在「下一代學校和地區創生計畫」中指出，教育、文化、體育、科學和技術都是讓地方活躍的重要關鍵，而學校應該要與地方社區創造兩者彼此的相互關係，並要以學校為發展核心，振興當地（陳佳楓，2021）。

　　臺灣面對即將到來的2025年超高齡社會之挑戰，陳佳楓（2021）指出，近年來在臺灣由教育部推動學校參與社區的「社區有教室」行動方案，就是站在教育本質上去思考學校與社區的教育夥伴關係，所提出地方創生戰略政策。而臺灣宣示在2019年為地方創生元年，對此也造成各界紛紛響應，要實施地方創生策略、增長人口，方法之一便是從基礎教育階段做起。

　　地方創生政策推動的區域多位於少子化、高齡化、人口集中都市化與城鄉發展失衡發生嚴重問題的偏鄉地區，在此地區內，學校通常為地方重要的文教重心，也是活動辦理的重要場域。學校的角色適合參與社區的地方創生，透過學校與社區的互動關係、引進資源、參與地方創生的行動，投入地方創生連結之策略，活化校園閒置空間，擴展偏鄉學校功能，整合在地教育及文化資源，讓學校成為偏鄉、文化中心與社區創新創業之重要基地，並與社區共同促進發展，帶動社區創新創業活絡在地經濟，吸引青年回流返鄉，創新翻轉偏鄉教育。

梁忠銘（2019）也指出，日本文部科學省提出學校面對新時代教育需求或要實現地方創生，應與地方社區結合，並思考彼此共同合作之必要性及策略做法。學校要與地方社區共同營造出學校特色，建構與地方社區共同的目標和願景，與地方社區共同培育學童。

　　郭茵娜（2020）訪談唐鳳指出：「教育是地方創生策略中不可或缺的一塊拼圖，以前的學校教育重視學科考試，學生只有等到出社會後，才有機會自覺地開始認識自身周遭的環境。」唐鳳在訪談中也提及每一個人對土地的認同感，其實也跟教育方針息息相關，而近年隨著社會責任逐漸受到重視，教育部亦開始推廣大學社會責任 USR 計畫（University Social Responsibility, USR），期望大學生能透過參與社區活動，在取得學分的同時也要認識社會。

　　郭茵娜（2020）專訪唐鳳指出，唐鳳認為地方要自然地傳承，在國中小學習階段，學校就必須要提供學生學習如何理解並解決在地問題的機會。而倘若學校教育無法與社區連結，那學生沒有機會了解並認同當地的文化，則地方文化確實就有可能因此消滅。因為唐鳳指出：「不是要等孩子畢業了再來關心社會，而是在拿到學位的同時，就要有能力協助地方解決問題。」此般說法，指出地方與教育密不可分。

　　臺灣很多偏鄉學校，想當年學校鼎盛時期都有眾多學生，但因少子化現象，偏鄉工作機會欠缺，人口外移流失，以致學生數大大減少，許多的部落村莊一度成為老人村，而如何讓學生數增加回復光榮，對學校而言實在是一個難以解決的問題。蘇文鈺（2020）指出：「先把學校辦好再來談地方創生，把學校辦好，人就來了。」

　　美國教育家杜威提出「教育即生活、生活即教育」的教育理念，推動「社區學校」。杜威認為教育與在地生活是不可分離的，因為有教育，在地生活顯得更有意義；因生活在當地，教育顯得更有價值。在偏鄉推展教育，所有問題皆環環相扣，在地學校與社區間的互動合作關係會影響教育品質，而社區發展更與學校教育息息相關。因此，

如何讓偏鄉學校成為社區發展核心，在當地文化與特殊環境教材裡，重新尋找教育的意義和價值至關重要。國家教育研究院《教育大辭書》中也對「社區學校」進行解釋，可稱為「社區中心學校」或「社會中心學校」，強調學校與社區之關係，臺灣在 1950 年代受到美國教育的影響，從 1953 年起指定 30 多所學校進行社區學校實驗，目的即是希望以學校教育的力量改善社區生活，使學校成為社區教育與活動的中心。

地方創生策略因地及需求而生，有許多不同的切入點，而教育無庸置疑是最能解決社會問題的關鍵。目前在臺灣已經有不少偏鄉學校展現獨特一面的教育能量與特色，不論是國際教育、食農教育、生態文化、實驗學校等等不同類型的教育模式，都轉化成為偏鄉發展的核心力量。

教育創生地方，教育結合社區及未來趨勢需求得到家長的認同，不再將孩子送往他鄉，甚至吸引外地家長送學生來本地就讀，特色與地方文化融入學校本位課程，破解裁併校與消滅地方論點的案例逐漸增多，紛紛成為創生地方的新力量。

因近年來終身學習的推廣，學校與地方社區的關係，產生質量的明顯改變，從以往各自封閉的獨立發展個體，可以轉化成為合作互助的夥伴關係。而透過學校和地方社區的密切互動，地方社區的生命與活力也將正向的開展，學生的學習與在地生活也能夠緊密結合，學校生活與社會生活將會相互交融，真正達到「學校社區一家親」的境界；因此具有在地特色的學校本位課程，將順利且踏實地被社區接受與支持，並且展現多元的內涵與風貌。而透過「教育」連結「在地生活」，也讓孩子發現自己生活的社區蘊藏許多珍貴的文化，社區中每位長輩都是學生值得學習的導師，整個社區都是學生的教室。學校和地方社區在彼此共同互助的過程中，學校教師會感受到學校與社區密不可分的關係，也願意在課程和心態上去深化與社區的情感連結；並透過社區資源的運用，將教學的場域由學校擴展至社區中，讓課程及

教學與豐富的社區資源相結合，使孩子在自己居住生長的地方，透過社區環境潛移默化的學習，分享、體會、轉化、創造、成長，進而滋生社區永續發展的潛在機制。

趙永茂（2021）指出，地方創生的策略應該從中小學的教育著手，要開始重視學生專業技能及家庭、社會及文化歷史觀的培育，這些才是未來地方創生改造與發展的真正主力，找回這些教育與生機，是地方創生發展的重要基礎。

蕭玉品（2021）指出，臺灣推動地方創生迄今發展超過 2 年，但放眼臺灣的鄉鎮、地方創生團隊，大多將地方創生的主軸放在產業推動上，但雜學校創辦人蘇仰志點出關鍵：「地方創生的最後一哩路，其實是教育。」透過理解在地的需求，並串連社區和學校的資源統合，一定能迸發創新的能量。李宜芳（2020）也指出，地方創生計畫中最重要的影響因子是「人」，如何透過教育來培育對於社會有所助益的人才，將會是臺灣實施地方創生計畫的一大課題。

肆 學校創生地方案例

梁忠銘（2019）指出在目前全球化和國際化的氛圍之下，且在面臨國際競爭而必須發展相關因應策略的當下，要兼顧保有區域傳統和在地文化的發展，要在地方創造可以因應目前國際化和全球化的競爭，並能為年輕的一代打造成家立業的生活環境。地方創生教育的重點不只是具備對外國的多元文化必須理解和尊重的態度外，更應該知道並熱愛本國文化傳統，並要審視學校教育應如果進行改變？需要提供學生什麼樣的能力和知識？是當今學校推展教育需要納入思考的重點。

臺灣不乏以學校發展特色讓地方社區重啟生機的案例，以東部一所實驗小學為例，臺東縣富山國小位於卑南鄉阿美族部落中，由於近年來少子化現象以及部落人口外流的衝擊，學生人數面臨逐年下降的

困境，2014 年全校學生僅剩 27 人，而因學生數過少，被臺東縣教育處列管為裁併校的學校名單之一。2015 年富山國小經過全校的討論決議申辦公辦公營實驗小學，而基於「國際化」之日趨重要，富山國小規劃以「國際教育」為發展主軸，成為全臺第一所公辦公營國際教育實驗小學，實施策略以社區協力、制度改革、課程轉化與有效教學，以國際教育為核心，校訂課程為半徑，訂定「國家認同、國際素養、全球際合力、全球責任感」[1] 為四個教育目標，培養「快樂學習、健康成長、具有關注力（Concern）、探索力（Explore）、行動力（Operation）、影響力（Influence）的富山兒童，成為未來國際公民」為學生圖像，期盼構築「多元、尊重、關懷」的優質教育願景。2016 年富山國小將「國際教育」訂為學校本位課程教育目標來實施，結合相關教學融入與教材研發，教師持續專業發展，規劃國際化環境建置與國際夥伴關係。

依筆者分析「富山國小 107-110 學年度學校型態實驗教育計畫書」，計畫呈現富山國小以國際教育為實驗課程的主軸，全球多項重大的議題為國際教育課程核心價值（如圖 1），希望以此課程形塑富山的教育新思維、新價值，為學校教育建構明確的共同願景，進而培育下一代的世界公民與國際人才。

陳惠邦（2011）認為，學校實施實驗創新的過程中，可能會遭遇許多的困難阻力與誤解，這些反對的聲音可能來自外部的家長或地方社區。而富山國小推動實驗教育，在申辦實驗計畫前，多次與地方社區溝通實驗教育的主軸、理念和做法，與當地阿美族耆老討論，決定在課程內容中，要融入在地自然特色、環境景觀、族群文化習俗與傳統價值，以爭取地方社區認同、支持及參與。

---

[1] 2020.5.14公布中小學國際教育白皮書2.0中修訂四個教育目標為：「彰顯國家價值、尊重多元文化與國際理解、強化國際移動力、善盡全球公民責任。」

圖1　富山國小國際教育課程核心價值

　　富山國小實驗課程設計以在地文化出發，鏈結全球，並以「文化學習、國際關聯及全球議題」三軌關鍵概念面向設計課程主題，以108課綱素養教學、跨領域發展及國際教育議題實質內涵為基底，發展國際教育主題課程架構（如圖2）；並規劃可以利用推展實驗教育、發展課程、辦理活動、引進外部資源和社區合作等，為學校和地方社區注入新型態的創生經營。

　　由圖2課程主題內容可以發現在地社區文化的脈絡可尋，低年級的學習主題與課程方案由當地阿美族的文化學習為基礎，鏈結全球，讓學生具備在地情懷與國際視野，進而關注探索全球議題，並具備全球公民責任的行動力和影響力。

圖 2　富山國小國際教育主題課程架構圖

　　劉政輝（2019）指出，日本《地方創生最前線》這本書中表示
當前的社會已經呈現從全球化轉化到在地化的趨勢。這意謂越能夠了
解「自我或在地文化價值」的人，將越具備因其獨特性而吸引人的特
質，未來也更可能成為走入國際的全球公民，此謂「越在地，方能越

國際」。富山實驗教育的課程以在地文化進而鏈結全球的策略與目標，可以從看見「他人之美」，到看見「自己的好」，堅信只有「越在地」，才有可能「越國際」。只有當理解了在地文化後，才可能會成爲有自信、能力、自我認同且能彰顯國家價值的未來公民。

蘇士東（2021）指出，「在地創生」要充分發揮地方特色，目標是活化在地資源、創造在地產值、增加在地就業機會、避免在地人口流失。只要地方具有一定吸引力，全國各地甚至國際目光就會自然聚焦。在地化與國際化可以並存相容，在許多的文化差異上，在地化是國際化必備的根本要素。誠如「新旺集瓷」許世鋼所說：「必須先認識自己的文化背景，越是在地深耕，就越國際。」

梁忠銘（2019）指出在二十一世紀國際化的氛圍裡，學校的教育方向應該具備積極的態度與作爲，應教導學生了解自我文化特質、認識國家的特殊歷史定位、體認國家在國際社會的特殊處境、喚醒國家意識，正視自己對國家與自我鄉里的責任，賦予下一代擁有因應國際競爭的能力。

探究富山國小選擇以「國際教育」爲實驗發展主軸的背景原因，在富山國小 2016 年的《實驗教育計畫書》中明白表示，爲尋求滿足家長對教育的最大需求與建構學生未來最迫切的能力爲發展目標，由此確定實驗課程的兩大發展面向，其一爲上述「國際教育跨領域主題實驗課程」，其二爲發展「英語實驗課程」，期盼學好語文，具備國際溝通及國際探索的能力，方能將在地文化自己的好，推展到國際。

富山國小在 2016 年啟動的英語實驗課程，爲英語和雙語兩者兼具的課程與教學實驗，符應 2018 年行政院國家發展委員會提出 2030年雙語國家政策與教育部推動雙語國家實施計畫的內容與做法。富山利用實驗教育特定教育理念的精神及賦予的實施彈性，讓推動英語與雙語的實驗課程設計與教學策略更爲多元，如表 1 所示。

表 1　富山實驗小學英語實驗課程內容分析表

英語實驗課程面向	實驗內容
(1) 增加英語學習時間	增加課中、課間與課餘學習時間
(2) 英語／雙語實驗教材	教材選編
(3)CLIL 雙語課程	實施於藝術與人文、體育領域
(4)EMI 全英文課程	實施生活領域
(5) 能力分組	Leveled 1-6
(6) 學習階段下修	2018 參與教育部英語融入幼兒園實施計畫
(7) 英語智慧校園	AR+VR 環遊世界、數位英語村、Fushan AR Zoo
(8) 全英語實驗營隊	暑假全英語主題營隊

　　本研究為質性研究，選定一所成功辦學且持續與地方合作發展之個案學校，以訪談為主要蒐集資料方法，並以該校教師代表、社區人士、家長代表和學生為訪談參與者，介紹個案學校的背景，以及個案學校與社區合作發展課程的脈絡，並說明資料編碼與分析策略。訪談自 110 年 4 月至 5 月持續進行，期間共有 6 人次受訪。每次訪談大約 40 至 60 分鐘，且在受訪者同意情況下進行錄音，事後再將內容轉為逐字稿。以下茲將 6 位研究參與者的資料簡述如表 2 所示。

表 2　訪談參與者資料

首訪者（化名）	性別	年齡	職稱	編碼代號
小張	女	40	教師	T
邱太	男	38	家長	P
茵茵	女	12	學生	S
阿明	男	52	社協理事長	L
素蘭	女	35	社區居民	M
船長	男	70	部落耆老	N

本訪談資料將各研究參與者之錄音資料轉譯成逐字稿後，依據訪談繕打的逐字稿內容加以編碼。如「P1100507」即表示110年5月7日家長之訪談內容。故編碼的意義，首先爲各受訪者之代碼、接著爲西元年、月、日的順序編排。

　　而經訪談教師、家長、學生、社區人士與文件分析發現，富山國小辦理公辦公營的實驗教育，在校長課程領導之下，全校教職員工齊心合力，研發實驗教育課程和教材、培力全體教師在國際教育的專業知能與教學素養、組織進行再造與分工、建置良好的環境與設備，安排合宜的學生學習活動，地方教育主管機關的支持協助、學校整體組織的高度認同與合作，深獲家長及在地社區的高度肯定與支持，這個成效反映在全校學生人數的大幅增加，在110學年度的學生人數已經增至140人，其中約80%的生源來自臺東市區，家長的教育選擇放棄市區的明星學區，選擇到卑南鄉富山國小就讀。

　　另外，也有在地社區人口因爲工作相關因素已經外移的居民，回流將孩子從北部大都市帶回當地社區就讀富山國小；再者，也出現新北市與新竹縣的家長，舉家搬遷將孩子轉學至臺東富山國小就讀，並在富山社區定居。

　　「富山國小教了很多在地文化與國際鏈結的課程，不但讓社區的孩子了解自己生長的土地，更具備國際的視野，這一批孩子未來一定是在地的人才。」（L1000507）

　　「以前覺得都市的學校比較有競爭力，所以把孩子帶到都市讀書，但是自己家鄉的富山國小目前轉型經營很成功，國際教育和雙語是家長想要的，所以我又把小孩帶回來了。」（M1000510）

　　「看到親子天下對富山國小的介紹，我認同學校的教育理念與做法，我們全家從外縣市搬過來臺東，也置產定居了，就是爲了小孩的教育。」（P1100506）

　　「以前部落裡面空房子很多，很多年輕人都把小孩帶到外地去，

學校現在辦得很好，很多外地人跑來這裡租房子，讓小孩讀這裡的學校，部落裡面現在很多人，沒有空房子了，而且很多開店的部落居民生意都不錯。」（N1000510）

「我在這裡工作 15 年了，以前覺得偏鄉的學校比較沒有競爭力，學校都做自己的事情，沒有跟社區互動；但是自從學校辦理實驗教育後，利用課程和活動把社區的支持和資源引進，讓學生受惠更多，社區也得到更多學校的資助，現在學校和社區是生命共同體。」（T1000515）

這個曾經面臨裁校的部落小學，現今因為實施實驗教育而蓬勃發展，連帶影響學區內的人口結構增加與空屋率降低，這些改變與事實，讓在地社區居民展現無比的榮耀與歡欣，對學校的發展與作為更加信任與肯定。

富山國小的國際教育實驗課程，其課程的研發對應教育部 2019年公布的國際教育實質內涵、關鍵概念與 2020 年公布的中小學國際教育白皮書 2.0，其課程內容的發展結合在地社區文化學習與國際關聯，開發 6 個年級共 22 套國際教育跨領域主題課程。因富山國小學區附近有多元的阿美族人文風俗及自然景觀，例如富山護魚區、杉原海水浴場、富岡地質公園、利吉惡地地質公園等，所以，國際教育課程內容包含豐富的在地內涵，教學安排多元探索在地文化的活動，需要在地社區的資源支援，景觀解說、文化導覽、探索實作、傳統生活體驗、文化學習等，都安排社區專業人士協助課程教學的推展，此舉也讓在地社區和學校緊密結合，完全符合社區中的學校的存在意義，也讓社區了解學校是社區的學校，社區和學校共榮共存。

富山國小後側校門面臨海賊灣，左側為礁岩，位處美麗灣南礁中，珊瑚礁及魚種豐富多元，是一處適合潛水的海域。右側為沙岸，平坦水淺，是一處適合水上 SUP（Stand up paddle）立式划槳活動的場域。2021 年富山國小發展海洋教育課程，設計 SUP 及潛水教學活

動，尋求臺東大學 USR（University Social Responsibility, USR）計畫合作，由臺東大學體育系安排課程協助富山國小的教職員及在地社區的居民參與潛水證照的訓練，富山國小目的有二：其一為培力教師擁有課程需要相關的專業證照，以利學生水上課程的推展；其二則希望學校課程教學能創造地方經濟。因社區經濟型態單純謀生不易，以致人口外移嚴重，但海賊灣為阿美族傳統領域，目前僅有少量的捕魚經濟活動，計畫希望此次利用富山國小課程的需求與安排，可以順勢協助社區利用海賊灣創生新經營，培育在地專業水上活動人才，開發海賊灣潛水場域及水上 SUP 的活動，為在地社區注入新經濟模式，提升在地居民的就業機會、生活品質，除了讓外面的人走入社區、了解當地文化與自然景觀的特殊性，也讓地方的人口不再流失。

　　「部落裡面沒有賺錢機會，年輕人都去外地賺錢了，這一次學校安排的潛水證照培訓，我們就可以利用傳統領域的海來賺錢，帶客人去潛水游泳。」（L1100507）

　　「這一片海我們很熟悉啊，從小就在這邊游泳抓魚，從來沒有想到可以利用這一片海賺錢，這個要謝謝學校幫部落規劃很多的事情，學校和部落大家一起合作辦活動、上課，可以讓部落的孩子更理解在地的生活和環境。」（N1000510）

　　「學校邀請部落長輩可以到學校幫自己部落的小孩上課，有錢賺又可以讓孩子知道自己的文化，傳承文化對我們原住民是很重要的事情。」（L1100507）

　　「我喜歡學校安排的活動，可以學到水域技能，又可以更加認識自己家鄉的海，爸爸也可以利用帶客人潛水賺錢。」（S1000510）

　　「學校引進社區的專業團隊（社區發展協會），利用週三下午教師研習時間，讓社區發展協會與教師團隊進行專業對話，雙方亦可藉此機會相互交流與互動。」（T1000515）

學校認為邀請社區人士進駐學校合作教學帶領活動，將社區的經驗傳承給學生與教師，使之更清楚了解學校所在社區的發展歷史與存在優勢。換言之，社區貢獻人力資源並傳承社區文化給予學校，學校提供教學場域與資源，雙方各蒙其利相輔相成，社區與學校互動關係開啟了藍海策略契機，以共創雙贏機會。

由上所述可以發現，當學校與地方社區互動關係良好，學校可以成為地方創生成功的媒介，學校的作為與發展，牽繫著地方社區發展的重要關鍵，學校課程融入社區文化，為的就是要讓學生將社區文化成為生活經驗的一部分，學校辦學的成功發展，亦可以改變地方社區的人口結構與產業，讓學校與地方社區共存共好、共享雙贏。

伍 結論

學校與地方社區的共生共存密不可分，因為學校是社區的學校，學校就在社區中；若學校的發展能夠藉由辦學特色吸引足夠的家長和學生，學校課程與教學能夠深化在地文化與特色，並偕同地方社區一同參與，就能足以改變地方社區的存在現狀模式。尤其利用教育部對實驗教育的鬆綁與對教育創新的支持，公辦公營的實驗教育的經營彈性與特色的確開啟了偏鄉小學經營的新契機。以位處偏鄉的富山國小為例，便是透過辦理實驗教育的機會，創新教育方式、體制與策略成功翻轉出教育的新目標，讓更多的家長有體制外教育模式的選擇權，並且帶動地方社區的發展。

本研究藉由公辦公營實驗學校的經營模式去探討學校參與及投入地方創生的案例，透過分析、歸納有下列結論：(1) 可以運用實驗教育的彈性發展多元與社區合作的模式；(2) 學校應引進學校內外部資源與地方社區共享，以發揮社區文教功能，讓地方社區增廣受益；(3) 公辦公營實驗教育的「課程與活動」是學校參與地方社區創生的重要

管道之一，也可以作爲學校「在地深耕」的推手；(4) 多元實驗課程的跨域操作策略，加強學校投入地方創生的連結緊密度；(5) 學校對參與「地方創生」的規劃與積極作爲，直接影響地方社區的認同度；(6) 利用實驗教育發展融入地方社區永續發展的校本課程，研發參與社區產業發展的探究教學及活動設計，推動學校社會責任可以協助社區地方創生及永續發展，也可以建構學生與社區居民的在地認同、地方意識與光榮感。

實驗教育可以實踐學校或地方社區的特定教育理念和經營模式，也能將特定教育理念轉化成可以實施的具體行動策略，推動過程中兼顧教師和地方社區人士的專業能力，學校協助教師和社區進行培力成長，組織完善的內在和外部支持系統，建構有利於教學的環境與設備，研發創新與在地結合的課程，方能確保實驗教育對學校及地方社區能有翻轉的成功機會，眞正落實「地方創生，由教育做起」。

參 考 文 獻

王榆琮（譯）（2018）。地方創生 2.0（原作者：神尾文彥、松林一裕）。臺北市：時報文化。

李宜芳（2020）。從地方創生計畫探討日本如何將人才培育與教育結合。銘傳大學國際學術研討會：應用日語學系研討會論文集。臺北市，149-156。

林婉婷（2019）。由下而上讓地方特色最大化 https://www.gvm.com.tw/article/69315 （2021/8/20 擷取）

林秀姿（2018）。地方創生是什麼？探見日本老村落大翻身的真相。https://ubrand. udn.com/ubrand/story/12117/3464738（2021/8/20 擷取）

高韻曲（2017）。國民小學學校型態實驗教育的創新經營與組織效能關係之研究——以校長領導行為為中介變項（未出版之碩士論文）。政治大學，臺北市。

國家發展委員會（2018）。地方創生國家戰略計畫。https://ws.ndc.gov.tw/
　　Download.ashx?u=LzAwMS9hZG1pbmlzdHJhdG9yLzEwL3JlbGGZpbGUvMC8xM
　　TUwMC9lOTTkzMjYyOC1mNzY4LTQ5N2EtODE3OS1iMDA1MjU3MGEwNGGY
　　ucGRm&n=MTA4MDEwM%2BmZouaguOWumi3lnLDmlrnlibXnlJ%2FlnIvlrrbm
　　iLDnlaXoqIjnlaso5qC45a6a5pysKS5wZGY%3D&icon=..pdf（2021/8/20 擷取）

國家發展委員會（2021）。重要統計資料。https://www.ndc.gov.tw/Content_List.
　　aspx?n=507E4787819DDCE6（2021/8/15 擷取）

國家發展委員會（2021）。重大政策：推動地方創生政策。https://www.ndc.gov.
　　tw/Content_List.aspx?n=78EEEFC1D5A43877&upn=C4DB8C419A82AA5E
　　（2021/8/15 擷取）

教育部（2018）。學校型態實驗教育實施條例。臺北市：教育部。https://law.moj.
　　gov.tw/LawClass/LawAll.aspx?pcode=H0070060f（2021/8/15 擷取）

教育部（2021）。專業教育、實驗教育及偏遠地區教育概況。臺北市：教育部。
　　https://stats.moe.gov.tw/files/analysis/110professional.pdf（2021/8/15 擷取）

梁忠銘（2019）。日本地方創生政策與文部科學省作為之解析。教育研究月刊，
　　304，112-125。

梁忠銘（2019）。日本近年地方創生教育重要政策之研究。中正教育研究，**18**，
　　85-107。

郭怡棻（2018）。地方創生教育篇。https://www.hisp.ntu.edu.tw/report_paper?id=237
　　（2021/8/20 擷取）

郭茵娜（2020）。科技＋教育借力使力　地方創生步步為贏。能力雜誌，**777**，
　　48-53。

陳佳楓（2021）。多元教育在地創生破解地方消滅論。http://ms-community.
　　azurewebsites.net/spotlight_20210227/（2021/8/20 擷取）

陳惠邦（2011）。入林見樹，觀樹知林──學校教育實驗的回顧與展望。學校實
　　驗教育研討會，新竹教育大學，新竹市。

許家齊（2020）。獨家！實驗教育現況大調查。https://flipedu.parenting.com.
　　tw/article/6030?utm_source=Parenting.Website&utm_medium=referral&utm_
　　campaign=cp-w1-media-%E5%B0%88_2020%E4%B8%83%E6%9C%88%E7%B7
　　%9A%E4%B8%8A%E5%AD%B8%E7%BF%92_6030-200728（2021/8/20 擷取）

富山國小（2018）。臺東縣卑南鄉富山國小 **107** 至 **110** 學年度學校型態實驗教育

計畫書。臺東縣：富山國小。

趙永茂（2021）。地方創生需要教育及消費價值的變革。https://localtw.org/educational-and-consumptional-change-for-local-governance/（2021/8/20 擷取）

劉政輝（2019）。越在地，越國際？連在地文化都不了解，臺灣年輕人拿什麼「走向世界」？https://crossing.cw.com.tw/article/12515（2021/8/20 擷取）

鄭同僚、李天健、陳振淦（2013）。偏遠地區小校再生之研究。另類教育期刊，**2**，25-60。

蕭玉品（2021）。地方創生的最後一哩路。https://www.thenewslens.com/article/153478（2021/8/20 擷取）

蘇士東（2021）。地方創生翻轉鄉村活力。交流，**175**，61-64。

蘇文鈺（2020）。先把學校辦好再來談地方創生。https://zh-cn.facebook.com/pg/Acc.YS.Clubs/posts/（2021/8/20 擷取）

Dougherty, N. (2014). 2014 schools report card Monroe and Ontario counties: For schools' unique features start digging. *Rochester Business Journal, 30* (15), 11.

國家圖書館出版品預行編目資料

邁向學校活用與地方創生的課程與教學／梁忠銘，白松賢，尾川滿宏，作田良三，梅田崇廣，林吟霞，何俊青，洪雯柔，王俊斌，黃嘉莉，張力亞，楊洲松，陳啓東，朱俊彥，鄭勝耀，吳學昂，余屹安，范熾文，吳景泉，林俊瑩，張凱程，陳威良，林明地，劉怡華，廖偉民合著；梁忠銘主編. -- 初版. -- 臺北市：五南圖書出版股份有限公司, 2022.07
面；　公分
ISBN 978-626-317-879-3（平裝）

1.CST: 教育 2.CST: 文集

520.7　　　　　　　　　　111007918

4671

邁向學校活用與地方創生的課程與教學

策　　　劃 — 中華民國課程與教學學會（448.1）

主　　　編 — 梁忠銘

作　　　者 — 梁忠銘、白松賢、尾川滿宏、作田良三、梅田崇
　　　　　　　林吟霞、何俊青、洪雯柔、王俊斌、黃嘉莉
　　　　　　　張力亞、楊洲松、陳啓東、朱俊彥、鄭勝耀
　　　　　　　吳學昂、余屹安、范熾文、吳景泉、林俊瑩
　　　　　　　張凱程、陳威良、林明地、劉怡華、廖偉民

發 行 人 — 楊榮川

總 經 理 — 楊士清

總 編 輯 — 楊秀麗

副總編輯 — 黃文瓊

責任編輯 — 李敏華

封面設計 — 王麗娟

出 版 者 — 五南圖書出版股份有限公司

地　　　址：106臺北市大安區和平東路二段339號4樓

電　　　話：(02)2705-5066　　傳　　　真：(02)2706-6100

網　　　址：https://www.wunan.com.tw

電子郵件：wunan@wunan.com.tw

劃撥帳號：01068953

戶　　　名：五南圖書出版股份有限公司

法律顧問　林勝安律師事務所　林勝安律師

出版日期　2022年7月初版一刷

定　　　價　新臺幣500元